DESVELAR O OLHAR QUE (RE)CRIA
O MITO E A CIDADE

Editora Appris Ltda.
1.ª Edição - Copyright© 2024 do autor
Direitos de Edição Reservados à Editora Appris Ltda.

Nenhuma parte desta obra poderá ser utilizada indevidamente, sem estar de acordo com a Lei nº 9.610/98. Se incorreções forem encontradas, serão de exclusiva responsabilidade de seus organizadores. Foi realizado o Depósito Legal na Fundação Biblioteca Nacional, de acordo com as Leis nᵒˢ 10.994, de 14/12/2004, e 12.192, de 14/01/2010.

Catalogação na Fonte
Elaborado por: Josefina A. S. Guedes
Bibliotecária CRB 9/870

S586d
2024
	Silva, Orivaldo Rocha da
	   Desvelar o olhar que (re)cria: o mito e a cidade / Orivaldo Rocha da Silva. –
	1. ed. – Curitiba: Appris, 2024.
	   200 p. ; 23 cm. – (Geral).
	
	   Inclui referências.
	   ISBN 978-65-250-5600-5
	
	   1. Literatura portuguesa – História e crítica. 2. Lisboa (Portugal).
	3. Escritores portugueses. 4. Gersão, Teolinda, 1940- 5. Pessoa, Fernando,
	1888-1935. 6. Saramago, José, 1922-2010. I. Título. II. Série.
	
	                                                                    CDD – 869.09

Livro de acordo com a normalização técnica da ABNT

Appris *editora*

Editora e Livraria Appris Ltda.
Av. Manoel Ribas, 2265 – Mercês
Curitiba/PR – CEP: 80810-002
Tel. (41) 3156 - 4731
www.editoraappris.com.br

Printed in Brazil
Impresso no Brasil

Orivaldo Rocha da Silva

DESVELAR O OLHAR QUE (RE)CRIA
O MITO E A CIDADE

FICHA TÉCNICA

EDITORIAL	Augusto Coelho
	Sara C. de Andrade Coelho
COMITÊ EDITORIAL	Marli Caetano
	Andréa Barbosa Gouveia (UFPR)
	Jacques de Lima Ferreira (UP)
	Marilda Aparecida Behrens (PUCPR)
	Ana El Achkar (UNIVERSO/RJ)
	Conrado Moreira Mendes (PUC-MG)
	Eliete Correia dos Santos (UEPB)
	Fabiano Santos (UERJ/IESP)
	Francinete Fernandes de Sousa (UEPB)
	Francisco Carlos Duarte (PUCPR)
	Francisco de Assis (Fiam-Faam, SP, Brasil)
	Juliana Reichert Assunção Tonelli (UEL)
	Maria Aparecida Barbosa (USP)
	Maria Helena Zamora (PUC-Rio)
	Maria Margarida de Andrade (Umack)
	Roque Ismael da Costa Güllich (UFFS)
	Toni Reis (UFPR)
	Valdomiro de Oliveira (UFPR)
	Valério Brusamolin (IFPR)
SUPERVISOR DA PRODUÇÃO	Renata Cristina Lopes Miccelli
ASSESSORIA EDITORIAL	William Rodrigues
REVISÃO	Monalisa Morais Gobetti
PRODUÇÃO EDITORIAL	William Rodrigues
DIAGRAMAÇÃO	Andrezza Libel
CAPA	Carlos Pereira
REVISÃO DE PROVA	Raquel Fuchs

Para Alexandra, pelo apoio e carinho de sempre.
Aos meus pais, já ausentes, olhando sempre por mim.

AGRADECIMENTOS

À professora Elaine Cristina Prado dos Santos, pela orientação segura e zelosa na fase do doutorado, pela disponibilidade de sempre e pela imensa generosidade em todo o processo.

Às professoras Alleid Ribeiro Machado, Flávia Maria Ferraz Sampaio Corradin, Ana Lúcia Trevisan e Maria Luíza Guarnieri Atik, pela gentileza da leitura cuidadosa do texto e pela participação na banca de defesa do doutorado.

Às professoras Maria Heloísa Martins Dias e Marlise Vaz Bridi, pelo auxílio especializado e sugestões iniciais ao trabalho.

A todo o corpo docente do Programa de Pós-Graduação em Letras da Universidade Presbiteriana Mackenzie, pela oportunidade única de aprender tanto e de aprofundar conhecimentos.

Aos amigos Amaury Flávio Silva e Juliana Florentino Hampel, pela atenção e delicadeza de sempre.

A todos os amigos da Escola Sesi 074 – Vila Cisper (SP), pela convivência diária e produtiva, pela oportunidade de aprender e aprimorar o meu ofício de professor.

À Universidade Presbiteriana Mackenzie, pela concessão de bolsa de estudos para a realização do doutorado em Letras.

KUBLAI: Não sei quando você encontrou tempo de visitar todos os países que me descreve. A minha impressão é que você nunca saiu deste jardim.
(Ítalo Calvino)

Mas ninguém poderá conhecer uma cidade se não a souber interrogar, interrogando-se a si mesmo. Ou seja, se não tentar por conta própria os acasos que a tornam imprevisível e lhe dão o mistério da unidade mais dela.
(José Cardoso Pires)

PREFÁCIO

Em uma perspectiva dispensada ao espaço urbano de Lisboa, Orivaldo Rocha da Silva convida o leitor a navegar como Ulisses em sua *Odisseia*, por meio de um olhar investigativo, e a indagar quantos olhares e quais impressões as paisagens urbanas de Lisboa são capazes de provocar. O pesquisador, em uma ousada análise investigativa, apresenta-nos uma proposta sobre o espaço, a partir da identificação do olhar dispensado ao espaço urbano de Lisboa, em aspectos ligados ao mito, presentes no romance *A Cidade de Ulisses* (2011), da escritora portuguesa contemporânea Teolinda Gersão. A obra, *Desvelar o olhar que (re)cria: o mito e a cidade*, se expressa, prioritariamente, a um *corpus* específico, delimitado; entretanto recorre, tangencialmente, a outros dois autores portugueses – Fernando Pessoa e José Saramago – elegendo como objetos de análise, respectivamente, as obras *Livro do Desassossego* (1982) e *História do cerco de Lisboa* (1989). O autor da obra, Orivaldo Rocha da Silva, em um percurso investigativo com a tentativa de especificar três diferentes olhares, procurou denominá-los: o de Pessoa, como a categoria do olhar contemplativo; o de Saramago, como a categoria do olhar desdobrado; e o de Gersão, como a categoria do olhar de origem.

Em sua leitura, o autor observa que, em uma relação de sinonímia, vislumbra-se o olhar dispensado por Pessoa à cidade de Lisboa, por meio da ótica de Bernardo Soares, em uma perspectiva de olhar contemplativo. Observa, ainda, que no romance de Saramago, Lisboa ocupa um espaço que em muito a afasta de mero horizonte no qual as personagens desempenham toda sorte de atuações. Em *A Cidade de Ulisses*, Gersão recorre ao olhar da personagem Paulo Vaz, artista plástico. Esse terceiro olhar sobre a cidade, empreendido pela ótica da escritora portuguesa contemporânea, se constrói e se amplia apoiado pela multiplicidade de imagens e impressões que, desde sempre, foram dispensadas à cidade portuguesa, considerando que é apenas em sua diegese que mais claramente se pode vislumbrar o olhar que (re)cria.

Orivaldo, em uma ousada análise literária, nomeada de tangencial, sob a perspectiva de Pessoa e de Saramago, imprimiu toda a potencialidade do olhar de Teolinda Gersão, que, de fato, teria a força de criar e recriar o espaço urbano de Lisboa: sob o foco do mito. É notável, a partir dessa perspectiva, a sensibilidade do olhar perspicaz de Orivaldo Rocha da Silva sobre a obra.

A partir de uma perspectiva dispensada ao espaço urbano de Lisboa, o pesquisador Orivaldo imprimiu uma voz narrativa ao percorrer as páginas da literatura com um olhar contemplativo, como se estivesse do alto da janela e em uma metamorfose, em sua contemplação, ele, autor e pesquisador, ficou sujeito à própria reificação de seu processo de construção, instaurado pela força do olhar em seu percurso criativo. O trabalho de Orivaldo se entrelaçou com a sua própria escritura e tomou lugar nos pequenos espaços internos. No silêncio, revelou-se a plasticidade de sua perspectiva do olhar.

Tendo por parâmetro as questões míticas, Orivaldo alicerçou-se em seus argumentos para enfatizar a respeito de suas análises, ao colocar em primeiro plano a questão do poder de criação que é próprio da atividade artística em sentido de amplitude, poder esse que deve ser interpretado como a capacidade de apenas a arte tornar possível o ato potente de criar ou (re)criar, o que está muito próximo à recriação e à atualização do mito.

Orivaldo, por meio de exímias análises, conseguiu demonstrar que o ato criativo é uma prática de poder, considerando o olhar do artista como o único apto a (re)criar um espaço urbano como o de Lisboa. Como pesquisador, escritor, e por que não dizer herói de sua própria jornada por um espaço multifacetado, Orivaldo delineou, brilhantemente, as marcas dos olhares em confluência, dos possíveis pontos de contato, a partir das discussões propostas, alicerçadas nos três diferentes olhares lançados ao espaço urbano lisboeta. Em uma perspectiva do olhar, podemos dizer que o autor, efetivamente, concretizou seu próprio olhar nesta jornada intitulada, *Desvelar o olhar que (re)cria: o mito e a cidade*, desvelando-se do olhar contemplativo, passando pelo olhar desdobrado e chegando ao olhar que (re) cria, seu percurso se ressignificou de totalidade em um corpo fragmentado de um espaço urbano.

Este livro apresenta uma introdução competente, bem como capítulos que expõem todo o teor necessário para a excelente compreensão de uma análise consistente, comprovando seriedade de pesquisa e inovação pelo porte de temática e de apresentação pela perspectiva do olhar ao espaço urbano lisboeta, que se desvela do olhar contemplativo. Posso afirmar, após ser sua professora e orientadora de doutorado, na Universidade Presbiteriana Mackenzie, a respeito de sua dedicação aos estudos da Literatura Portuguesa e de sua excelente realização e apresentação em banca de doutoramento.

Prof.ª Dr.ª Elaine Cristina Prado dos Santos
Universidade Presbiteriana Mackenzie

APRESENTAÇÃO

Este livro se origina da tese de doutorado em Letras que apresentei e defendi em 2020, na Universidade Presbiteriana Mackenzie (SP), em pleno período sombrio da pandemia de Covid-19, e representa o amadurecimento de minha trajetória enquanto pesquisador da obra de Teolinda Gersão, consagrada e premiada escritora portuguesa contemporânea.

Desde o ano de 2007, quando da descoberta da autora em um curso de especialização, senti que teria a escrita de Teolinda a acompanhar os meus passos acadêmicos, e que poderia de alguma forma contribuir para a divulgação da autora em nosso país. Não que àquela altura sua obra já não fosse, de alguma forma, reconhecida e estudada por tantos e tantas, mas identifiquei a necessidade de ampliar o trabalho analítico a partir de seus romances, tendo por objetivo permitir que o *projeto de escrita* da autora (conforme proposta que é parte integrante de trabalho anterior[1]) pudesse chegar a mais pessoas interessadas em *grande literatura* — por mais problemático que esse conceito possa se revelar.

No entanto, *Desvelar o olhar que (re)cria: o mito e a cidade* traz a nossa Teolinda em nobre companhia, pois até chegar ao *olhar de origem* (sob a perspectiva do mito), identificando a sua presença e potência nas páginas do romance *A Cidade de Ulisses*, de 2011, trilhamos um percurso que partiu de Fernando Pessoa e seu heterônimo Bernardo Soares no *Livro do Desassossego* (1982), no qual se revela o que denominei como *olhar desdobrado* (sob a perspectiva do alto); e passou também por José Saramago, nas páginas de *História do cerco de Lisboa* (1989), revelando uma segunda visada que nomeei como *olhar desdobrado* (sob a perspectiva do paralelo).

Nesse ponto, cabe uma breve explicação inicial. O livro que você tem em mãos agora tem por objetivo identificar a especificidade dos olhares — tantos e tão variados — dispensados ao espaço urbano de Lisboa, tendo como elemento motivador a constatação básica da existência de categorias diferentes de olhares no que tange à produção literária portuguesa compreendida em período delimitado por obras concebidas nos séculos 20 e 21 e que tiveram por objeto temático a capital lisboeta.

---

[1] SILVA, Orivaldo Rocha da. *Isto e aquilo*: o jogo das histórias em A casa da cabeça de cavalo, de Teolinda Gersão. 2015. 148 p. Dissertação (Mestrado em Literatura Portuguesa) – Faculdade de Filosofia, Letras e Ciências Humanas, Universidade de São Paulo, São Paulo, 2015.

A hipótese que proponho é que a categoria do *olhar de origem* (a partir da perspectiva do mito), é justamente a que traz o olhar que se desvela nas páginas do romance de Teolinda como o único e potente olhar capaz de criar e recriar o espaço urbano de uma cidade como Lisboa.

O livro está assim estruturado: um primeiro capítulo dedicado ao *olhar contemplativo*, captado a partir de segmentos específicos do *Livro do Desassossego*, de Fernando Pessoa e heterônimos; um segundo, que discute o *olhar desdobrado*, que se mostra em *História do cerco de Lisboa*, de José Saramago; um terceiro, que aprofunda as análises e se propõe a desvelar o olhar que (re)cria, o olhar potente e de origem que habita as páginas de *A Cidade de Ulisses*, de Teolinda Gersão. Abrindo esse eixo central de três capítulos, um segmento introdutório: *Desvelando os olhares*; fechando-o, um segmento à guisa de conclusões: *Olhares em confluência*.

Os olhares e a cidade.

Quantos olhares e quais impressões as paisagens urbanas de Lisboa são capazes de provocar?

O autor

SUMÁRIO

INTRODUÇÃO
DESVELANDO OS OLHARES..17

1
PRIMEIRA VISADA: O OLHAR CONTEMPLATIVO
E A AUTOCONTEMPLAÇÃO..27
1.1. A inquietude do *Desassossego* 27
1.2. A cidade vista do alto: Lisboa como uma tela 30
1.3. Fragmentos de diálogos com as artes: a pintura 34
1.4. Fragmentos de diálogos com as artes: a literatura........................38
1.5. A autocontemplação: escrever e (re)ler a si próprio 43
1.6. Sobre imperadores e conquistas, sobre viajantes e narrativas 50

2
SEGUNDA VISADA: O OLHAR DESDOBRADO E A PERSPECTIVA
DO PARALELO 55
2.1. Na poeticidade do que é histórico 55
2.2. O revisor e o almuadem 61
2.3. O *não* que fascina e o *sim* que reclama: ficção ou história?........67
2.4. Verdades ou mentiras: uma questão de interpretação 73
2.5. De revisor a autor: a história do *não* 75

3
O OLHAR QUE (RE)CRIA: A PERSPECTIVA DO MITO 91
3.1. *"O mundo é aquilo que nós percebemos"*................................91
3.2. Teolinda Gersão: o percurso até *A Cidade de Ulisses* 93
3.3. Uma cidade, infinitas leituras: Lisboa................................97
3.4. A viagem que nunca termina: o herói e o artista 103
3.5. Do mito, da verdade, da mentira..113
3.6. Portugal e Moçambique: a sombra e a luz 122
3.7. Nas sombras da infância 135
3.8. Lisboa, Lisboas. O olhar, os olhares................................146
3.9. O olhar que (re)cria: o olhar do artista 156

OLHARES EM CONFLUÊNCIA: CONCLUSÕES 173

REFERÊNCIAS 191

INTRODUÇÃO

DESVELANDO OS OLHARES

Quantos olhares e quais as impressões um mesmo espaço é capaz de provocar a quem se propõe a tarefa de explicitar o resultado de um trabalho ora apenas mentado, ora de fato vivido, tendo por veículo a palavra escrita, não importando se provocada por motivações de ordem autobiográfica ou ainda enredada e combinada nas tramas de um relato ficcional que ainda assim guarda em essência muito do mundo real?

Quantos olhares e quais impressões uma cidade é capaz de gerar na sensibilidade do artista que se vale do artifício de criação de suas figuras-personagens concebidas e postas a atuar num espaço urbano, interagindo nele e com ele, e dele recebendo em troca a contrapartida esperada de um sítio inteiramente afastado do caráter da neutralidade?

Quantos olhares e quais impressões as paisagens urbanas de Lisboa são capazes de provocar?

Eis os questionamentos que motivam este livro, cujo foco temático é a abordagem do espaço. Para tanto, o objetivo deste trabalho é identificar a especificidade do olhar dispensado ao espaço urbano de Lisboa, em combinação a aspectos ligados ao mito, presentes no romance *A Cidade de Ulisses*, de 2011, da escritora portuguesa contemporânea Teolinda Gersão[2], responsáveis (*o olhar e o mito*), em nossa visão, pelo trabalho de (re)criação da cidade de Lisboa.

Partindo-se, portanto, da constatação da existência de categorias distintas de olhares na produção literária portuguesa, objetiva-se privilegiar o olhar presente no romance de 2011 de Gersão e, tangencialmente, examinar a construção estética que se evidencia por outros dois olhares que se prestaram também a configurar o espaço urbano lisboeta: o de Fernando Pessoa e o de José Saramago.

Na tentativa de especificar os três diferentes olhares, denominamos o de Pessoa como a categoria do *olhar contemplativo* (a partir da perspectiva do alto); o de Saramago, como a categoria do *olhar desdobrado* (a partir da perspectiva paralela); e o de Gersão, como a categoria do *olhar de origem* (a partir da perspectiva do mito).

---

[2] GERSÃO, Teolinda. *A Cidade de Ulisses*. 2. ed. Porto: Sextante Editora, 2011a.

Cumpre esclarecer desde já que a nossa atenção se volta prioritariamente a um *corpus* específico, delimitado, composto pelo romance *A Cidade de Ulisses* (2011), de Teolinda Gersão. Recorreremos, tangencialmente, conforme já anunciado, aos outros dois autores portugueses — Fernando Pessoa e José Saramago —, elegendo como objetos de análise, respectivamente, as obras *Livro do Desassossego* (1982)[3] e *História do cerco de Lisboa* (1989)[4]. Poderemos recorrer, ainda que de passagem, a outras obras dos autores elencados quando tal se fizer necessário, apenas para enfatizar e ilustrar determinados aspectos que vierem à tona no decorrer das discussões que serão propostas.

Os estudos envolvendo o espaço na literatura atestam, com poucas variações, que a esse elemento nem sempre foi dado tratamento equivalente ao de outras categorias narrativas.

No período da chamada estética do Arcadismo ou Neoclassicismo literário, situado em meados do século 18, as referências ao espaço limitavam-se a certa concepção de espaço-paisagem ou mero pano de fundo, logo, destituído de autonomia ou individualidade que a ele emprestasse estatuto de relevância no que diz respeito a uma abordagem teórica mais alentada.

Na segunda metade do 19 literário — predomínio da visão realista-naturalista —, dada a ênfase a uma concepção ligada à literatura como representação verossímil da realidade, o espaço também poderia ser considerado como elemento secundário. Embora obras do chamado Naturalismo — lembremos, a título de exemplificação, do romance brasileiro *O cortiço* (1890), de Aluísio Azevedo — tivessem dado destaque à temática do espaço literário, elevando-a a patamar diferenciado de percepção no todo da obra, ainda pesava a influência de teorias deterministas na concepção das personagens postas em contato e como produtos do meio físico.

Nos termos de Osman Lins[5], um dos pioneiros na abordagem do espaço literário entre nós, haveria a necessidade de não confundir os termos *espaço* e *ambientação*, reservando-se ao primeiro uma significação denotada e ao último uma significação associada à conotação.

Isso posto, parece importante logo destacar que o espaço-cenário da cidade de Lisboa, parte integrante nas tramas de Gersão e de Saramago

---

[3]   As referências a essa obra serão todas as da edição organizada por Richard Zenith: PESSOA, Fernando. *Livro do Desassossego*: composto por Bernardo Soares, ajudante de guarda-livros na cidade de Lisboa. São Paulo: Companhia das Letras, 1999. Cumpre observar, no entanto, que a primeira edição é a de 1982.

[4]   A edição original é a de 1989. Neste trabalho, todas as referências terão por base a edição de 2011: SARAMAGO, José. *História do cerco de Lisboa*. São Paulo: Companhia das Letras, 2011.

[5]   LINS, Osman. *Lima Barreto e o espaço romanesco*. São Paulo: Ática, 1976.

e nos apontamentos de Fernando Pessoa e seu heterônimo, não deve ser entendido e limitado àquilo que se possa meramente descrever como denotado, mas sim, como é possível depreender da análise de segmentos das obras selecionadas, o conjunto formado pelas vias lisboetas cria sensações e atmosferas que se mostram muito mais associadas ao caráter da abstração.

Seguindo a cronologia de publicação das obras, dediquemo-nos, a princípio, a algumas considerações acerca de uma tentativa de delimitação do campo da sensibilidade de Fernando Pessoa, de seu semi-heterônimo Bernardo Soares, e do heterônimo mais célebre que este, Álvaro de Campos, tomando por base o que nos revela Richard Zenith, crítico literário e organizador de uma das edições do *Livro do Desassossego*, justamente a edição utilizada neste trabalho.

Nos termos de Zenith, na introdução da obra em tela, a identificação das criaturas de Pessoa e dele próprio confunde-se com o espaço de Lisboa, a ponto de o autor considerar que seriam os quatro (Pessoa, Soares, Campos e a cidade de Lisboa), de certa forma, sinônimos. Mediados, assim, pelo mesmo espaço urbano, o poeta e suas criaturas se mostram imbricados e podem até ocupar e frequentar os mesmos lugares. Importa destacar, sobretudo, a constatação de que a cidade de Lisboa foi a responsável por definir ou encher de vida e significados a sensibilidade do poeta, numa leitura interpretativa da expressão "muito colorida"[6], utilizada pelo crítico, em certa passagem da introdução em análise.

Quase que a confirmar essa grande identificação do escriba com a cidade de Lisboa, de modo que uma relação de sinonímia possa ser vislumbrada, observamos que o olhar dispensado por Pessoa à cidade de Lisboa, por meio da óptica de Bernardo Soares, é um olhar *contemplativo*, e apresenta-se já ilustrado no fragmento 3 do *Livro do Desassossego*[7].

Como *ato contemplativo*, que parece ser a marca do olhar dispensado por Soares às ruas de Lisboa, importa dizer que à contemplação em si deve ser acrescida a sensação de tristeza que dos olhos do autor parece brotar e tingir as ruas que se mostram após terminar a da Alfândega, tristeza que adquire relevância e singularidade a partir do momento em que o ajudante de guarda-livros experimenta a sensação de conforto graças à sua inserção num todo carregado de solidão. É possível avaliar, nesse ponto, que há uma

---

[6] ZENITH, Richard. Introdução. *In*: PESSOA, Fernando. *Livro do Desassossego*: composto por Bernardo Soares, ajudante de guarda-livros na cidade de Lisboa. São Paulo: Companhia das Letras, 1999. p. 15.

[7] PESSOA, Fernando. *Livro do Desassossego*: composto por Bernardo Soares, ajudante de guarda-livros na cidade de Lisboa. São Paulo: Companhia das Letras, 1999. p. 47-48.

simbiose entre o sujeito-escritor e o espaço das ruas de Lisboa, uma vez que Soares explicita uma "sensação de vida parecida com a dessas ruas"[8].

Outro ponto que nos parece relevante destacar é o da associação do sentimento de tristeza do ajudante de guarda-livros a uma sensação de não pertencimento, de não adequação ao seu tempo. Ao enunciar, confessar, relatar que "vivo uma era anterior àquela em que vivo"[9], o narrador serve-se da proximidade e do prazer de ter como contemporâneo seu — ao menos no que diz respeito ao espírito e à motivação — o também português e poeta Cesário Verde, autor ao qual Fernando Pessoa dispensava grande estima e admiração. Não é fortuito, então, que o poeta de *Num bairro moderno* seja citado por Bernardo Soares em seus fragmentos.

Distanciado do caráter contemplativo de Pessoa/Soares, o olhar de José Saramago, por meio da trajetória da personagem Raimundo Silva em *História do cerco de Lisboa* (1989), deve ser objeto de considerações de outra ordem.

No universo ficcional saramaguiano, a obra costuma ser identificada como um romance que problematiza as relações entre literatura e história, tomando por base um fato incrustado na crônica histórica do país, qual seja, a tomada de Lisboa aos mouros no ano de 1147, tendo como trama paralela uma história de amor ocorrida no século 20 na capital lisboeta.

Nota-se que no romance de Saramago, Lisboa ocupará um espaço que em muito a afasta de mero horizonte no qual as personagens desempenham toda sorte de atuações, muito pelo contrário. Nos termos de Isaura de Oliveira[10], a humanização do espaço urbano levada a cabo pelo efeito de personalização transforma Lisboa em uma cidade que respira, alimenta-se, move-se, o que lhe empresta um estatuto de protagonismo cujo mediador são os fluxos e refluxos da História. Dessa forma, o espaço urbano lisboeta terá com Saramago, ilustrado pelas reflexões de um narrador que ilumina e segue de perto os passos do revisor Raimundo Silva, um tratamento revelador da existência de camadas superpostas de uma mesma cidade. Tal superposição permite que um tempo pretérito possa ser *(re)atualizado* e se manifeste no presente como se jamais houvesse deixado de existir.

Nesse caso, é como se a Lisboa medieval apenas estivesse adormecida e se colocasse novamente em pé e alerta a cada nova intervenção provocada pelas reflexões do revisor do romance, tudo mediado pela História que é

---

[8] PESSOA, 1999, p. 47-48.

[9] *Ibidem*, p. 47.

[10] OLIVEIRA, Isaura de. Lisboa segundo Saramago: a História, os mitos e a ficção. *Revista Colóquio/Letras*. Ensaio, n. 151/152, p. 357-378, jan. 1999.

parte integrante de uma cidade cujas paisagens urbanas se perdem e se misturam nas dobras do tempo e do mito para novamente se recomporem mais adiante. Acresça-se, ainda, que o revisor Raimundo Silva desenvolve uma tarefa que vai muito além das reflexões provocadas pelo texto histórico que se põe a emendar no romance, constituindo-se em verdadeiro artífice da reescrita da História, quando inclui um *não* em lugar da obra no qual ele não era esperado. Das intervenções do revisor, portanto, as camadas superpostas da cidade descolam-se e deslocam-se, adquirindo individualidade, para mais adiante retornarem ao estado normal de repouso.

Ao problematizar a habilidade de o revisor *desdobrar-se* ou assumir a forma de outros — pessoanamente, *heteronomizar-se* —, o narrador saramaguiano atribui a Raimundo Silva a capacidade adicional de não apenas emendar textos de terceiros, mas também a de participar da organização de "polifônicos edifícios verbais"[11], o que, metaforicamente, pode ser entendido como ser capaz de construir novas realidades por meio da palavra.

Aludimos, anteriormente, à sensação que se tem de a Lisboa medieval estar apenas adormecida e de ressurgir por força da intervenção do trabalho reflexivo do revisor. Pois bem, uma das cenas da parte inicial do romance parece ilustrar exemplarmente esse movimento, descolando e deslocando as camadas superpostas da mesma cidade, gerando um efeito de aproximação entre a Lisboa medieval e a Lisboa do século 20. Trata-se da narração do gesto do revisor Raimundo Silva, na Lisboa contemporânea, de proceder à abertura de uma janela, repetindo o mesmo gesto de um almuadem na Lisboa medieval, destacando-se, no entanto, a diferença das molduras encontradas que fortemente contrastam entre si, pois o revisor recebe em cheio no rosto um cerrado nevoeiro, enquanto o grito cego do almuadem tem a recebê-lo uma manhã cheia de luz e carregada de tons rubros.

Importa considerar também o efeito da permanência dos acontecimentos na paisagem urbana, de atos ocorridos há séculos e que retornam na cidade moderna, como se as camadas superpostas de uma Lisboa medieval estivessem constantemente a se deslocar e a tomar lugar em meio aos ruídos da cidade contemporânea. Ali, presentes, em coexistência e simultâneas, sincrônicas, as duas épocas: *paralelas.*

No que se refere a diferentes olhares lançados a Lisboa, tratemos agora da apreciação de aspectos que julgamos pertinentes e estão presentes na obra de 2011 de Teolinda Gersão, *A Cidade de Ulisses*, *corpus* privilegiado

---

[11] SARAMAGO, José. *História do cerco de Lisboa.* São Paulo: Companhia das Letras, 2011. p. 18.

de análise deste trabalho. Na trama, a autora portuguesa recorre ao olhar da personagem Paulo Vaz, artista plástico. E será muito cedo, na ordem da narrativa, que o artista se verá instado a interpretar o espaço urbano lisboeta, por meio da tarefa de produzir uma exposição que tivesse por motivo justamente a cidade de Lisboa.

De modo semelhante ao que se passa no romance de José Saramago, em *A Cidade de Ulisses* há também a presença de uma história de amor como pano de fundo para a discussão de aspectos que envolvem, dentre outros, o mito que cerca a fundação da cidade de Lisboa. Esse terceiro olhar sobre a cidade, empreendido agora pela ótica da escritora portuguesa contemporânea Teolinda Gersão, constrói-se e amplia-se apoiado livremente na multiplicidade de imagens e impressões que desde sempre foram dispensadas à cidade portuguesa. Não é de outra forma, então, que a própria Teolinda, na *Nota inicial* de seu romance, faça questão de deixar registrada a sua gratidão aos olhares que antes do dela flagraram o espaço urbano em análise. Até por conta dessa nota, julgamos pertinente que o olhar terceiro, o de Teolinda, seja precedido, como é nosso intento neste trabalho, ainda que de modo tangencial, conforme já alertamos anteriormente, por outros olhares que se ocuparam do mesmo espaço. Dessa forma, justificamos, uma vez mais, a inclusão do *olhar contemplativo* que se desvela no *Livro do Desassossego* e no *olhar desdobrado* que se observa na *História do cerco de Lisboa*.

Delimitado por três grandes capítulos, no romance de 2011 de Teolinda, observamos que entre o primeiro e o terceiro segmentos do Capítulo I temos *Em Volta de Lisboa*, segmento que trará longas considerações da personagem Paulo Vaz acerca das muitas versões existentes sobre a *Odisseia*, de Homero: "tal como há uma 'vulgata' bíblica há também uma 'vulgata' homérica, e, num caso e noutro, uma série de histórias fora das 'vulgatas' circularam em torno das personagens"[12].

Parece viável destacar que o artista plástico atribui singularidade à cidade de Lisboa por conta da lenda que envolve suas origens associadas diretamente a Ulisses. Em última instância, o herói de Homero é uma figura que frequenta desde sempre o universo do mito, da ficção e das histórias contadas. Na formulação de Teolinda, então, valendo-se da personagem Paulo Vaz, Lisboa teria o estatuto de cidade *contaminada pela literatura*. E é justamente esse o aspecto que particulariza o olhar da autora dirigido ao espaço urbano lisboeta. Com isso, é possível avaliar que subsistem nas

---

[12] GERSÃO, 2011a, p. 34.

DESVELAR O OLHAR QUE (RE)CRIA: O MITO E A CIDADE

origens, na essência da cidade em tela e a constituem enquanto espaço privilegiado, os polos antagônicos do *mito* e da *realidade*.

Nosso ponto de partida, então, é o capítulo identificado como "Primeira visada: o olhar contemplativo e a autocontemplação". Nele, tomamos por objeto privilegiado de análise fragmentos selecionados do *Livro do Desassossego*, trilhando os caminhos de inquietação extrema proporcionados pelos verdadeiros estilhaços lançados por uma voz carregada de solidão e de angústia, a conceber uma Lisboa que se permite observar e provocar no narrador-personagem impressões fraturadas, retalhos de narrativas, "vagos cantos" compostos em compasso de espera.

As marcas da ambiguidade que afloram a partir da leitura dos inquietos e perturbadores fragmentos que enformam essa obra de difícil classificação, são as que desde logo se prestam às considerações de Perrone-Moisés (2001) e Zenith (1999).

Tomando-se a referência da perspectiva recorrente, a do alto, para o olhar que se constituirá como o da contemplação e o da autocontemplação, as marcas do negativismo ou de uma espécie de niilismo composto a partir das sensações disfóricas, são as que podem ser apontadas como os constituintes essenciais dos retalhos de divagações de autoria do ajudante de guarda-livros Bernardo Soares.

Das considerações de Gagliardi (2012), temos o lugar eleito pelo homem que se debruça à janela, a mirar o espaço urbano, reconhecido como a mansarda encravada no alto. Enquanto produtor de escrita, tendo a cidade mais abaixo e, entretanto, jamais como mero pano de fundo, o homem moderno, o homem da cidade é recuperado e associa-se, de alguma forma, o narrador-personagem do *Livro do Desassossego* com a figura do *dândi* baudelairiano.

Ainda na chave do espaço enquanto categoria narrativa, postulados de Brandão (2013) o destacam como elemento não detentor de unidade e sempre sujeito a múltiplas definições.

Com Calvino (1990a), vislumbrou-se a oportunidade de cotejar aspectos de *As Cidades invisíveis* com o *Livro* pessoano, ambas as produções a revelarem semelhanças a partir de seu caráter híbrido e de sua incerta classificação.

Em combinação com a perspectiva do alto, teceremos também algumas considerações acerca do olhar de Saramago no romance *História do cerco de Lisboa*, que tematiza uma história de amor vivida pela personagem Raimundo Silva, revisor de ofício, às voltas com uma intervenção tipográfica indevida no texto original de um livro de História, que altera a ordem dos acontecimentos. Em "Segunda visada: o olhar desdobrado e a perspectiva do paralelo", o autor desvelará, então, além de uma Lisboa medieval que revive e convive com a cidade contemporânea, fundindo as duas paisagens urbanas nas dobras do tempo, também uma outra história de amor, paralela à do próprio revisor.

Aspectos importantes que problematizam o processo de ficcionalização da história, perceptível em um elenco de autores representativos da literatura portuguesa contemporânea são destacados no trabalho de Gobbi (2011), que examina, dentre outras, as questões voltadas a uma possível identificação plena entre os campos da Literatura e da História.

Cumpre destacar, no que diz respeito à forma e à trama de *História do cerco de Lisboa*, o romance saramaguiano que é agora o objeto de análise no capítulo que ilumina o denominado *olhar desdobrado*, a viabilidade de classificá-lo como exemplar daquilo que se consolidou conceitualmente como *metaficção historiográfica*, nos termos de Hutcheon (1991).

Embora cientes do problemático e parcial rótulo *narrativa pós-moderna* que pode ser aproximado até com certa naturalidade ao romance de Saramago em questão, parece plausível considerar que certas características destacadas por Kaufman (1991) auxiliam para o desenvolvimento de um trabalho de ampliação de sentidos, ao promover abordagens que buscam avançar em meio a essa discussão. É dessa forma, pois, que a autora recorda que, em verdade, cada época teria o seu pós-modernismo.

Ainda, vale lembrar também, segundo as análises desenvolvidas por Kuntz (2002) e Kaufman (1991) da estratégia recorrente utilizada por Saramago em outros romances seus, que é a de trazer à luz o processo de reescrita da História.

Do *olhar contemplativo* de Pessoa ao *olhar desdobrado* de Saramago, chegamos, cronologicamente, ao *olhar de origem* de Teolinda Gersão, com o qual temos "uma cidade construída pelo nosso olhar, que não tinha de coincidir com a que existia [...]"[13] e que pode até estar associada aos aspectos ligados ao mito, à incerteza, à lenda: tal qual a lenda que cerca suas próprias origens — primeiro *Ulisseum*, a seguir *Olisipo*, finalmente *Lisboa: O olhar que (re)cria: a perspectiva do mito*.

Nosso objeto privilegiado de análise agora é o romance *A Cidade de Ulisses*, de Teolinda Gersão que, em sintonia com a trama de Saramago, tematiza também uma história de amor. Entretanto nos permite, adicionalmente,

---

[13] GERSÃO, 2011a, p. 33.

DESVELAR O OLHAR QUE (RE)CRIA: O MITO E A CIDADE

ir além e explorar eventos ligados ao *mito fundacional*, que se mostra em relação direta com o surgimento e a (re)criação da cidade de Lisboa.

A fenomenologia e as primeiras questões acerca da percepção, sob a ótica de Merleau-Ponty (2018), exercem a função de inaugurar o percurso que se desenha em busca da Lisboa de origem, mediado pelo único olhar que estaria capacitado a efetivar um trabalho de (re)criação do espaço urbano de um território tão multifacetado e pleno de ancestralidade.

O surgimento em 2011 de *A Cidade de Ulisses*, segundo as observações de Puga (2011), poderia ser identificado desde logo como uma espécie de homenagem à capital portuguesa. Ainda, e isso se revelará um traço fundamental no contexto de consolidação das análises que serão dedicadas à obra, apresentava-se nas páginas do romance a problematização do *diálogo inter-artes*.

Com Pires (1998) e por meio de um trabalho de cotejo de *A Cidade de Ulisses* com uma obra híbrida do autor de *O Delfim* — um misto de narrativa com forte acento poético e permeada de reflexões críticas e notas históricas: *Lisboa – Livro de Bordo: vozes, olhares, memorações* —, buscou-se, ainda em chave introdutória, a abordagem de uma das características mais fascinantes que podem ser associadas à cidade, qual seja, a de se revelar aberta e sempre pronta a infinitas leituras.

As questões a envolver o mito de Ulisses, sua condição de fundador de Lisboa e suas relações e aproximações com a própria figura do artista-narrador da diegese de Gersão, serão problematizadas a partir, inicialmente, do trabalho de Caretti e Gobbi (2013).

Para as abordagens mais alentadas a dar conta de toda a complexidade associada à conceituação do mito e do mito enquanto verdade ou ilusão, buscamos ancoragem nos postulados, sobretudo, de Eliade (2007) em combinação com os estudos de Malta (2012), Torrano (1986) e Lafer Neves (1991).

A diversidade existente entre os atos de ver e de olhar foi objeto das explicitações de Cardoso (1988), o que contribuiu para um trabalho de aproximação entre o ver, ao campo da *passividade* e o olhar, ao campo da *atividade*.

E com Merleau-Ponty (1984) aprofunda-se a questão de desvelamento do olhar potente, do olhar do artista que seria, afinal, o único capacitado para efetivar um trabalho de (re)criação, buscando incorporar à discussão certos aspectos da vida e da visão da arte segundo o pintor Paul Cézanne.

Por fim, este livro se debruça, no capítulo denominado "Olhares em confluência: Conclusões", a retomar aspectos presentes nos segmentos anteriores e que possam servir de tentativa de síntese para o objetivo que buscamos: identificar a especificidade do olhar dispensado ao espaço urbano de Lisboa, em combinação a aspectos ligados ao mito, presentes no romance *A Cidade de Ulisses*, de Teolinda Gersão, responsáveis (*o olhar* e *o mito*), em nossa visão, pelo trabalho que resulta, afinal, na (re)criação da cidade de Lisboa.

Quantos olhares e quais impressões as paisagens urbanas de Lisboa são capazes de provocar?

PRIMEIRA VISADA: O OLHAR CONTEMPLATIVO E A AUTOCONTEMPLAÇÃO

1.1. A inquietude do *Desassossego*

"Sento-me à porta e embebo meus olhos e ouvidos nas cores e nos sons da paisagem, e canto lento, para mim, só, vagos cantos que componho enquanto espero"[14]. Esse primeiro fragmento do *Livro do Desassossego* presta-se à tarefa de sinalizar, ainda que sumariamente, o tom geral que perpassará toda a obra, qual seja, o de uma coleção de impressões, aparentemente soltas e desprovidas de continuidade, em muitos momentos, mas sempre carregadas de intensa inquietação, enunciadas por uma voz narrativa solitária e angustiada, como se bastasse a si mesma.

Leyla Perrone-Moisés, assim se referiu ao *Livro*:

> O *Livro do desassossego* é um texto que pode aniquilar quem dele se aproxime demais. Mais do que qualquer texto de Pessoa, este é um texto de angústia, de depressão, de dilaceramento e de evanescência. Qualquer leitor pode verificar que é difícil suportar a leitura ininterrupta desse *Livro*, de tal forma ele nos contagia de sua negatividade insidiosa; mas também qualquer leitor pode verificar que é impossível abandonar a leitura desses fragmentos que, numa aparente repetitividade, surpreende-nos a cada passo com belezas fulgurantes; que, em seu aparente (e declarado) desleixo, cristaliza-se frequentemente em formulações perfeitas. O *Livro* é, assim, altamente desassossegante para quem o lê pronto; [...][15].

Ou seja: uma ambígua relação se tece entre leitor e texto, atração (fascínio e proximidade) e repulsa (resistência às sensações disfóricas intensas). Mas é essa mesma tensão que acaba por "tragar" ou, como o próprio narrador confessa, "embeber" o leitor.

---

[14] PESSOA, 1999, p. 47.

[15] PERRONE-MOISÉS, Leyla. *Fernando Pessoa*: aquém do eu, além do outro. 3. ed. São Paulo: Martins Fontes, 2001. p. 210.

Ao percorrermos, então, os caminhos perturbadores e labirínticos revelados enfaticamente pelo olhar angustiado do semi-heterônimo Bernardo Soares, experimentamos o desconforto e o desassossego de que fala Perrone-Moisés em seu ensaio sobre o livro pessoano.

Na "orelha" que apresenta a edição organizada da obra em prosa de Pessoa concebida por Richard Zenith, justamente a que estamos tomando por base para as análises a serem desenvolvidas, a estudiosa Maria Lúcia Dal Farra tece também considerações relevantes acerca do *Livro*, de sua forma e de sua temática, explicitando que

> Uma maneira de domesticar esta obra inquieta é encará-la como um romance – aliás, o único de Fernando Pessoa. Daí que tenhamos, então, um diário íntimo, uma autobiografia escrita pelo ajudante de guarda-livros da cidade de Lisboa, o chamado Bernardo Soares. Contudo, o desassossego que nela pulsa reage dentro dessa jaula conceitual, obrigando-nos a reconhecer que se trata, na verdade, de um anti-romance. Sem fio narrativo consistente, sem fatos propriamente ditos e sem uma noção de tempo determinável, o Livro do Desassossego é antes uma coleção de estilhaços [...][16].

Em sintonia com Perrone-Moisés, portanto, igualmente Dal Farra atribui ao *Livro do Desassossego* um caráter perturbador e de inquietude, não se furtando, inclusive, de recomendar àquele que se aventure a mergulhar em seus fragmentos caóticos de considerá-lo como um romance, muito por conta de certa necessidade de ordenamento da matéria narrada. Tal ordenamento, assim, poderia vir a contribuir para um trabalho de conceituação da obra como pertencente ao gênero *romance*. No entanto, a ausência de sequências narrativas explicitamente reconhecíveis, a ausência de fatos e de acontecimentos, nos termos da autora, obrigará o incauto leitor a reconhecer na obra, em verdade, um antirromance: não há fio narrativo, nem tempo, nem fatos. Trata-se de obra composta de impressões perturbadoras, de "estilhaços" que não têm o propósito de compor um enredo; antes, o eu narrador enreda-se em si mesmo, em sua autofocalização.

Parece também oportuno, neste início de discussão acerca da obra em prosa de Pessoa (1999), retomar considerações do próprio organizador Richard Zenith que podem auxiliar na tarefa de explicitação do significado e da relevância do *Livro do Desassossego*, dentro do contexto e do recorte interpretativo que estamos propondo neste trabalho.

---

[16] DAL FARRA, Maria Lúcia. "Orelha". *In*: PESSOA, Fernando. *Livro do Desassossego*: composto por Bernardo Soares, ajudante de guarda-livros na cidade de Lisboa. São Paulo: Companhia das Letras, 1999, s/p.

DESVELAR O OLHAR QUE (RE)CRIA: O MITO E A CIDADE

Com base na "Introdução" à edição de 1999, então, expõe o organizador, servindo-se, inclusive, de considerações colhidas do próprio Fernando Pessoa acerca do *Livro* e sua gênese, apuradas pelo exame de trechos de sua vasta e importante correspondência, o que empresta ao trecho caráter de relevância ainda mais expressiva:

> Dúvida e hesitação são os dois absurdos pilares mestres do mundo segundo Pessoa e do *Livro do Desassossego*, que é seu microcosmo. Explicando o seu próprio mal e o do livro numa carta a Armando Cortes-Rodrigues datada de 19 de novembro de 1914, o jovem Pessoa diz: "O meu estado de espírito obriga-me agora a trabalhar bastante, sem querer, no *Livro do Desassossego*. Mas tudo fragmentos, fragmentos, fragmentos". E numa carta escrita um mês antes ao mesmo amigo, fala de "uma depressão profunda e calma", que só lhe permitia escrever "pequenas coisas" e "quebrados e desconexos pedaços do Livro do Desassossego". A este respeito, o da fragmentação permanente, o autor e o seu *Livro* ficaram para sempre fiéis aos seus princípios. Se Pessoa se dividiu em dezenas de personagens literários que se contradiziam uns aos outros, e mesmo a si próprios, o *Livro do Desassossego* também foi um multiplicar-se constante, [...][17].

Uma vez mais, confirma-se o que foi formulado pelas estudiosas citadas, isto é, um negativismo, digamos, certo niilismo feito de sensações disfóricas é o que alimenta parte considerável dos fragmentos do *Livro do Desassossego*. O "mal" de Pessoa e, por extensão, o da obra, conduzem o autor a um trabalho forçado de criação, desprovido de outra sensação que não a do incômodo profundo, nomeado por Pessoa, com todas as letras, como *depressão*. Sob esse aspecto, parece viável, então, a recepção dos fragmentos inquietantes que se sucedem na obra como tarefa das mais difíceis, pois é preciso nos distanciarmos da subjetividade envolvente da escrita para um posicionamento crítico diante dela.

Buscamos, contudo, ao insistir no corpo a corpo com a obra, a apreensão e o desvelamento de recursos, procedimentos estéticos que caracterizem o que denominamos como *o olhar contemplativo*, sob a *perspectiva do alto*, tendo por base o cenário de uma Lisboa que se permite observar e provocar no narrador-personagem impressões fraturadas, retalhos de narrativas, "vagos cantos" compostos em compasso de espera. No entanto, cabe já a indagação: espera do quê? Será preciso mergulhar nas inquietações da voz narrativa, por meio da seleção e discussão do que melhor poderiam revelar qual a imagem

---

[17] ZENITH, 1999, p. 13-14.

da cidade descortinada através do olhar de Pessoa/Soares. Estamos a buscar, então, neste início de percurso, evidências que revelem a presença de um *olhar contemplativo*, que se mostra entremeado aos fragmentos do *Livro*, e que instaurarão o surgimento de um espaço urbano peculiar, de uma Lisboa que espera vir à tona por força da (re)construção e do redimensionamento de suas linhas, de suas fronteiras. Uma cidade que se forma por meio da ação do olhar, de um olhar específico, do olhar do ajudante de guarda-livros Bernardo Soares.

1.2. A cidade vista do alto: Lisboa como uma tela

Considerando que as análises que serão propostas envolvem questões pertinentes à presença do espaço no texto literário, dediquemo-nos, neste ponto, a elencar aspectos que contribuam para um aprofundamento teórico dessa categoria narrativa, sem perder de vista o foco de nossa atenção, isto é, as obras que constituem o *corpus* do trabalho, nas quais desponta um cenário comum: Lisboa.

Esclareça-se, no entanto, que os postulados teóricos que vierem a ser incorporados, só o serão e terão relevância em função das reflexões críticas e analíticas a respeito do aspecto escolhido para nossa abordagem — o *olhar contemplativo* — e seus efeitos para a (re)construção e redimensionamento do espaço urbano lisboeta.

Isso posto, não há como dissociar, de uma abordagem que busque discutir o espaço urbano de Lisboa em combinação com o espaço literário, as questões que passam pela presença marcante da cidade como um cenário privilegiado da literatura moderna. Em muitas das narrativas classificadas como modernas, a cidade não é mero complemento ou moldura exterior e sim uma espécie de "personagem" ou elemento fundamental como componente da escrita ficcional. É o que afirma Gagliardi, em seu artigo sobre a cidade no *Livro do Desassossego*: "a cidade figura não apenas como pano de fundo sobre o qual se projetam as sombras das personagens e se desembaraça a trama de seus destinos, mas como espaço que é trazido para o primeiro plano da percepção"[18].

Uma vez mais, como já apontamos na parte introdutória, é necessário enfatizar que ao elemento espaço nem sempre foi reservado tratamento equivalente, em termos de protagonismo na literatura, ao das demais categorias narrativas. Invariavelmente, então, nas produções anteriores ao século 20, a concepção do espaço-paisagem foi a que prevaleceu.

---

[18] GAGLIARDI, Caio. De uma mansarda rente ao infinito: a outra cidade no livro do desassossego. *Veredas –* Revista da Associação Internacional de Lusitanistas, n. 17, 1 jun. 2012. p. 20.

DESVELAR O OLHAR QUE (RE)CRIA: O MITO E A CIDADE

Avançando brevemente sobre esse aspecto, cabe lembrar também, a título de possível explicação para o motivo de o espaço não ter obtido estatuto de relevância em períodos anteriores[19], o fato de que

> Além de destituído de unicidade, o espaço não é patente, não evidencia a si mesmo; no máximo aceita que "latências" sejam vislumbradas. Enfim, o espaço é marcado pela instabilidade: há sempre o risco de que o que se toma por conhecido se apague, de que os elementos determinados percam a determinação[20].

Ao se permitir, portanto, ser objeto de abordagens as mais variadas, com base nas diferentes áreas do conhecimento, o espaço apresente-se como não possuidor de unidade, como elemento sujeito a múltiplas definições e utilizações, sempre a reboque de uma determinada visão de mundo. Com isso, a contribuir para a sua quase não relevância, possamos considerar a marcante instabilidade, que é uma de suas características mais patentes.

É também Brandão[21] quem destaca os diferentes tratamentos dispensados ao elemento espaço nas Ciências Sociais, na Física e na Filosofia, por exemplo, sendo que nesta última área do conhecimento várias perspectivas foram desenvolvidas, tais como a idealista, de Kant, que considera espaço e tempo categorias apriorísticas; a fenomenológica, de Heidegger, que trata da ontologia dos espaços, da associação do espaço ao ser; e a do espaço enquanto imaginação poética, segundo os postulados de Bachelard.

Em obra que discute os chamados "não-lugares", Augé[22] lembra que "o termo 'espaço', em si mesmo, é mais abstrato do que o de 'lugar' [...]", o que, de certo modo, permite vislumbrar uma posição mais privilegiada do espaço quando associado ao campo da literatura, reforçando a abordagem proposta por Bachelard ou uma abordagem que permita explorar aspectos do chamado espaço literário:

> Do que afinal se fala quando se fala de *espaço literário*? Equivale simplesmente a *literatura*? Ou espaço literário designa o espaço que se observa *na* literatura? Indica, talvez, um tipo de espaço que, apesar de não ser em si literatura, possui características literárias, revela-se propício a que a literatura se exponha?[23]

---

[19] Utilizamos neste capítulo passagens do estudo de BRANDÃO, Luís Alberto. *Teorias do espaço literário*. São Paulo: Perspectiva; Belo Horizonte: Fapemig, 2013. A obra tem por objetivo justamente apresentar um amplo panorama acerca da categoria narrativa do "espaço".

[20] BRANDÃO, Luís Alberto. *Teorias do espaço literário*. São Paulo: Perspectiva; Belo Horizonte: Fapemig, 2013. p. 9.

[21] *Ibidem*, p. 9.

[22] AUGÉ, Marc. *Não-lugares*: introdução a uma antropologia da supermodernidade. Campinas, SP: Papirus, 1994. p. 77.

[23] BRANDÃO, 2013, p. 3, grifos do autor.

Uma vez mais, a marca da instabilidade parece ser a que melhor define o elemento espaço. Com isso, pode-se mais claramente apreender as dificuldades de a ele atribuir a importância, em igualdade de condições, em relação aos demais elementos clássicos de análise das obras literárias.

Ocorre que o espaço urbano lisboeta desvelado pelo *olhar contemplativo* de Bernardo Soares, a despeito de ser fruto de um olhar que capta um conjunto capaz de instaurar sensações e atmosferas associadas ao caráter da abstração, permite que o aparente prejuízo proporcionado pelo alto grau de instabilidade do elemento espaço possa também gerar diferentes percepções e leituras da urbanidade, sendo ainda capaz de revelar uma mesma e diferente cidade de Lisboa, variável e viável por obra dessa mesma instabilidade que lhe é inerente. E é exatamente essa mobilidade difusa e perturbadora, plurívoca, que promove ou abre possibilidades para diferentes percepções.

Ou ainda, nos termos de Brandão:

> Se o espaço, como categoria relacional, não pode fundamentar a si mesmo, é por meio de suas "ficções" que ele se manifesta, seja para vir a ser tomado por real, seja para reconhecer-se como projeção imaginária, ou, ainda, para se explicitar, na autoexposição de seu caráter fictício, como realidade imaginada[24].

Voltemos, então, aos caminhos inquietantes revelados pelo olhar de Pessoa/Soares, como um trabalho de redimensionamento do espaço urbano de Lisboa, que se reconfiguram por meio da perspectiva do alto.

Do alto, da "janela altíssima".

O fragmento a seguir ilustra exemplarmente uma espécie de fusão do ser do ajudante de guarda-livros ao espaço de Lisboa, promovendo a passagem do sujeito ao estado de objeto, portanto à reificação, acionada pela força do olhar ou do olhar que não vê:

> E quando me debrucei da janela altíssima, sobre a rua onde olhei sem vê-la, senti-me de repente um daqueles trapos húmidos de limpar coisas sujas, que se levam para a janela para secar, mas se esquecem, enrodilhados, no parapeito que mancham lentamente[25].

É importantíssima a caracterização modal "sem vê-la", pois ela aponta justamente para a passagem do real ao imaginário, de modo que a rua deixa de existir como espaço verdadeiramente visto para ceder "espaço" a outro

---

[24] BRANDÃO, 2013, p. 35.
[25] PESSOA, 1999, p. 65.

objeto — o próprio sujeito, que se vê como trapo. Ou seja, é o momento em que o espaço real se ficcionaliza, sendo mediado pela imaginação.

Ainda que posicionado no alto — da "janela altíssima" —, o olhar do eu-narrador não é capaz de abarcar a grandiosidade da cidade (muito pelo contrário), flagrada a partir de um posto privilegiado, justamente porque o foco de interesse é o próprio sujeito, seu universo interior. Diferentemente disso, o percurso do olhar que não vê o leva a imobilizar-se (mas mobiliza seu potencial imaginário) e a ser esquecido como mero "trapo húmido" que se presta apenas a manchar lentamente o parapeito da janela.

Como um dos símbolos e cenário preferido da literatura moderna e

> A contrapelo da vastidão do campo, do desolamento do deserto ou da horizontalidade do oceano, a infinitude da cidade é para dentro. Recoberta por telhados, muros e paredes, e ao mesmo tempo tensionada por portas e janelas, feitas para revelar, a cidade é um plano recortado por espaços cada vez menores, lugarejos em que se esconde, furtivo, o homem moderno[26].

No caso de Soares, a cidade apenas serve como contraponto e estímulo para o eu voltar-se para si mesmo; ela não é um valor em si própria.

O movimento do olhar, desenvolvido a partir da perspectiva do alto, então, parece provocar uma espécie de rebatimento da rua/externo para o quarto-janela/interno produzindo uma concepção de cidade como "um plano recortado por espaços cada vez menores", ou uma Lisboa que se limita à dimensão de uma tela, cuja moldura-fronteira se identifica com a própria janela, na qual Soares se debruçara. Ou seja: a cidade deixa de existir como realidade ou funcionalidade empírica, histórica, para agenciar potencialidades subjetivas, criativas.

O espaço urbano de Lisboa fica reduzido, assim, pelo movimento de retorno que o contemplar a rua do alto de uma janela proporciona, a uma pintura, um instantâneo, um fragmento de imagem que se eterniza na moldura. Tal processo parece contradizer o aspecto de amplidão que seria a expectativa de um olhar lançado de posto tão elevado (a "janela altíssima").

---

[26] GAGLIARDI, 2012, p. 21.

1.3. Fragmentos de diálogos com as artes: a pintura

Neste ponto, importa também destacar a presença do diálogo que passa a tomar forma e a se tornar recorrente, ainda que na maioria dos casos de maneira implícita e encoberta, entre os fragmentos do *Livro* e as artes, notadamente a pintura e a própria literatura.

Lembremos que Leyla Perrone-Moisés já captara esse movimento, embora a ele não dispensasse maiores aprofundamentos, quando, ao discorrer acerca da temática do *Livro*, observasse que "[...] a cidade de Lisboa, [é] descrita, reiteradamente, como numa série de aquarelas de finíssimos matizes;[...]"[27]. De fato, as delicadas aquarelas que podem ser extraídas em meio à alta carga de negatividade que é parte integrante das formulações aparentemente desconexas do eu-narrador, conferem ao conjunto da obra, conforme a autora já destacara e nós o apontamos anteriormente, conjuntos de textos portadores de "belezas fulgurantes".

A esse respeito, sirva-nos de exemplo o fragmento 94 do *Livro*, concebido em tom de exaltação e invocação, sem dispensar a carga emocional grandiosa que o uso da pontuação exclamativa empresta. Ao saudar a elevação topográfica da cidade, a voz narrativa passa a expressar certa satisfação proporcionada pela identificação que o *olhar contemplativo* desvela entre o conjunto formado pelos acidentes naturais da geografia urbana de Lisboa e a própria condição do narrador-personagem. Esse procedimento possibilita a metamorfose do homem em tela, em aquarela, em pintura, mediado agora pela simbiose da geografia e a arquitetura lisboetas com o sujeito mesclado ao objeto visto:

> Altos montes da cidade! Grandes arquitecturas que as encostas íngremes seguram e engrandecem, resvalamentos de edifícios diversamente amontoados, que a luz tece de sombras e queimações – sois hoje, sois eu, porque vos vejo, sois o que [serei?] amanhã, e amo-vos da amurada como um navio que passa por outro navio e há saudades desconhecidas na passagem[28].

A tela-pintura resultante, portanto, inscreve-se em patamar elevado, quase que com tintas de certa epicidade, porque fruto do olhar estético (plástico) do eu: o homem-navio que cruza com outro navio, ambos grandiosos, identifica-se e recorda de feitos antigos, de "saudades desconhecidas".

---

[27] PERRONE-MOISÉS, 2001, p. 17.

[28] PESSOA, 1999, p. 124.

DESVELAR O OLHAR QUE (RE)CRIA: O MITO E A CIDADE

Como contraponto, e em chave bem menos elevada, proporcionando um retorno a registro pontuado uma vez mais pela negatividade, o fragmento a seguir concebe também uma tela gerada pela força da contemplação, pelo "olhar alongado", destituindo-o, contudo, do caráter épico que explode das camadas de sentido resgatadas no fragmento anterior.

A tela que se está a conceber, agora, resulta em sensações bem mais ajustadas e em linha com o tom geral que perpassa as impressões do narrador, quais sejam, aquelas que se mostram plenas de tristeza e solitude, nas quais até mesmo a "morte futura" é uma lembrança que se faz presente. Na verdade, esses altos e baixos (epicidade e queda) refletem a instabilidade da própria subjetividade, como se fosse uma espécie de "arquitetura" ou traçado interior, criado pelo eu-narrador. E o elemento primeiro a impulsionar tal criação negativa e a já sinalizar claramente o tom geral do que está por vir é a chuva, a chuva forte e incessante. Eis o fragmento, identificado como sendo o de número 69 no *Livro*:

> Chove muito, mais, sempre mais.... Há como que uma coisa que vai desabar no exterior negro... Todo o amontoado irregular e montanhoso da cidade parece-me hoje uma planície, uma planície de chuva. Por onde quer que alongue os olhos tudo é cor de chuva, negro pálido. Tenho sensações estranhas, todas elas frias. Ora me parece que a paisagem essencial é bruma, e que as casas são a bruma que a vela. Uma espécie de anteneurose do que serei quando já não for gela-me corpo e alma. Uma como que lembrança da minha morte futura, caído na chuva, gemido pelo vento. E o frio do que não sentirei morde o coração actual[29].

É notável a presença no fragmento de elementos que desfazem ou criam um contraponto com os sentidos produzidos no fragmento 94 e, o mais notável ainda é a utilização nos dois trechos de uma mesma expressão — *amontoados* — para fazer referência à arquitetura dos edifícios de Lisboa (no fragmento 94) ou aos acidentes geográficos da cidade (no fragmento 69), veiculando, no entanto, significados diversos do ponto de vista da positividade e da negatividade. Logo: altos e baixos, um "relevo" criado pelo procedimento estético, nessa mescla entre o eu e a cidade.

Apenas deixemos claro que a denominação "amontoado", fora de uma contextualização específica e analisada isoladamente, aponta, sem grandes esforços interpretativos, para uma significação primeira fortemente associada a certa acepção negativa, uma vez que denota coisas dispostas sem qualquer ordem, acumuladas aleatoriamente.

---

[29] PESSOA, 1999, p. 101.

Entretanto o "amontoado" avistado pelo eu-narrador aparece aplainado pela chuva, como se no fragmento 69, a irregularidade do relevo ficasse encoberta pela água excessiva caindo sobre a cidade. Assim, o montanhoso uniformiza-se e alonga-se, mas não deixa de carregar uma conotação negativa, pois há outros signos que acentuam a atmosfera sombria em que o eu imerge — "negro pálido", "sensações estranhas, todas elas frias".

Diversamente, os conteúdos do fragmento 69 colam à expressão "amontoado" a característica do "irregular", que transforma a paisagem montanhosa da cidade em mera "planície de chuva", como se a anterior grandiosidade dos "altos montes" lisboetas houvesse sucumbido ante a presença, permanência e ação implacável da chuva que insiste em desabar.

Observemos que os existentes "altos montes" da cidade invocados no fragmento 94, metamorfoseiam-se, no fragmento 69, em mera planície, desprovida de sentido elevado no contexto em análise. Ao rés do chão, a planície transforma e coloca em mesmo plano toda a geografia de Lisboa, desprovida agora de quaisquer contrastes de elevação, unificada pela ação implacável da chuva que persiste.

Ainda, a voz narrativa do ajudante de guarda-livros explicita que o seu olhar alongado enxerga tudo apenas como "cor de chuva" ou "negro pálido", o que auxilia também no trabalho de identificação do cenário lisboeta como aquele que acaba por ser concebido como a paisagem exterior da cidade em registro meramente sombrio.

Acresçam-se a esse quadro as sensações do narrador-personagem do *Livro* descritas como "estranhas" e "frias", a provocar nele o apagamento e o baralhamento daquilo que se percebe como bruma ou como casa em relação ao espaço de Lisboa vislumbrado, e teremos quase completa a tela composta agora por elementos essencialmente associados à negatividade, à tristeza e à solidão do eu. Afinal, é esse tom disfórico o predominante ao longo do *Livro*.

Tratemos, nesse ponto, do "diálogo" que se observa entre as impressões reveladas pelo sujeito-narrador e a literatura ou mais especificamente, a escrita. Inúmeros são os fragmentos que tematizam a arte da escrita e é a eles que, a partir de agora, passamos a dedicar nossas análises.

Antes de tudo, importa destacar que no ensaio dedicado à existência de outra cidade no *Livro do Desassossego* — do já citado Gagliardi —, o autor reconhece que "[...] o espaço da escrita está destinado às pensões, às mansardas, aos sótãos, aos velhos edifícios tracejados por andares que afastam da multitude fervilhante das ruas a solitude do indivíduo"[30].

---

[30] GAGLIARDI, 2012, p. 21.

Sob esse viés, então, a escrita na cidade, levada a cabo pelo homem moderno, é apresentada como ação desenvolvida, preferencialmente, nos desvãos, nos pequenos espaços internos, no silêncio do recolhimento, em oposição ao bulício próprio de ambientes externos urbanos.

Ou ainda, nos termos de Gagliardi:

> É nesse espaço mal iluminado e subdividido, e dele apontada para a rua, que se constrói a perspectiva de personagens que protagonizam parte importante dos principais romances modernos. [...] A cidade se apresenta, por isso, como espaço geo-trágico e espaço psicológico, dimensão exterior do universo íntimo dessas personagens, [...][31].

Com isso, parece viável avaliar a figura de Bernardo Soares como um legítimo *homem moderno*[32], encerrado na sua *mansarda rente ao infinito*[33], carregado de tristezas e sob o signo da desilusão, a produzir suas impressões acerca do espaço urbano de Lisboa e a esperar que delas possa ser concebida uma cidade que o acolha e que a ele se (con)funda:

> É do ambiente privado, do quarto de dormir (que por vezes pode se transfigurar, no escritório ou em algum cômodo restrito) que o artista confere novos contornos à cidade em que está. [...] O escritor da era industrial transportará a esfera pública (a rua) ao ambiente privado (o quarto), e fará desse espaço exíguo um palco de lamentação e um mirante para o infinito [...][34]

Uma cidade peculiar, gerada sim por força do *olhar contemplativo* de Pessoa/Soares, embora também igualmente geradora das impressões que neles são despertadas. Ou o ato de contemplar e se autocontemplar.

---

[31] GAGLIARDI, 2012, p. 22.

[32] Ao aludirmos ao chamado *homem moderno* ou a fazer referências às relações entre o homem/artista e a cidade, faz-se necessário também buscar a presença fundamental de Baudelaire e suas considerações acerca do *dândi*, que *"[...] pode ser um homem entediado, pode ser um homem que sofre; [...]"*. Ainda, constitui ilustração das mais expressivas do que parece ser o estado de espírito de Soares, um segmento do mesmo Baudelaire, como *"O dandismo é um sol poente; como o astro que declina, é magnífico, sem calor e cheio de melancolia"* (BAUDELAIRE, Charles. O pintor da vida moderna. *In*: BAUDELAIRE, Charles. *Poesia e prosa*. Rio de Janeiro: Nova Aguilar, 2006. p. 851-881).

[33] Reproduzimos aqui, literalmente, a nota que é parte integrante do trabalho de Gagliardi (2012, p. 21) quando justifica o título escolhido: *"Vem a propósito lembrar que o título deste artigo empresta a expressão de Eduardo Lourenço, que em conhecido estudo sobre O Livro do Desassossego, refere-se a seu autor como aquele 'que só habitou mansardas rentes ao infinito'"* (LOURENÇO, 1993, p. 89).

[34] *Ibidem*, p. 23.

1.4. Fragmentos de diálogos com as artes: a literatura

Aqui chegados, trilhemos os caminhos de Pessoa/Soares enquanto produtores de escrita. Um início promissor é o que se vislumbra no fragmento 4, reproduzido a seguir: "E na mesa do meu quarto absurdo, reles, empregado e anônimo, escrevo palavras como a salvação da alma e douro-me do poente impossível de montes altos vastos e longínquos [...]"[35].

E logo a seguir, algo mais desenvolvido, no fragmento 6:

> Escrevo, triste, no meu quarto quieto, sozinho como sempre tenho sido, sozinho como sempre serei. [...] Vejo-me no quarto andar alto da Rua dos Douradores, assisto-me com sono; olho, sobre o papel meio escrito, a vida vã sem beleza e o cigarro barato que a expender estendo sobre o mata-borrão velho. Aqui eu, neste quarto andar, a interpelar a vida!, a dizer o que as almas sentem!, a fazer prosa como os génios e os célebres! Aqui, eu, assim!...[36].

É interessante a caracterização do quarto como "absurdo", emprestando-lhe um aspecto de irrealidade, de impossibilidades, não apenas a do espaço físico, o quarto, mas também a condição do próprio sujeito-escritor a viver a situação ambígua, entre a genialidade e a baixeza, o elevado e o baixo, o "reles". Encerrado, pois, em seu desvão encravado num ponto da cidade, o ajudante de guarda-livros resguarda-se e anula-se em meio ao seu ano-nimato. Mas essa anulação mescla-se à afirmação do poético por meio do qual ele se enobrece: "Douro-me do poente".

Ocorre que também para a concretização da tarefa de escrever, Pessoa/Soares estão impregnados de visões da geografia da cidade contemplada e, dessa forma, faz-se presente e se (re)cria por força, justamente, da ação do *olhar contemplativo*.

Curiosamente, contudo, o segmento final do fragmento aponta para certa impossibilidade de mirar espaços abertos, próprios para voos da alma que seriam traduzidos em produção escrita, uma vez que os "montes altos vastos e longínquos" jamais desaparecem do horizonte e emprestam uma sensação de sufocamento perene ao narrador-personagem encerrado nos estreitos limites da intimidade de seu quarto de dormir, "absurdo" quarto.

A perspectiva do alto, abordada também por Gagliardi, agora asso-ciada a Baudelaire, registra que

---

[35] PESSOA, 1999, p. 49 [fragmento 4].

[36] *Ibidem*, p. 50 [fragmento 6].

DESVELAR O OLHAR QUE (RE)CRIA: O MITO E A CIDADE

> O poeta, do alto da mansarda de onde observa a cidade, confere forma a *outras cidades, feéricas*, a partir do espaço sensível em que vive. Há sempre uma transfiguração na escrita, um processo constituído de projeções, ênfases, devaneios e apagamentos que refazem a cidade a partir da intimidade de quem a pinta[37].

Eis o que singulariza o olhar do artista, ao "retratar" o real, reconfigurando-o como outro.

Em linha, pois, com a modernidade do olhar de Charles Baudelaire, reproduzido, sobretudo, nos seus "quadros parisienses" que habitam os versos, por exemplo, de *As Flores do Mal*, projeta-se o *olhar contemplativo* do nosso ajudante de guarda-livros em seu trabalho de reconstituição de um espaço urbano que é e não é ao mesmo tempo a Lisboa dos montes altos e longínquos, do bulício, da Rua dos Douradores e dos tipos comuns que nela se multiplicam, arrastando-se por suas ruas estreitas e atingindo tão profundamente a sensibilidade do empregado de comércio, empenhado agora na tarefa de pintar uma cidade com as tintas da escrita.

Parece oportuno incorporar às considerações que temos dispensado algo do que vai nos versos de *Tabacaria*[38], célebre produção poética publicada pela primeira vez em 1933 e atribuída ao heterônimo mais famoso que o nosso Bernardo Soares: Álvaro de Campos.

No poema em questão, despontam aspectos como o da *perspectiva do alto* que temos associado ao *olhar contemplativo* de Pessoa/Soares.

Campos, na 6ª estrofe do poema (versos 55-56) não se furta a lembrar: "Mas sou, e talvez serei sempre, o da mansarda, // Ainda que não more nela;"[39], o que confere certa proximidade entre ele e Soares, já que é do alto que também o heterônimo Campos se autocontempla para focalizar seu ensimesmamento.

E é por conta da notável similaridade que se vislumbra entre os olhares de Álvaro de Campos, em segmentos do *Tabacaria*, e o de Bernardo Soares, que constrói e reconstrói Lisboa por meio dos fragmentos caóticos do *Livro do Desassossego*, que reproduzimos, a seguir, a 2ª estrofe do poema que, num hipotético trabalho especulativo, poderia perfeitamente passar como mais um dos trechos compostos pelo ajudante de guarda-livros.

---

[37] GAGLIARDI, 2012, p. 25, grifo do autor.

[38] As referências a esse poema têm origem em MOISÉS, Carlos Filipe. *O Poema e as máscaras*. Coimbra: Almedina, 1981. Importante e detalhado estudo crítico dedicado ao poema de Álvaro de Campos. Ainda, e como segunda fonte para as considerações envolvendo "Tabacaria", consultamos também a edição *Obra Poética de Fernando Pessoa*: Poesias de Álvaro de Campos e dos seus heterônimos Bernardo Soares e C. Pacheco. Introdução, organização e biobibliografia de Antônio Quadros. [*S. l.: s. n.*], [1985?]. Publicações Europa-América.

[39] MOISÉS, Carlos Filipe. *O Poema e as máscaras*. Coimbra: Livraria Almedina, 1981. p. 29.

Vamos a ele:

> "Janelas do meu quarto,
> Do meu quarto de um dos milhões do mundo que ninguém sabe quem é
> (E se soubessem quem é, o que saberiam?),
> Dais para o mistério de uma rua cruzada constantemente por gente,
> Para uma rua inacessível a todos os pensamentos,
> Real, impossivelmente real, certa, desconhecidamente certa,
> Com o mistério das coisas por baixo das pedras e dos seres,
> Com a morte a pôr humidade nas paredes e cabelos brancos nos homens,
> Com o Destino a conduzir a carroça de tudo pela estrada de nada"[40].

Depreende-se, pela análise mais detida dos versos de Campos, a mesma atitude contemplativa, recorrente por parte de Bernardo Soares, quando se coloca, no alto da mansarda, mediado pelas janelas que descortinam os movimentos de gente e mais gente a circular pelos caminhos de uma cidade atravessada pelo olhar inquiridor. E é por meio dele que se revela a marca do mistério, inerente a um espaço urbano que se mostra, afinal, "inacessível a todos os pensamentos". Numa formulação profundamente marcada pela estranheza do paradoxo, descortina-se como real e irreal simultaneamente. Uma cidade que guarda "o mistério das coisas por baixo das pedras e dos seres".

Seria, pois, algo do mesmo olhar inquiridor reclamado por José Cardoso Pires[41] como necessário para que se possa, de fato, conhecer uma cidade:

> Mas ninguém poderá conhecer uma cidade se não a souber interrogar, interrogando-se a si mesmo. Ou seja, se não tentar por conta própria os acasos que a tornam imprevisível e lhe dão o mistério da unidade mais dela. É que isto aqui não é só luz e rio, sabes bem[42].

---

[40] 2ª estrofe do poema "Tabacaria" (*apud* MOISÉS, 1981, p. 27).

[41] A obra de José Cardoso Pires: *Lisboa – Livro de Bordo: vozes, olhares, memorações* (Publicações Dom Quixote, 1998) será abordada mais detidamente no item 3.3 do Capítulo 3. "O olhar que (re)cria: a perspectiva do mito", dedicado a Teolinda Gersão.

[42] PIRES, José Cardoso. *Lisboa* – Livro de Bordo: vozes, olhares, memorações. 3. ed. Lisboa: Publicações Dom Quixote, 1998. p. 11.

DESVELAR O OLHAR QUE (RE)CRIA: O MITO E A CIDADE

E quando em outra instância do poema, ainda que o quadro oferecido ao olhar do eu lírico permita agora a apreensão do espaço externo (da rua), com a nitidez que se presta a afastar o seu caráter de sítio intransponível, o que daí resulta é uma inquietante (desassossegada?) percepção de impossibilidade, de estranheza, de desconhecimento daquilo que se vê: é como se possível fosse *ver* — lojas, passeios, carros, pessoas, cães —, embora, como produto final, não fosse possível *reconhecer*, pelo olhar, a familiaridade desses elementos, que passam a compor, então, um espaço outro, estrangeiro. Irreconhecível.

Ou na forma proposta por Álvaro de Campos, em *Tabacaria*:

> "Chego à janela e vejo a rua com uma nitidez absoluta.
> Vejo as lojas, vejo os passeios, vejo os carros que passam,
> Vejo os entes vivos vestidos que se cruzam,
> Vejo os cães que também existem,
> E tudo isto me pesa como uma condenação ao degredo,
> E tudo isto é estrangeiro, como tudo.)"[43]

Fechando, por ora, as considerações acerca de pontos de contato entre o heterônimo Álvaro de Campos de *Tabacaria* e o semi-heterônimo Bernardo Soares, autor do *Livro do Desassossego*, vale ainda destacar o que explicita Moisés em trecho da *Nota Prévia* de seu estudo dedicado ao poema de Campos:

> A rua dos Retroseiros, possivelmente, será ainda "cruzada constantemente por gente", mas outra espécie de gente, e de outro modo, porque não mais debaixo do olhar do poeta. Todo esse pequeno universo, porém, persiste aqui e agora, diante de nós, tal como Pessoa o concebeu, naquele hipotético 15 de Janeiro de 1928 – e persistirá, desafiando o tempo que o Destino alheio tece, enquanto pudermos seguir olhando essa mesma rua e essa mesma gente, através do olhar do poeta, o único capaz de tornar menos precário o instante, inscrevendo-o no espaço mais duradouro do poema[44].

Assim como a dos Retroseiros, a Rua dos Douradores, recorrente enquanto espaço de observação para as impressões desfiadas pelo ajudante de guarda-livros e que abriga as inquietudes de seu *olhar contemplativo*, persiste e retorna sempre por força da leitura dos seus apontamentos, por força da escrita que traz à tona uma cidade concebida por obra e graça da palavra escrita, mediada e gerada por obra e graça da *perspectiva do alto*.

---

[43] 9ª estrofe, versos 97-103 do poema "Tabacaria" (*apud* MOISÉS, 1981, p. 31).

[44] MOISÉS, 1981, p. 26.

Em chave distinta, o fragmento 6 do *Livro*, transcrito anteriormente, revela uma atitude de alheamento ou quase descaso, ao conter uma visão crítica disfarçada pela postura irônica e que muito perceptivelmente chega a resvalar para um tom de leve galhofa (sobretudo no seu segmento final).

Para maior clareza e para a continuidade do trabalho de levantamento dos aspectos que envolvem a ação de Pessoa/Soares enquanto produtores de escrita, reproduzimos, uma vez mais, o citado fragmento 6, que é agora o nosso foco de análise:

> Escrevo, triste, no meu quarto quieto, sozinho como sempre tenho sido, sozinho como sempre serei. [...] Vejo-me no quarto andar alto da Rua dos Douradores, assisto-me com sono; olho, sobre o papel meio escrito, a vida vã sem beleza e o cigarro barato que a expender estendo sobre o mata-borrão velho. Aqui eu, neste quarto andar, a interpelar a vida!, a dizer o que as almas sentem!, a fazer prosa como os génios e os célebres! Aqui, eu, assim!... [45]

Entendemos como *descaso* certa atitude de descompromisso com qualquer coisa, como se o excesso de quietude, solidão, tristeza, inutilidade da vida, sonolência pesasse tanto que a única saída ou estratégia para driblar esse estado de torpor ("assisto-me com sono") fosse a ironia ou indiferença para retratá-lo. Notemos as exclamações que não exaltam nem valorizam o que dizem, ao contrário, conferem um tom de descrença e negação ao dizer.

Notemos também "o papel meio escrito", que traz, na sua incompletude, a ideia da insignificância de uma existência sem valor e sem brilho, curiosamente associada à extinção de um "cigarro barato", o qual fica esquecido, propositalmente, por sobre um mata-borrão.

Desse modo, acentua-se a ironia amarga da linguagem, graças ao expressivo efeito da utilização abusiva de exclamações, que permitem ao ajudante de guarda-livros incluir o próprio nome no rol dos "génios e célebres". Estaria Pessoa/Soares colocando em dúvida a validade e importância da escrita literária, ou seja, problematizando seu papel de "interpretar a vida" e de traduzir o que "as almas sentem"?

Retomemos o verso de *Tabacaria*, em que Campos define-se como ser da mansarda, "sou e talvez serei sempre, o da mansarda". Importante ressaltar a ressalva feita no verso a seguir — "Ainda que não more nela". Ou seja: *mansarda*, aqui, atua como metáfora, não correspondendo exclusivamente a

---

[45] PESSOA, 1999, p. 50 [fragmento 6].

um espaço físico, mas a um ensimesmamento do sujeito, voltado e cerrado em seu universo interior solitário e isolado. Em linha com tal formulação, Bernardo Soares revela, no fragmento 34 do *Livro*: "Penso às vezes que nunca sairei da Rua dos Douradores. E isto escrito, então, parece-me a eternida-de"[46], o que nos permite conferir à literatura o dom de eternizar sensações, acontecimentos, o de instituir a permanência de uma certa atitude perante a vida, como se coubesse à palavra escrita o trabalho de cristalização de momentos que, de outra forma, não se sustentariam.

1.5. A autocontemplação: escrever e (re)ler a si próprio

Escrever, ler: binômio praticamente indissolúvel e que permite ampliar o foco de nossa análise, nesse ponto, destacando, por exemplo, um fragmento que busca o testemunho de outro dos célebres heterônimos pessoanos convocado por Soares: o mestre Alberto Caeiro.

Segmentos do fragmento 46 problematizam a questão da leitura, nas páginas do *Livro*:

> Releio passivamente, recebendo o que sinto como uma inspiração e um livramento, aquelas frases simples de Caeiro, em referência natural do que resulta do pequeno tamanho da sua aldeia. Dali, diz ele, porque é pequena, pode ver-se mais do mundo do que da cidade; e por isso a aldeia é maior que a cidade... *"Porque eu sou do tamanho do que vejo, E não do tamanho da minha altura"*[47].

Uma vez mais, a figura heteronímica do mestre de todas as demais *personas* de Pessoa tem a oportunidade de destilar sua sabedoria, por intermédio do ajudante de guarda-livros, que o relembra e traz para primeiro plano a problemática contida na expressão: "Por que eu sou do tamanho do que vejo".

A incorporação do tom de Caeiro por parte de Bernardo Soares também foi apontada no artigo de Gagliardi, que tem sido utilizado como fonte de apoio nas análises em curso: "E não valerá a pena aventar se, ao caminhar da cama, ou da cadeira, até a janela, Soares não estará reproduzindo uma lição? Quem está falando 'Assim sou. Quando quero pensar, vejo', não é o próprio Caeiro em Soares?"[48].

---

[46] PESSOA, 1999, p. 70.

[47] *Ibidem*, p. 80, grifo do autor.

[48] GAGLIARDI, 2012, p. 33.

Também é Gagliardi quem recorda que a força dessa espécie de *mantra* proferido por Caeiro e retomado por Soares mereceu desse último a composição de um fragmento inteiro tendo-o como foco, tal a sua relevância para a sensibilidade do ajudante de guarda-livros: "A sua importância para o Livro é tamanha [...] a ponto de ter-lhe dedicado um texto integral, no qual, ao repetir o referido verso como um mantra, deixa-se levar por um raro estado de êxtase revelador"[49].

E nos termos de Soares, com base no longo fragmento 46 que estamos a considerar:

> Frases como estas ['Porque eu sou do tamanho do que vejo // E não do tamanho da minha altura'], que parecem crescer sem vontade que as houvesse dito, limpam-me de toda a metafísica que espontaneamente acrescento à vida. Depois de as ler, chego à minha janela sobre a rua estreita, olho o grande céu e os muitos astros, e sou livre com um esplendor alado cuja vibração me estremece no corpo todo[50].

O impacto da leitura dos versos de Caeiro sobre a percepção de Soares é imenso, nele provocando a potencialização — o "êxtase revelador" — de seu *olhar contemplativo* que lança à rua estreita, da *perspectiva do alto*, e que tem o poder de permitir ao ajudante de guarda-livros alçar voo mais amplo e mesmo libertar-se, por uma fração de tempo impensável, da limitação do espaço urbano lisboeta.

Trata-se de um voo que o leva da rua estreita ao grande céu e aos muitos astros, emprestando a Soares o dom de reconstruir um universo inteiro: "Cada vez que penso esta frase com toda a atenção dos meus nervos, ela me parece mais destinada a reconstruir consteladamente o universo. 'Sou do tamanho do que vejo!'"[51], conjugação necessária entre pensar e sentir — fundamental na poética pessoana.

Estamos investigando, conforme já sinalizado em outro ponto, de que forma se apresentam no *Livro* considerações metalinguísticas do narrador--personagem Soares, ou seja, escrita e leitura são filtradas por impressões que vão permitindo ao eu-narrador uma autocontemplação, escrever e (re) ler a si próprio. E, nesse sentido, acabam aflorando questões que envolvem a literatura enquanto modalidade artística específica.

---

[49] GAGLIARDI, 2012, p. 33-34.

[50] PESSOA, 1999, p. 80.

[51] *Ibidem*, p. 80.

DESVELAR O OLHAR QUE (RE)CRIA: O MITO E A CIDADE

Pois bem: é justamente a literatura o objeto selecionado por Soares, para tecer, a partir dela, considerações que permitem ao ajudante de guarda-livros interrogar a realidade circundante, realidade essa representada pelo espaço externo da cidade de Lisboa, num movimento contínuo do *olhar contemplativo* que modela e remodela os cenários percebidos, olhar concebido da *perspectiva do alto*, mediado por janelas.

Os fragmentos a seguir dão conta do que anteriormente explicitamos. Iniciemos pelo 116:

> Escrever é esquecer. A literatura é a maneira mais agradável de ignorar a vida. A música embala, as artes visuais animam, as artes vivas (como a dança e o representar) entretém. A primeira, porém, afasta-se da vida por fazer dela um sono; as segundas, contudo, não se afastam da vida – umas porque usam de fórmulas visíveis e portanto vitais, outras porque vivem da mesma vida humana. Não é esse o caso da literatura. Essa simula a vida. Um romance é uma história do que nunca foi e um drama é um romance dado sem narrativa. Um poema é a expressão de ideias ou de sentimentos em linguagem que ninguém emprega, pois que ninguém fala em verso[52].

De certa forma, está Soares, no fragmento transcrito, empreendendo um trabalho de cotejo entre as modalidades artísticas, tomando por base a escrita e a literatura, atribuindo à arte literária, logo de início, a capacidade de proporcionar um afastamento desejável em relação à vida, à realidade, por obra do esquecimento. E tal capacidade parece não ser própria, por exemplo, das outras artes, música e artes visuais incluídas. É como se essas modalidades artísticas tivessem dependência direta da vida humana para se manifestar e refletir a vida como ela é; ocorre que não é possível avaliar que algo semelhante se passa em relação à literatura, já que "ela simula a vida".

Nesse ponto, parece-nos bastante oportuno antecipar algo das análises que terão como objeto o olhar segundo, o de José Saramago no romance *História do cerco de Lisboa*. Justifica-se tal antecipação por conta da forte identificação que se pode observar entre as considerações de Bernardo Soares a respeito da literatura e as do revisor Raimundo Silva no romance saramaguiano.

Contextualizando: nas páginas iniciais do romance, o revisor Raimundo Silva e um autor (também historiador) de uma obra que está a sofrer as intervenções profissionais de revisão, travam uma animada conversação no quarto de Silva, versando sobre especificidades do ofício de revisor e de

---

[52] PESSOA, 1999, p. 80.

suas experiências. Em determinado momento, o diálogo toma a aparência de embate entre os campos da literatura e da história, ocupando Raimundo Silva o papel de representante das artes literárias e o "senhor doutor" (o inominado autor) o de representante da história:

> [...] Recordo-lhe que os revisores são gente sóbria, já viram muito de literatura e vida, O meu livro, recordo-lho eu, é de história, Assim realmente o designariam segundo a classificação tradicional dos gêneros, porém, não sendo propósito meu apontar outras contradições, em minha discreta opinião, senhor doutor, tudo quanto não for vida é literatura, A história também, A história sobretudo, sem querer ofender, E a pintura, e a música, A música anda a resistir desde que nasceu, ora vai, ora vem, quer livrar-se da palavra, suponho que por inveja, mas regressa sempre à obediência, E a pintura, Ora a pintura não é mais do que a literatura feita com pincéis, Espero que não esteja esquecido de que a humanidade começou a pintar muito antes de saber escrever, Conhece o rifão, se não tens cão caça com o gato, por outras palavras, quem não pode escrever pinta, ou desenha, é o que fazem as crianças. [...][53].

A posição do revisor Raimundo Silva é bastante incisiva: se não estamos a tratar da vida, da realidade, só podemos estar a tratar de literatura, ou diretamente na sua formulação, "tudo quanto não for vida é literatura", devendo-se entender que por literatura, dessa forma, teríamos a representação máxima daquilo que se apreende como arte, abarcando, inclusive, todas as demais modalidades artísticas e não só: a própria história também estaria inserida e contida naquilo que denominamos como "literatura".

O revisor, no romance de Saramago, assume uma posição que está em perfeita sintonia com a de Bernardo Soares no *Livro*, qual seja, a de avaliar a literatura como uma "simulação da vida".

No entanto, sua concepção da arte literária vai além e radicaliza quando concebe uma forte hierarquia existente entre as artes, subordinando por completo a pintura e a música, por exemplo, aos procedimentos da arte literária. E é esse o aspecto que o afasta da concepção de Soares, embora não possa deixar de ser observada a identificação, ao menos parcial, entre os postulados do ajudante de guarda-livros no *Livro* e os do revisor no romance.

Voltando agora à concepção de literatura de Soares como "simulação da vida", sirva-nos, para as considerações seguintes, o fragmento 117 do *Livro*:

---

[53] SARAMAGO, José. *História do cerco de Lisboa*. São Paulo: Companhia das Letras, 2011. p. 10-11.

> Toda a literatura consiste num esforço para tornar a vida real. Como todos sabem, ainda quando agem sem saber, a vida é absolutamente irreal, na sua realidade directa; os campos, as cidades, as ideias, são coisas absolutamente fictícias, filhas da nossa complexa sensação de nós mesmos. São intransmissíveis todas as impressões salvo se as tornarmos literárias. As crianças são muito literárias porque dizem como sentem e não como deve sentir quem sente segundo outra pessoa. Uma criança, que uma vez ouvi, disse, querendo dizer que estava *à* beira de chorar, não "Tenho vontade de chorar", que é como diria um adulto, isto é, um estúpido, senão isto: "Tenho vontade de lágrimas". E essa frase, absolutamente literária, a ponto de que seria afectada num poeta célebre, se ele a pudesse dizer, refere resolutamente a presença quente das lágrimas a romper das pálpebras conscientes da amargura líquida. "Tenho vontade de lágrimas"! Aquela criança pequena definiu bem a sua espiral[54].

Enquanto "simulação", portanto, a literatura é entendida nas considerações que se põe a construir o nosso Bernardo Soares, como um esforço para fazer com que a vida seja percebida na sua concretude. A primeira observação a respeito do trecho dá conta de uma espécie de verdade, que seria própria do senso comum e, por conta disso, uma verdade que se pode até mesmo avaliar no seu caráter de inquestionável: todos têm consciência, ainda quando agem sem ao menos ter essa consciência, de que a vida é irreal quando apreendida na sua "realidade directa". Ora, se aceitarmos como viável essa premissa, seremos obrigados a concordar com Soares que todas as coisas são absolutamente fictícias, constituem impressões, sensações complexas, e que só adquirem a possibilidade de serem transmitidas quando transformadas, justamente, em literatura. Ou seja, o eu-narrador nos dá como pressuposto uma afirmação que ele atribui ao senso comum, mas que, pela lógica que rege o real ela não pertence ao senso comum, e sim à sua maneira excêntrica de enxergar o mundo.

É tamanha a crença do narrador-personagem do *Livro* nessa verdade, que ele explicita, como argumento de força, a ideia de que as crianças seriam entes carregados de literatura desde sempre, uma vez que se expressam exatamente da mesma forma como se sentem, sem subterfúgios de qualquer espécie e sem a mediação de outrem, o que pode ser entendido como atestado de pureza e espontaneidade, de origem clara e afastada, ao extremo, de qualquer indício de afetação. E, nos termos de Soares, "tudo isto é quanto a vida vale", e o mais pouco importa. E esse tudo é, não há dúvida, a literatura.

---

[54] PESSOA, 1999, p. 140-141.

Leyla Perrone-Moisés, quando do fechamento de suas análises acerca do *Livro do Desassossego*, retoma as reflexões de Fernando Pessoa que diziam respeito aos objetivos de sua obra em prosa. Tais reflexões parecem nos conduzir a certa identificação e diálogo com aspectos que anteriormente destacamos, dando conta da predominância da arte literária como a única modalidade, de fato, capaz de promover a transmissão das impressões em sentido amplo ou, em outros termos, os de Bernardo Soares, de promover um esforço responsável por tornar a vida "real". Real, porque filtrada e manipulada por uma consciência que refrata ou desloca a realidade de suas posições habituais, exacerbando o enclausuramento da autoconsciência.

> O próprio Pessoa refletiu, muitas vezes, sobre os objetivos visados por sua obra. Por volta de 1916, ele escreveu: "A finalidade da arte é simplesmente aumentar a autoconsciência humana. O seu critério é a aceitação geral (ou semigeral), mais tarde ou mais cedo, pois é essa a prova de que, na realidade, ela tende a aumentar a autoconsciência entre os homens". A autoconsciência não é a cura; era, aliás, por excesso de autoconsciência que Pessoa se sentia doente. Como nos ensina a psicanálise, a possibilidade de cura reside na capacidade de dizer o próprio mal. [...] Se encontrar as palavras para dizer o sofrimento é um caminho de saúde, encontrar as palavras exatas da poesia, e coloca-las à disposição dos outros, é o papel benfazejo dos poetas[55].

É bastante plausível, assim, avaliar a "capacidade de dizer o próprio mal", de "encontrar as palavras exatas da poesia e colocá-las à disposição dos outros" como a própria capacidade de promover a transmissibilidade das impressões por obra da mediação da literatura, o que resultaria, se tal não se sucedesse, em relegar definitivamente todas as coisas — os campos, as cidades, as ideias — ao território do irreal absoluto. Ou, expresso de outra forma, a literatura existe como condição essencial para a concretude do mundo.

Ocorre que as impressões íntimas de Bernardo Soares devem sempre ser analisadas pelo crítico de modo cauteloso, acompanhando e compreendendo as imprecisões e contradições estrategicamente colocadas pelo eu, e que estão a espreitar em meio aos estilhaços lançados pelo ajudante de guarda-livros.

Não é de outra forma, então, que em outro fragmento, mais adiante, o escriba explicite que, ao reler cuidadosamente e em plena lucidez, trecho a trecho daquilo tudo que a pena se pôs a registrar no papel, concluíra que o melhor era não o ter feito:

---

[55] PERRONE-MOISÉS, 2001, p. 317-318.

> Releio, lúcido, demoradamente, trecho a trecho, tudo quanto tenho escrito. E acho que tudo é nulo e mais valeria que eu o não houvesse feito. As coisas conseguidas, sejam impérios ou frases, têm, porque se conseguiram, aquela pior parte das coisas reais, que é o sabermos que são perecíveis. Não é isto, porém, que sinto e me dói no que fiz, nestes lentos momentos em que o releio. O que me dói é que não valeu a pena fazê-lo, e que o tempo que perdi no que fiz o não ganhei senão na ilusão, agora desfeita, de ter valido a pena fazê-lo. Tudo quanto buscamos, buscamo-lo por uma ambição, mas essa ambição ou não se atinge, e somos pobres, ou julgamos que a atingimos, e somos loucos ricos. [...] Tudo quanto fazemos, na arte ou na vida, é a cópia imperfeita do que pensámos em fazer[56].

Num primeiro momento, é como se o que levasse o narrador-personagem a um estado de desânimo em relação à sua obra estivesse apenas ligado à consciência de sua própria falência e precariedade. Teria valido a pena escrever? Não, o que existe é a ilusão do valer a pena e é isso que pesa como consciência a doer em Soares. Toda busca é necessária, mas ela coexiste com o saber de que o objeto buscado nunca satisfaz ao sujeito, é "cópia imperfeita" ou uma criação ilusória.

Contudo, opondo-se a essa fácil e previsível explicação, o que em verdade aniquila o ânimo do realizador e o fere no mais profundo do seu íntimo, muito mais do que a absoluta certeza da extinção de tudo promovida pela morte, é a claríssima consciência, posto que gerada na plena lucidez, de que nada valera a pena ter sido feito, uma vez que o tempo empregado e perdido na tarefa fora recompensado na forma da ilusão, fugaz, desfeita em seguida e que insistia em apregoar que tudo sim valera a pena.

Eis o dilema que permeia a poética pessoana, em todas as suas variações e facetas heteronímicas, atormentando o sujeito da escrita: lucidez (consciência) e inocência (inconsciência) reclamam-se, mutuamente, tecendo fios que acentuam as contradições e tensões dialéticas presentes ao longo da obra pessoana e, no nosso caso específico de análise, o *Livro do Desassossego*.

A conclusão a que chega o ajudante de guarda-livros e que se opõe em essência às impressões que estava a construir em outros momentos, permite a ele externar um fechamento que coloca, indistintamente, que tudo aquilo o que viermos a realizar na arte ou na vida não passará jamais de uma cópia imperfeita, de uma falsa e ilusória conquista.

---

[56] PESSOA, 1999, p. 181-182.

Desse modo, tudo acaba recebendo as tintas do relativismo: as conquistas de impérios, de frases, de tarefas levadas a cabo, as paisagens vistas e as narrações escritas.

Haverá valor após o momento anterior das "coisas conseguidas"?

Ou vai restar apenas a impressão do nulo? Terá valido a pena, enfim?

1.6. Sobre imperadores e conquistas, sobre viajantes e narrativas

Parece oportuno por aqui, discorrer acerca de alguns aspectos que podem vir a nos auxiliar para um trabalho de análise que se propõe, agora, a iluminar, ainda que brevemente, dois temas que se mostram relevantes para a abordagem do *Livro do Desassossego*.

Trataremos, sobretudo, dos motivos ligados às conquistas e às viagens e, para tanto, convocamos agora Ítalo Calvino e o seu *As Cidades Invisíveis*.

Antes de tudo, vale destacar que *As Cidades Invisíveis* filia-se ao rol das obras de incerta classificação no que diz respeito ao gênero, o que, de certa forma, aproxima-a, inclusive, do ponto de vista estrutural, do *Livro do Desassossego*, objeto privilegiado de pesquisa no presente capítulo deste livro.

Inúmeros estudiosos já fizeram alusão à dificuldade de rotular com precisão essa obra singular de Calvino. A título de exemplificação, reproduzimos a seguir uma delas que, adicionalmente, retoma uma qualificação do próprio autor:

> O primeiro obstáculo que se coloca na análise surge na definição do género da obra. Não é percetível [sic] se nos deparamos com um romance, um livro de contos, um tratado filosófico, ou se as pequenas narrativas são fábulas, contos ou poemas-apólogos. Calvino qualifica os seus textos "entre o apólogo e o pequeno poema". A dificuldade em definir o género estende-se à estrutura formal da obra sendo difícil classificar se as nove partes em que se divide são capítulos, secções ou unidades[57].

Ainda com base no mesmo estudo do qual se extrai a citação anterior, é oportuno acrescentar que, do ponto de vista formal,

> A organização dos textos reflete uma ideia de cidade que se transforma num processo contínuo de construção e de desconstrução. A numeração dos textos, crescente e decrescente,

---

[57] SILVA, Ana Carina Oliveira. Para uma cartografia imaginária: desfragmentação de "As Cidades Invisíveis" de Ítalo Calvino. 2013. Tese de Mestrado em Arquitectura – Escola de Arquitectura da Universidade do Minho, Minho, 2013. p. 15.

também pode ser analisada como o reflexo do império de Kublai Kan, que deambula entre a decadência e a esperança de um futuro[58].

No entanto, interessa-nos aqui apenas tecer algumas considerações à talvez mais emblemática obra de Calvino, fixando nossa atenção ao que se passa no estado de espírito de um conquistador do porte de Kublai Khan em determinado momento situado exatamente na tomada de consciência por parte do imperador de que as suas inúmeras realizações, materializadas na forma de territórios e cidades conquistadas sofreriam a extrema transformação que o levaria a um sentimento de vazio, de nulidade, em muito semelhante ao vazio experimentado por Bernardo Soares ao se dar conta e reler, cuidadosamente, tudo aquilo que tinha escrito.

> Não se sabe se Kublai Khan acredita em tudo o que diz Marco Polo quando este lhe descreve as cidades visitadas em suas missões diplomáticas, mas o imperador dos tártaros certamente continua a ouvir o jovem veneziano com maior curiosidade e atenção do que a qualquer outro de seus enviados ou exploradores. Existe um momento na vida dos imperadores que se segue ao orgulho pela imensa amplitude dos territórios que conquistamos, à melancolia e ao alívio de saber que em breve desistiremos de conhecê-los e compreendê-los, uma sensação de vazio que surge ao calar da noite com o odor dos elefantes após a chuva e das cinzas de sândalo que se resfriam nos braseiros, [...][59].

No caso do imperador, é como se houvesse o ato de desistência voluntária, de negação a tomar conhecimento e a tentar compreender a amplitude dos territórios amealhados e que passaram a compor a grandeza absoluta de um império que não poderia ser confrontado por nenhum outro existente, dada a imensidão e o poderio que adquirira.

É como se a tomada de consciência do Khan pudesse ser associada à de Soares, ao perceber uma obra finalizada: mas será que valera, enfim, a pena? Ou tudo não passara de uma falsa e ilusória conquista?

> O Grande Khan tentava identificar-se com o jogo: mas agora era o motivo do jogo que lhe escapava. O objetivo de cada partida é um ganho ou uma perda: mas do quê? Qual era a verdadeira aposta? No xeque-mate, sob os pés do rei derrubado pelas mãos do vencedor, resta um quadrado preto ou

---

[58] SILVA, 2013, p. 15.

[59] CALVINO, Ítalo. *As Cidades Invisíveis*. Tradução de Diogo Mainardi. São Paulo: Companhia das Letras, 1990a. p. 9.

branco. Com o propósito de desmembrar as suas conquistas para reduzi-las à essência, Kublai atingira o extremo da operação: a conquista definitiva, diante da qual os multiformes tesouros do império não passavam de invólucros ilusórios, reduzia-se a uma tessela de madeira polida: o nada...[60].

Acerca do viajante e da narrativa. Em *As Cidades Invisíveis*, o célebre viajante veneziano Marco Polo é o interlocutor privilegiado do Grande Khan, que ouve com redobrado interesse os relatos do jovem explorador, dedicando a ele uma atenção que não direciona a quaisquer outros dos seus enviados ou representantes.

E é só por meio das narrativas de Marco Polo que o imperador é capaz de aquilatar a amplitude de suas conquistas de territórios e cidades tão diversos entre si. É apenas pela mediação das narrativas do veneziano que as fronteiras monstruosas e indefiníveis de um império imortal e invencível se tornam apreensíveis ao entendimento do imperador Kublai Khan, que as cidades improváveis e invisíveis ao seu olhar, adquirem concretude. Apenas pela força das narrativas do veneziano. E este não se furta, afinal, de dispensar ao imperador um conselho definitivo que pode ter o dom de proporcionar a manutenção da concretude de suas tantas e tantas cidades que tantas e tantas vezes aparentam ter sua existência associada apenas ao campo da irrealidade, da ilusão, da ficção: as cidades invisíveis.

> – Eu não tenho desejos nem medos – declarou o Khan –, e meus sonhos são compostos pela mente ou pelo acaso.
> – As cidades também acreditam ser obra da mente ou do acaso, mas nem um nem o outro bastam para sustentar as suas muralhas. De uma cidade, não aproveitamos as suas sete ou setenta e sete maravilhas, mas a resposta que dá às nossas perguntas[61].

Em linha com um dos segmentos anteriormente destacados do *Livro*, uma vez mais é possível perceber o tom niilista, aparentemente feito de descaso com que Soares trata suas sensações e impressões diante da vida. O fechamento dessas impressões — estamos nos referindo ao fragmento 170 —, carregado de reticências, apenas reforça o humor amargo a cobrir a percepção da verdade.

Vejamos: "Mais vale escrever do que ousar viver, ainda que viver não seja mais que comprar bananas ao sol, enquanto o sol dura e há bananas que vender. Mais tarde, talvez... Sim, mais tarde... Um outro, talvez... Não sei..."[62].

---

[60] CALVINO, 1990a, p. 113.

[61] *Ibidem*, p. 44.

[62] PESSOA, 1999, p. 83.

DESVELAR O OLHAR QUE (RE)CRIA: O MITO E A CIDADE

A (in)coerência é a tônica que caracteriza o *Livro*, no qual escrita e leitura vão dialogando em meio às tensões tramadas por Soares, que sempre exige do pesquisador, em relação às impressões dispostas no *Livro*, uma posição de cautela que o salvaguarde de contradições.

Se viver não é mais do que comprar bananas, qual seria o lugar da presença da ilusão que cerca indistintamente tanto o prosaico de tal ação quanto qualquer realização associada à arte, o escrever, por exemplo?

Fechemos, por ora, as considerações que estamos a compor, motivadas pela análise de impressões lançadas em fragmentos dispersos nas páginas do *Livro do Desassossego*, a rigor, um livro eternamente por fazer.

Assim como a incompletude formal e temática do *Livro* se mostra sempre aberta a quem se aventure a tentar para ele um novo rearranjo, entendemos também que a multiplicidade de impressões provocada pelos olhares dispensados aos espaços urbanos de Lisboa pode vir a fazer surgir uma mesma e diferente cidade, o tempo todo.

Um espaço urbano comum — Lisboa. Diferentes olhares, sob diferentes perspectivas. Lisboa, ou uma cidade qualquer? "E tudo quanto faço, tudo quanto sinto, tudo quanto vivo, não será mais que um transeunte a menos na quotidianidade de ruas de uma cidade qualquer"[63]. Isso reforça o fato de que se trata muito mais do próprio sujeito a autofocar-se do que à cidade em que vive.

O espaço, nesse caso, parece existir como pré-texto e pretexto para outro e verdadeiro texto: o do eu-escritor, em sua autocontemplação.

Deixemos, na solidão de uma mansarda qualquer, de alguma rua de Lisboa, em repouso, o *olhar contemplativo* de Pessoa/Soares. Ajustemo-nos à busca pela *perspectiva do paralelo*. Trilhemos, agora, os caminhos da cidade propostos pelo *olhar desdobrado* de Saramago/Raimundo Silva, em *História do cerco de Lisboa*.

---

[63] PESSOA, 1999, p. 418.

2

SEGUNDA VISADA: O OLHAR DESDOBRADO E A PERSPECTIVA DO PARALELO

2.1. Na poeticidade do que é histórico

Em estudo que se propôs a abordar aspectos da ficcionalização da história, tomando por base um *corpus* representativo da literatura portuguesa contemporânea, composto por um elenco de autores como Herberto Helder, José Saramago, Lobo Antunes, Almeida Faria, dentre outros, Maria Valéria Zamboni Gobbi explicita, não sem lançar ao tema questionamentos que problematizam a forte tendência de reescritura da História através da subversão dos discursos consolidados, que

> O entendimento do que seja a História tem passado, nos últimos séculos, por constantes intempéries, o que torna a ancoragem da ficção na história, no mínimo, merecedora de ponderações: de que história, afinal, a ficção se apropria? E, ao aproximar-se dela, estaria então a ficção buscando estabelecer outra verdade – diferente, sua –, em lugar das questionavelmente inabaláveis verdades históricas? Literatura e História, então, seriam "quase a mesma coisa"?[64]

Ao colocar em suspenso, no primeiro dos questionamentos, acerca de qual história estaria a ficção (a literatura) a se apropriar, é possível avaliar que a autora admite mais de uma conceituação que pode ser atribuída ao termo história, cabendo, desde já, especificar a qual delas se faz referência.

Ainda, como também se pode depreender da análise desenvolvida pela pesquisadora, é viável considerar que a história, em última instância, apresenta-se sempre voltada a um trabalho de construção e estabelecimento da verdade e que a ficção, dessa forma, aproximando-se dela, estaria talvez interessada em construir uma outra verdade, em novas bases, colocando desde já em dúvida seu caráter de verdade incontestável, acima de qualquer suspeita.

---

[64] GOBBI, Márcia Valéria Zamboni. *A ficcionalização da História* – mito e paródia na narrativa portuguesa contemporânea. São Paulo: Editora Unesp, 2011. p. 23.

O último dos questionamentos arrolados dá conta de uma possível identificação plena entre Literatura e História, objeto de recorrentes embates no campo das ideias, nas Humanidades, já há algum tempo.

Como conciliar tal plenitude entre a arte literária e a ciência da história sem com isso deixar de provocar em ambos os lados reações extremadas?

Partimos dessas breves considerações iniciais para tratar, segundo os objetivos previstos neste livro, do romance de 1989 de José Saramago, *História do cerco de Lisboa*, de modo a ilustrar uma segunda e diversa abordagem que dá conta de uma nova categoria de olhar, a qual denominamos a do *olhar desdobrado*, na *perspectiva do paralelo*. O que há em comum na obra de Saramago e nas duas outras selecionadas — as de Pessoa e Gersão — é a presença do espaço urbano de Lisboa. É essa a temática que as une. É esse o percurso que estamos a trilhar.

Reiteramos, uma vez mais, que as análises já levadas a cabo no que diz respeito ao *Livro do Desassossego*, de Fernando Pessoa (no capítulo anterior) bem como as que passamos a desenvolver nesse ponto, tomando por objeto o romance de Saramago, devem ser entendidas como tangenciais e de apoio à investigação que mais diretamente nos interessa, qual seja, a que envolve *o olhar e o mito* como elementos que (re)criam Lisboa na obra *A Cidade de Ulisses*, de Teolinda Gersão.

Sigamos, pois.

Em *História do cerco de Lisboa*, a chamada verdade histórica é fraudada por obra de um artifício banal, um ato fortuito e sem maiores explicações do revisor Raimundo Silva, seu protagonista, que inclui um termo que altera e subverte o entendimento factual de uma das passagens mais marcantes da história portuguesa.

Associada, normalmente, à metaficção historiográfica, conceito tornado célebre pela estudiosa Linda Hutcheon[65], a obra ilustra exemplarmente a condição de narrativa contemporânea que desenvolve um trabalho de evocação da história e, mais ainda, apresenta os aspectos da autorreferencialidade e do caráter reflexivo no trato da situação histórica.

Em linha com as considerações anteriormente destacadas de Gobbi, é possível perceber que o diálogo inicial na obra envolvendo o revisor Raimundo Silva e um historiador que confia a ele a revisão de um de seus livros, tematiza, dentre outras, a questão de se saber se a literatura e a história seriam "quase a mesma coisa".

---

[65] HUTCHEON, Linda. *Poética do Pós-Modernismo*: história, teoria, ficção. Rio de Janeiro: Imago, 1991.

DESVELAR O OLHAR QUE (RE)CRIA: O MITO E A CIDADE

O interessante diálogo que abre a obra[66] focaliza uma conversação já iniciada e a explicação do revisor Raimundo Silva ao "senhor doutor" (o historiador) a respeito do *deleatur*, um signo gráfico de revisão utilizado para indicar que uma letra ou palavra deve ser suprimida.

Já claramente caracterizado pelo narrador saramaguiano como portador de forte personalidade e com ideias bastante seguras, no que diz respeito ao seu ofício de revisor, além de externar um entendimento cético e amargo das coisas — "[...] Creio perceber nas suas palavras uma certa amargura céptica, Vejo-a mais como um cepticismo amargo, [...]"[67] —, Raimundo Silva permite-se, com base no excerto destacado, emendar o próprio historiador, quando lembra a ele que pela classificação dos gêneros comumente utilizada e aceita, à obra do "senhor doutor" seria atribuído o rótulo de "história".

Ocorre que para o revisor, deixando de apontar outras contradições que julga presentes, a classificação corriqueira não dá conta daquilo que de fato se passa, ou seja, de que "tudo quanto não for vida é literatura". E nessa espécie de máxima proferida pelo revisor, a história, sobretudo ela, seria, pois, associada plenamente à literatura, ou seja, literatura e história teriam a mesma identidade.

Mais ainda: outras modalidades artísticas como a pintura e a música seriam tributárias também da literatura, nos termos de Raimundo Silva. É significativo, inclusive, que o revisor, de certa forma, simplifique (ou banalize) a pintura, compreendendo-a como "literatura feita com pincéis".

Para Raimundo Silva, portanto, só existiriam dois campos bastante bem definidos: de um lado, a vida; de outro, a literatura. O elemento que fizesse parte de uma, não o faria da outra. E isso bastaria.

É curioso que o historiador parece não levar o revisor a sério, ou a ele reserva um tratamento que se afasta do confronto, o que é fácil perceber pela análise do excerto a seguir da obra de Saramago: "O que você quer dizer, por outras palavras, é que a literatura já existia antes de ter nascido, Sim senhor, como o homem, por outras palavras, antes de o ser já o era, Parece-me um ponto de vista bastante original, [...]"[68].

Não parece, então, fortuito que o diálogo inicial da obra dê conta das explicações de Raimundo Silva a respeito do sinal gráfico de correção denominado *deleatur*. É como se o instrumento da correção, personificado

---

[66] O diálogo em questão já foi objeto de breve abordagem no capítulo anterior, dedicado ao *Livro do Desassossego*.

[67] SARAMAGO, 2011, p. 9.

[68] *Ibidem*, p. 11.

no sinal gráfico, emprestasse ao revisor certo poder de interferência do qual não se pudesse avaliar precisamente a sua extensão. Ou por meio da ambígua formulação que fecha o segmento inicial do romance: "Que seria de nós se não existisse o deleatur, suspirou o revisor"[69]. Tal formulação permite também a interpretação plausível de que Raimundo Silva está a se dirigir apenas ao leitor, eximindo-se de fazer chegar ao "senhor doutor" o conteúdo dessa espécie de "pensamento em voz alta".

Aludimos anteriormente ao traço marcante das escritas ditas pós-modernas, associadas à metaficção historiográfica, que consiste na presença de características autorreferenciais, logo, de aspectos que se prestam a revelar o próprio processo da construção narrativa.

Logo após as circunstâncias que dão conta do diálogo entre o revisor e o historiador, um longo segmento descritivo tem início, carregado de poeticidade, tratando do momento em que um almuadem desperta e tem por atribuição e ofício despertar também os fiéis muçulmanos para a oração matinal. Note-se que os vários parágrafos que constroem essa cena, a princípio, não permitem a rápida identificação de origem do que se está a narrar ou descrever: enquanto receptores das imagens, os leitores apenas atestam a enorme carga poética que deles se desprende:

> Quando só uma visão mil vezes mais aguda do que a pode dar a natureza seria capaz de distinguir no oriente do céu a diferença inicial que separa a noite da madrugada, o almuadem acordou. Acordava sempre a esta hora, segundo o sol, tanto lhe fazendo que fosse verão como inverno, e não precisava de qualquer artefacto de medir o tempo, nada mais que uma mudança infinitesimal na escuridão do quarto, o pressentimento da luz apenas adivinhada na pele da fronte, como um ténue sopro que passasse sobre as sobrancelhas ou a primeira e quase imponderável carícia que, tanto quanto se sabe ou acredita, é arte exclusiva e segredo até hoje não revelado daquelas formosas huris que esperam os crentes no paraíso de Maomé[70].

É significativo, pois, que na construção do segmento em análise a voz narrativa tenha optado por uma estrutura em tudo afastada da estrutura do segmento anterior, no qual os papéis foram distribuídos naturalmente entre o revisor, ainda não nomeado, e o "senhor doutor" (o historiador) e os turnos de fala, já claramente orientados a partir da abertura, caracterizando, sem deixar dúvidas, que se está a desenvolver um diálogo.

---

[69] SARAMAGO, 2011, p. 12.

[70] *Ibidem*, p. 13.

Apenas parágrafos adiante é que se tem a revelação de que a descrição envolvendo o almuadem não parece ter sido escrita da forma como foi reproduzida, pois "não o tem descrito assim o historiador no seu livro"[71].

Há no trecho que finda a descrição uma perceptível oposição entre o tom altamente poético, provavelmente da lavra do revisor, e o que vai efetivamente no texto de História, que parece estar sendo objeto de revisão, restrito aos elementos meramente factuais, deixando de lado os detalhes, os pormenores, que em nada podem vir a contribuir para uma descrição que se propõe a ser histórica:

> Não o tem descrito assim o historiador no seu livro. Apenas que o muezim subiu ao minarete e dali convocou os fiéis à oração na mesquita, sem rigores de ocasião, se era manhã ou meio-dia, ou se estava a pôr-se o sol, porque certamente, em sua opinião, o miúdo pormenor não interessaria à história, somente que ficasse o leitor sabendo que o autor conhecia das coisas daquele tempo o suficiente para fazer delas responsável menção[72].

A voz narrativa, pouco mais adiante, vai destacar e ratificar a questão de se ter a informação de quem fora o responsável pelo poético relato do despertar matinal do almuadem a conclamar os fiéis às primeiras orações a Alá, aspecto que apenas suspeitávamos até então:

> Importaria saber, isso sim, é quem escreveu o relato daquele formoso acordar de almuadem na madrugada de Lisboa, com tal abundância de pormenores realistas que chega a parecer obra de testemunha aqui presente, ou, pelo menos, hábil aproveitamento de qualquer documento coetâneo, não forçosamente relativo a Lisboa, pois, para o efeito, não se precisaria mais que uma cidade, um rio e uma clara manhã, composição sobre todas banal, como sabemos, que, embora pareça que sim, não está escrito, tudo aquilo não foi mais que pensamentos vagos da cabeça do revisor enquanto ia lendo e emendando o que escondidamente passara em falso nas primeiras e segundas provas[73].

Ocorre que a poética descrição de uma cena lisboeta em um tempo não facilmente identificável, carregada de detalhes e que chegam, por conta disso, a fazer com que o leitor suspeite que o seu autor pode ter vindo a ser

---

[71] SARAMAGO, 2011, p. 15.

[72] *Ibidem*, p. 15.

[73] *Ibidem*, p. 17-18.

testemunha daquilo que está a narrar, tal a fidelidade e os pormenores, é em seguida rechaçada quando o narrador admite que os conteúdos poderiam ser aplicáveis a um espaço qualquer, não exclusivamente a Lisboa. E que o autor poderia ter utilizado como fonte para a sua descrição pormenorizada documentos aos quais tivesse tido acesso.

Ainda, esclarece por fim a voz narrativa que, embora todo o trecho pareça ter sido efetivamente produzido em forma de escrita, *tudo aquilo não foi mais que pensamentos vagos da cabeça do revisor*, às voltas com o seu ofício de emendar o texto histórico propriamente dito.

Nesse ponto, parece viável avaliar que a Literatura e a História são postas em campos opostos, ao menos no que se refere à construção dos discursos, ilustrada exemplarmente por um autêntico trabalho de transmutação, desenvolvido pelo revisor, a partir de uma base meramente factual.

Ou seja: a questão da criação do trecho carregado de poeticidade, fruto da imaginação do revisor, conforme nos atesta o narrador saramaguiano, no trecho destacado a seguir tematiza a questão do fazer literário que é despertado por uma imagem que chega a provocar a heteronomização do revisor, o transmutar-se em outro, aludindo com evidência ao expediente fartamente utilizado por Fernando Pessoa e seus outros:

> O revisor tem este notável talento de desdobrar-se, desenha um deleatur ou introduz uma vírgula indiscutível, e ao mesmo tempo, aceite-se o neologismo, heteronomiza-se, é capaz de seguir o caminho sugerido por uma imagem, uma comparação, uma metáfora, não raro o simples som duma palavra repetida em voz baixa o leva, por associação, a organizar polifônicos edifícios verbais que tornam o seu pequeno escritório num espaço multiplicado por si mesmo, ainda que seja muito difícil explicar, em vulgar, o que tal coisa quer dizer[74].

É como se algo da atmosfera pessoana presente nos fragmentos do *Livro do Desassossego* voltasse a ser encontrado nas páginas do romance de Saramago, já que o pequeno escritório do revisor pode ser facilmente aproximado do escritório de Soares na Rua dos Douradores, aplicando nele o mesmo efeito de multiplicação espacial, o mesmo efeito de se voltar a si mesmo.

Em outras palavras, muito dos efeitos da autocontemplação do eu-narrador do *Livro do Desassossego* mostra-se reabilitado pela imaginação criadora do revisor de Saramago.

---

[74] SARAMAGO, 2011, p. 18.

DESVELAR O OLHAR QUE (RE)CRIA: O MITO E A CIDADE

A diferença, no entanto, é que o narrador da *História do cerco de Lisboa* admite, sem hesitar, que tais efeitos são muito difíceis de se explicar.

2.2. O revisor e o almuadem

Ao refletir, pois, a partir do seu trabalho de construção narrativa, a escrita de Saramago se afasta aqui dos fragmentos de Fernando Pessoa e se aproxima, então, daquilo que se pode avaliar como uma narrativa do chamado *pós-modernismo*, embora tal denominação mostre-se há muito também bastante problemática e parcial.

Muito daquilo que se conceitua como pós-moderno deve sempre ser objeto de uma ponderação cuidadosa, sob pena de não abarcar com fidelidade o fenômeno:

> [...] o romance pós-moderno, em vez de fugir da História, de a negar ou destruir, como fazia o Modernismo, revisita-a de uma maneira consciente e, às vezes, irónica. É importante observar que neste contexto o Pós-Modernismo não significa necessariamente uma época literária cronologicamente posterior ao Modernismo [...] Assim, cada época tem o seu pós-modernismo, como também tem o seu período maneirista e a sua vanguarda, ou seja, o período moderno em que rejeita os modelos do passado e radicalmente propõe a criação de novos[75].

De modo semelhante a um processo que passa a acumular indícios de algo importante que está apenas em gestação, antecipa-se uma primeira e importante dúvida no que diz respeito à confiança irrestrita depositada pelo historiador no trabalho de revisão, justamente no seu estágio derradeiro, e explicita-se inclusive o temor de que algo da poeticidade imaginada pelo revisor quando da descrição da cena do despertar do almuadem pudesse vir a conspurcar, ilegitimamente, o teor científico do texto histórico. Ou nos termos do narrador saramaguiano:

> Apesar da competência profissional com que o ouvimos expressar-se durante a conversa com o historiador, é tempo de introduzir aqui uma primeira dúvida sobre as conseqüências da confiança de que o investiu o autor da História do Cerco de Lisboa, acaso em hora de fatigada displicência ou com preocupações de próxima viagem, quando permitiu que a leitura final das provas fosse tarefa exclusiva do técnico dos

---

[75] KAUFMAN, Helena. A metaficção historiográfica de José Saramago. *Revista Colóquio/Letras*. Fund. Calouste Gulbenkian. Ensaio, n. 120, abr. 1991. p. 124.

> deleatures, sem fiscalização. Trememos só de imaginar que aquela descrição do amanhecer do almuadem poderia tomar lugar, abusivo, no científico texto do autor, [...][76].

Vislumbra-se, da análise detida do segmento anterior, aspectos que nos parecem relevantes. Algo do encoberto poder do revisor pode ser observado quando a própria voz narrativa faz menção às *consequências* possíveis do depósito de uma confiança extremada no trabalho de emenda do texto.

Ao ser dotado de "carta branca" quando do estágio de leitura final das provas, é como se o revisor pudesse se enxergar como também produtor do texto histórico, como um seu coautor. Dessa forma, a exatidão do conteúdo científico promovido pelo discurso histórico correria o risco de ser contaminado pela alta carga de subjetividade, de poeticidade que, de modo abusivo, desfiguraria o texto histórico.

É curioso e se aproxima da instauração de um efeito irônico o expediente utilizado pela voz narrativa, que parece se associar ao historiador e às suas preocupações no sentido de conceber um texto carregado de cientificidade — *"Trememos só de imaginar"*.

Com base na descrição altamente carregada de poeticidade concebida pelo revisor e motivada a partir justamente do discurso exato da História, de uma outra interpretação do discurso histórico, a preocupação configura-se como bastante plausível na ordem das coisas, já que

> [...] os livros estão aqui, como uma galáxia pulsante, e as palavras, dentro deles, são outra poeira cósmica flutuando, à espera do olhar que as irá fixar num sentido ou nelas procurará o sentido novo, porque assim como vão variando as explicações do universo, também a sentença que antes parecera imutável para todo o sempre oferece subitamente outra interpretação, a possibilidade duma contradição latente, a evidência do seu erro próprio[77].

Também nesse ponto é possível apreender o forte caráter metalinguístico e autorreferencial do romance, sempre a desvelar o seu processo interno de construção, nesse caso, a serviço de uma discussão mais ampla e que dá conta da recorrente instabilidade e mutabilidade dos sentidos veiculados pelos discursos, das múltiplas interpretações que podem tomar lugar, dos variados aspectos que podem sugerir a impossibilidade de existência de uma verdade única. O que haveria, a rigor, seriam verdades em potencial.

---

[76] SARAMAGO, 2011, p. 20.

[77] *Ibidem*, p. 21-22.

DESVELAR O OLHAR QUE (RE)CRIA: O MITO E A CIDADE

Interessa-nos, como já explicitado em outro lugar, a abordagem da *História do cerco de Lisboa* como narrativa que exemplifique uma segunda visada, distinta da do *olhar contemplativo* de Fernando Pessoa e que até mesmo como resultado dessa diferença, conduza a interpretações também distintas e efeitos de sentido que nos permitam traçar algo como um percurso de olhar dirigido a um mesmo espaço urbano, que deve culminar, se estivermos em rumo acertado, ao chamado *olhar de origem*, presente no romance *A Cidade de Ulisses*, de Teolinda Gersão. Assim, em associação com o mito, na narrativa de Gersão é que teremos, de fato, a (re)criação de Lisboa.

Dessa forma, no terceiro segmento do romance de Saramago, algo do efeito que denominamos como *olhar desdobrado* pode ser mais explicitamente observado. Ainda, também nesse ponto é que, formalmente, o revisor será apresentado ao leitor (lembremos, no entanto, que já antecipamos esse aspecto).

Uma vez mais a voz narrativa presta-se a pintar com cores vivas um quadro que se percebe a partir

> Da varanda, breve sacada antiga sob um alpendre de madeira ainda com forro de caixotões, vê-se o rio, e é um imenso mar o que os olhos alcançam entre raio e raio, desde o traço vermelho da ponte até os rasos sapais de Pancas e Alcochete. Uma neblina fria tapa o horizonte, aproxima-o quase ao alcance da mão, [...][78].

A cena em muito se assemelha àquela concebida por Raimundo Silva quando da descrição do amanhecer do almuadem na Lisboa de antes, descrição que fora motivada pela interpretação altamente carregada de poeticidade, conforme já discutido anteriormente.

É como se quando da presença de referências que anunciam a Lisboa de antes, a Lisboa dos mouros, o tom literário se fizesse predominante e passasse a contaminar a narrativa, vestindo-a de ficcionalidade.

Julgamos importante salientar a instauração do chamado efeito do *olhar desdobrado*, que estamos associando ao romance de Saramago. Tal efeito pode ser vislumbrado com base na análise detida do excerto a seguir. A título de esclarecimento, o "desdobrado" em questão diz respeito ao surgimento de uma mesma cena, motivada ou duplicada (desdobrada), permitindo assim uma simultaneidade, uma perspectiva em paralelo: a mesma cena que se passa na Lisboa do presente, tendo como protagonista Raimundo

---

[78] SARAMAGO, 2011, p. 26.

ORIVALDO ROCHA DA SILVA

Silva, apresenta-se desdobrada, paralela, instaurando como protagonista a figura do almuadem na Lisboa de antes, na Lisboa dos mouros. Ou como expresso na narrativa:

> Raimundo Silva levantou-se menos cedo do que é seu costume, trabalhara pela noite dentro, um serão longo, arrastado, e quando, de manhã, abriu a janela, bateu-lhe este nevoeiro na cara, mais fechado do que o vemos a esta hora, meio-dia, quando o tempo vai ter de decidir se carrega ou alivia, de acordo com a voz popular. Então as torres da Sé não eram mais do que um borrão apagado, de Lisboa pouco mais havia que um rumor de vozes e de sons indefinidos, a moldura da janela, o primeiro telhado, um automóvel ao comprido da rua. O almuadem, cego, tinha gritado para o espaço duma manhã luminosa, rubra, e logo azul, a cor do ar entre a terra que aqui está e o céu que nos cobre, se quisermos acreditar nos insuficientes olhos com que viemos ao mundo, mas o revisor, que hoje quase tão cego como se vê como ele, apenas resmungou, [...][79]

O paralelo entre o revisor e o almuadem é introduzido pelo narrador de modo a provocar no leitor a percepção de que ambos, em tempos distintos, parecem se sobrepor e ocupar o mesmo espaço. É quase como se o remoto almuadem estivesse posto o tempo todo ao lado do revisor.

Dá-se, assim, a improvável junção da Lisboa contemporânea com a Lisboa medieval, ilustrada pela ação semelhante de revisor e almuadem de mirar a mesma cidade da moldura de uma janela. E a identificação e o contraste, a aproximá-los, ainda mais, reforçando o efeito de desdobramento, pois Raimundo Silva é descrito, na cena, como "quase tão cego" como o almuadem; ainda, a questão do nevoeiro, a nublar a mirada do revisor, em oposição à manhã radiante que se descortina aos olhos cegos do almuadem.

A partir dessa espécie de primeiro encontro entre o revisor e o almuadem, por obra do efeito do *olhar desdobrado*, é como se as suas relações tivessem experimentado um estreitamento tal que Raimundo Silva quase chegasse a prevê-lo em algumas das suas divagações.

Os dois próximos excertos ilustram o que apontamos:

> Deitado de costas, cruzou os braços sobre os olhos, murmurou sem nenhuma originalidade, Mais um dia, não ouvira o almuadem, como se arranjaria naquela religião um mouro surdo para não faltar às orações, sobretudo a da manhã,

---

[79] SARAMAGO, 2011, p. 26-27.

DESVELAR O OLHAR QUE (RE)CRIA: O MITO E A CIDADE

> decerto pediria a um vizinho, Em nome de Alá, bate à porta
> com força e não pares de bater enquanto eu não vier abrir. A
> virtude não é tão fácil como o vício, mas pode ser ajudada[80].
>
> Arrumou o livro, abriu a janela, e foi então que o nevoeiro lhe
> deu na cara, denso, cerradíssimo, se no lugar das torres da Sé
> ainda estivesse a almádena da mesquita maior, decerto não
> a poderia ver, por tão delgada que era, aérea, imponderável
> quase, e então, se essa fosse a hora, a voz do almuadem desce-
> ria do céu branco, diretamente de Alá, por uma vez louvador
> em causa própria, o que de todo não poderíamos censurar-lhe
> porque, sendo quem é, com certeza se conhece bem[81].

A certa altura, em suas reflexões motivadas pela leitura do texto histórico que está a emendar — justamente mais uma versão da história do cerco de Lisboa —, o revisor assume uma postura que o coloca em lado oposto ao da aparente exatidão repetitiva do discurso histórico. Incomoda-o, sobretudo, a ausência de uma nova interpretação que pudesse ser lançada aos fatos, a descoberta de um novo documento ou até mesmo uma releitura do episódio que viesse a tirar a narração de sua insistente imobilidade:

> Em quatrocentas e trinta e sete páginas não se encontrou
> um facto novo, uma interpretação polêmica, um documento
> inédito, sequer uma releitura. Apenas mais uma repetição das
> mil vezes contadas e exaustas histórias do cerco, a descrição
> dos lugares, as falas e as obras da real pessoa, a chegada dos
> cruzados ao Porto e sua navegação até entrarem no Tejo, [...][82].

Certo tom de galhofa do narrador pode ser detectado quando se enuncia que uma personagem identificada como Osberno entrara na imortalidade das letras por força dos fatos que dizem respeito ao cerco e à tomada de Lisboa, além de ter sido ele o autor de um texto em latim que, traduzido, expressaria: em determinada data a corrupta mesquita muçulmana fora abarcada pela puríssima igreja católica.

A nota galhofeira é introduzida pelo complemento da tradução da escrita de Osberno: "[...] e agora sim, agora é que o almuadem nunca mais poderá chamar os crentes à oração de Alá, vão substituí-lo por um sino ou sineta [...]"[83]. Também aqui é possível avaliar o quanto a figura do almuadem se faz presente nas divagações do revisor.

---

[80] SARAMAGO, 2011, p. 27-28.
[81] *Ibidem*, p. 30.
[82] *Ibidem*, p. 33.
[83] *Ibidem*, p. 33.

O trabalho de emenda do texto histórico desenvolvido por Raimundo Silva continua a ser objeto de interesse. Nesse ponto, é reproduzido um novo trecho do texto e sua reação, explicitada em meio ao discurso exato da História, traz a marca da forte indignação do revisor, motivada desta feita por severas imprecisões nos conteúdos históricos veiculados.

A voz narrativa, agora, identifica-se com a posição do revisor: como ele fora repreendido, com ironia, por ter se permitido alçar voos de imaginação quando da descrição do amanhecer do almuadem e agora era obrigado a ter contato com tamanhas imprecisões no texto histórico e nem sequer poderia fazer uso do *deleatur*?

> [...] repare-se no que escreveu o historiador, No alto do castelo o crescente muçulmano desceu pela derradeira vez e, definitivamente, para sempre, ao lado da cruz que anunciava ao mundo o baptismo santo da nova cidade cristã, elevou-se lento no azul do espaço, beijado da luz, sacudido das brisas, a despregar-se ovante no orgulho da vitória, o pendão de D. Afonso Henriques, as quinas de Portugal, merda, e que não se cuide que a má palavra a dirige o revisor ao nacional emblema, [...][84].

A indignação do revisor justifica-se pela inclusão, no texto histórico, de elementos que não poderiam estar presentes nos emblemas portugueses e mouros senão muito tempo depois: as quinas e o crescente. Assim é que

> Raimundo Silva ainda pousou o bico da esferográfica sobre as quinas, mas logo pensou que se dali as tirasse, e ao crescente, seria como um terramoto na página, tudo viria abaixo, história sem remate a condizer com a grandeza do instante, [...][85].

É possível considerar que a exatidão do texto científico, do texto da História, reclamaria, assim, um remate grandioso e que deveria ser preservado a qualquer custo, ainda que para tanto se recorresse à imprecisão, à inverdade.

Na trama de *História do cerco de Lisboa*, então, é possível flagrar uma constante relativização do discurso da História. Nela, há espaço, inclusive, para a reescrita da História, ainda que desse processo resulte uma versão calcada no erro, na imprecisão.

> [...] a reconstrução histórica é realisticamente minuciosa, ao passo que grande parte da narrativa "no presente" é dedicada ao processo de escrever a História, debatendo-se entre as

---

[84] SARAMAGO, 2011, p. 34.

[85] *Ibidem*, 2011, p. 35.

> exigências do facto histórico e as do fictício ou literário. É também um processo de re-escrever a História, tanto no sentido de escrever uma nova versão dela – e neste caso não é importante que esta seja baseada num erro [...][86].

Ainda segundo Kaufman[87], é relevante salientar que Saramago, por mais de uma oportunidade, tratou em romances seus de problematizar, de uma forma ou de outra, o conhecimento ordinário que se tem acerca da História e das suas estratégias de narrar o factual, entretecendo o histórico propriamente dito com elementos ficcionais, promovendo uma mescla discursiva que é patente não apenas na *História do cerco de Lisboa*, como também nas obras *Memorial do convento* e *O ano da morte de Ricardo Reis*, por exemplo.

Na *História do cerco de Lisboa*, então, o leitor tem diante de si a possibilidade de presenciar um trabalho narrativo que se propõe o tempo todo a revelar o processo de reescrita da História.

> O romance em questão trata exatamente desse tema: o leitor acompanha o processo da escrita, do reescrever da História do Cerco; Raimundo reflete sobre o ato criador, sobre o valor da palavra e da ficção, questiona a verdade. Partindo de uma transgressão ética (a alteração do texto original) e histórica (modifica o fato ocorrido), recria o fato fundador da História de Portugal e dá a sua própria versão. O poder da palavra bela prevalece sobre a verdadeira (justa) e alarga as dimensões da História, tornando-a mais humana[88].

Ao refletir a partir do ato criador, o revisor associa-se, dessa forma, como já deixara transparecer em outros momentos, ao campo da escrita ficcional — instrumentalizado pela *palavra bela* — que a ele permite construir a sua própria versão, relativizando o discurso da História e, por extensão, até mesmo o conceito de verdade.

2.3. O *não* que fascina e o *sim* que reclama: ficção ou história?

Aqui chegados, ocorre que parece também relevante destacar que o nosso Raimundo Silva, revisor de ofício, demonstra andar às voltas com algo que o está a afetar mais profundamente.

---

[86] KAUFMAN, 1991, p. 126.

[87] *Ibidem*, p. 124-136.

[88] KUNTZ, M. A metaficção historiográfica em História do Cerco de Lisboa. *Revista do Centro de Estudos Portugueses* (CESP), on-line, p. 1-15, 2002, p. 3. Disponível em: http://www.letras.ufmg.br/cesp/textos/(2002)07-A%20metaficcao.pdf. Acesso em: 29 fev. 2020.

Mais do que afetar, "fascinar" parece dar conta melhor do que se passa com o revisor.

Empenhado na leitura mais atenta, embora não linear, do texto integral da história do cerco que está emendando, o revisor, por meio da intervenção do poderoso narrador saramaguiano, tem seus pensamentos explicitados, e o que se percebe, é que alguma coisa decisiva principia neles a tomar forma.

A verdadeira fascinação que um trecho — objeto de leituras e releituras — passa a exercer no espírito do revisor, conduz ao entendimento, agora inequívoco, de que o evento em progresso aponta para consequências importantes.

> Há dois minutos que Raimundo Silva olha, de um modo tão fixo que parece vago, a página onde se encontram consignados estes inabaláveis factos da História, não por desconfiar de que nela se esteja ocultando algum último erro, [...] Está como fascinado, lê, relê, torna a ler a mesma linha, esta que de cada vez redondamente afirma que os cruzados auxiliarão os portugueses a tomar Lisboa[89].

E aquilo que ainda parecia não ter importância, pois disforme ou não totalmente construído, assume proporções de fatalidade quando toma corpo e claramente convida o revisor para uma ação imprevista.

Não é por acaso que, além de "fatalidade", surja antes também um termo como "acaso", o que reforça a atmosfera que se prepara, o desafio que será lançado ao revisor.

> Quis o acaso, ou foi antes a fatalidade, que estas unívocas palavras ficassem reunidas numa linha só, assim se apresentando com a força duma legenda, são como um dístico, uma inapelável sentença, mas são também como uma provocação, como se estivessem a dizer ironicamente, Faz de mim outra coisa, se és capaz[90].

A legenda ou sentença que tantas e tão fortes emoções parece estar provocando no espírito de Raimundo Silva é, em verdade, na avaliação do narrador, uma espécie de provocação a ele lançada e que não admite neutralidade.

E todo o desafio que deve enfrentar agora gira em torno da sentença, expressa claramente, na superfície textual — "os cruzados auxiliarão os portugueses a tomar Lisboa" —, mas que esconde, nas entrelinhas da fatalidade,

---

[89] SARAMAGO, 2011, p. 41.
[90] *Ibidem*, p. 41.

a possibilidade de resultar em algo diferente, alterando em essência um fato absolutamente incontestável, pois que assim fora registrado, desde sempre, nos discursos históricos.

Os pensamentos confusos de Raimundo Silva passam agora a perturbá-lo acentuadamente e é como se houvesse alguma força contrária que o levasse a hesitar e relutar a cumprir o desafio e as suas consequências que, a rigor, já estavam a caminho.

> A tensão chegou a pontos que Raimundo Silva, de repente, não pôde aguentar mais, levantou-se, empurrando a cadeira para trás, e agora caminha agitado de um lado para o outro no reduzido espaço que as estantes, o sofá e a secretária lhe deixam livre, diz e repete, Que disparate, que disparate, [...][91].

É importante citar, ainda que sem maiores aprofundamentos, a forma expressiva com que Saramago constrói seus narradores, o da obra em análise incluído. Recorrendo uma vez mais ao ensaio de Kaufman, temos:

> [...] aqui o narrador controla a narrativa, recorrendo a comentários valorativos, a juízos e ao tom moralístico que frequentemente assume a forma de aforismo ou profecia. [...] o narrador declara-se explicitamente contemporâneo do leitor, inserindo esta sua perspectiva entre os detalhes e pormenores da época passada que descreve. A influência da voz narrativa estende-se para além desta esfera abstracta, de caráter reflexivo, alcançando também os mecanismos do funcionamento dos personagens[92].

A ratificar a característica dos típicos narradores saramaguianos no que se refere à sua identificação com o leitor, temos a explicitação quase que do auge do conflito interno do revisor, ainda relutando em atender ao desafio para o qual está sendo convocado: "É um disparate, insiste Raimundo Silva como se estivesse a responder-nos, não farei semelhante coisa, e por que a faria, um revisor é uma pessoa séria no seu trabalho, [...]"[93].

Bastante recorrente também nas chamadas narrativas pós-modernas, exemplos de uma intertextualidade mais explícita, que se presta a construir uma atmosfera paródica, podem também ser depreendidas no romance em análise.

---

[91] SARAMAGO, 2011, p. 41.

[92] KAUFMAN, 1991, p. 126-127.

[93] *Ibidem*, p. 42.

Vejamos:

> Mas esta batalha, desgraçadamente, vai ganhá-la Mr. Hyde, percebe-se pela maneira como Raimundo Silva está a sorrir neste momento, com uma expressão que não esperaríamos dele, de pura malignidade, desapareceram-lhe do rosto todos os traços do Dr. Jekill, [...][94].

Nesse ponto, chegamos ao elemento que reúne em si as marcas simbólicas mais expressivas em relação à contaminação do discurso histórico pelo discurso ficcional.

Ao aceitar o desafio proposto e ao qual resistiu enquanto pôde, o revisor assume deliberadamente o papel de reescrever a História, instaurando no domínio do factual uma nova verdade em potencial, uma verdade que não carecia de comprovação, já que os textos aí estão justamente para serem livremente interpretados e reavaliados, ainda que ao preço de veicularem imprecisões e falseamentos.

> [...] com a mão firme segura a esferográfica e acrescenta uma palavra à página, uma palavra que o historiador não escreveu, que em nome da verdade histórica não poderia ter escrito nunca, a palavra Não, agora o que o livro passou a dizer é que os cruzados Não auxiliarão os portugueses a conquistar Lisboa, assim está escrito e portanto passou a ser verdade, [...][95].

Assim, a verdade do discurso histórico é banalizada pelo ato simples do revisor quando acrescenta um "não" em lugar no qual ele jamais caberia. Dessa forma, vale o questionamento: qual é a verdade histórica, qual é a versão aceitável do fato? Se está escrito, passou então a ser verdade...

Fechando as análises pertinentes ao terceiro segmento do romance, ecos das divagações do eu-narrador pessoano voltam a se instalar na narrativa saramaguiana, e é como se a perspectiva do alto, daquele que contempla sem ver a cidade em silêncio apenas como pretexto para se autocontemplar — o eu-narrador do *Livro do Desassossego* — se instalasse, igualmente, no íntimo de Raimundo Silva. Que pensa.

> Está mais frio, Raimundo Silva pensou, pessoanamente, Se eu fumasse, acenderia agora um cigarro, a olhar o rio, pensando como tudo é vago e vário, assim, não fumando, apenas pensarei que tudo é vário e vago, realmente, mas sem cigarro,

---

[94] KAUFMAN, 1991, p. 42.

[95] *Ibidem*, p. 42.

ainda que o cigarro, se o fumasse, por si mesmo exprimisse a variedade e a vaguidade das coisas, como o fumo, se fumasse. O revisor demora-se à janela, ninguém o chamará, [...][96].

Entretanto o que nos interessa, principalmente, é apontar e discutir aspectos dos efeitos do olhar desdobrado, que julgamos ser a tônica no romance de Saramago. Observemos, então, o que se passa num espaço determinado, bastante familiar ao revisor Raimundo Silva e, aparentemente, totalmente desprovido de qualquer referência mais direta ao tempo dos cruzados, dos cristãos ou dos mouros em Portugal.

Antes disso, no entanto, é relevante destacar que em várias passagens do romance, a partir do ato irrefletido do revisor de incluir um "não" em local indevido, tudo parece adquirir um inusitado efeito de verdade em potencial, colocando em dúvida o que, por certo, jamais o deveria ser.

É exemplo claro de tal constatação o segmento a seguir selecionado que, de modo absolutamente natural e convincente, admite que Lisboa ainda é dos mouros, que se faz necessário aguardar a marcha dos acontecimentos, uma vez que bem pouco tempo se passara desde "o fatal minuto" em que os cruzados se negaram a auxiliar os cristãos. Mas cabe a indagação: os cruzados, de fato, disseram não aos cristãos? É essa a informação que traduz o factual do episódio ou estamos a tratar e a manter os nossos interesses no campo ficcional, apenas?

> Ora, estas considerações minuciosas têm por único fim tornar claro, ainda que muito custe admiti-lo à luz da crua realidade, que, para Raimundo Silva, e até nova ordem ou até que Deus Nosso Senhor doutra maneira o disponha, Lisboa continua a ser de mouros, pois que, ature-se a repetição, ainda não estão passadas vinte e quatro horas sobre o fatal minuto em que os cruzados deram a afrontosa nega, e em tão escasso tempo não poderiam os portugueses resolver, por si sós, as complexas questões tácticas e estratégicas de cerco, assédio, batalha e assalto, esperemos que por decrescente ordem de duração, quando chegar a altura[97].

Vários são os episódios no romance que se prestam a exemplificar o borrão que se instaura entre a Lisboa medieval e a Lisboa contemporânea, fundindo-as, inicialmente, num espaço que se torna dúbio, o da Leitaria A Graciosa, estabelecimento da contemporaneidade e que se transforma em uma metáfora da cidade sitiada.

---

[96] SARAMAGO, 2011, p. 44-45.

[97] *Ibidem*, p. 53.

Mesclam-se, confundem-se os eventos: o *Não* que fora posto em lugar indevido no texto histórico, por obra do revisor, adquire força de verdade e se materializa na negação efetiva dos cruzados. Se está escrito, logo é verdade...

> Evidentemente, a Leitaria A Graciosa, onde o revisor agora vai entrando, não se encontrava aqui no ano de mil cento e quarenta e sete em que estamos, sob este céu de junho, magnífico e cálido apesar da brisa fresca que vem do lado do mar, pela boca da barra[98].

É digna de nota também a observação do narrador, que se coloca e coloca o leitor exatamente no ano de 1147 (*"em que estamos"*), ainda que por força de mais uma estratégia de ambiguidade, o que não deixa de gerar um forte efeito expressivo, e que força o leitor a considerar plausíveis as falas que passam a ser reproduzidas, geradas a partir de impressões dos frequentadores medievais da leitaria contemporânea.

Presente e passado fundidos, em paralelo as duas Lisboas. Invoca-se a Alá, como se faria na contemporaneidade a invocação a Deus, é natural que se faça, estamos na Idade Média, embora a Leitaria A Graciosa não existisse naquele tempo. Mas um homem participa da conversa, a tomar leite; e o próprio dono da leitaria a bradar que não haveria rendição. Presente ou passado? Presente e passado, desdobrados: a *perspectiva do paralelo*:

> A cidade está que é um coro de lamentações, com toda essa gente que vem entrando fugida, enxotada pelas tropas de Ibn Arrinque, o galego, que Alá o fulmine e condene ao inferno profundo, e vêm em lastimoso estado os infelizes, escorrendo sangue de feridas, chorando e gritando, não poucos trazendo cotos em lugar de mãos, ou cruelmente desorelhados, ou sem nariz, é o aviso que manda adiante o rei português, E parece, diz o dono da leitaria, que vêm cruzados por mar, malditos sejam eles, corre que serão uns duzentos navios, as coisas desta vez estão feias, não há dúvida, Ai coitadinhos, diz uma mulher gorda, limpando uma lágrima, [...] vi pessoas com a cara numa pasta de sangue, um pobre com os olhos vazados, horror, horror, que a espada do Profeta caia sobre os assassinos, Cairá, disse um homem novo, que, encostado ao balcão, bebia um copo de leite, se for a nossa mão a empunhá-la, Não nos renderemos, disse o dono da leitaria, [...][99].

---

[98] SARAMAGO, 2011,p. 53.

[99] *Ibidem*, p. 53-54.

DESVELAR O OLHAR QUE (RE)CRIA: O MITO E A CIDADE

O nome do rei Afonso Henriques, a serviço da verossimilhança que se pretende imprimir ao falar dos mouros de Lisboa, é grafado como "Ibn Arrinque", e *A Graciosa* revela-se, pois, como um estabelecimento tipicamente frequentado por seguidores do Profeta e dirigido por um mouro inflamado, que brada a condição de resistência que deverá ser levada adiante pelos atuais controladores da cidade.

E o espaço da leitaria se revela, cada vez mais, como um ponto de encontro dos muçulmanos que não se cansam de bradar que serão os vencedores na contenda, embora o narrador faça questão de destacar que para tal sucesso exista a dependência da intervenção do Profeta no sentido de dotá-los com melhores condições em termos de recursos de guerra, de armamentos.

O bulício de *A Graciosa* de agora é fundido, pois, com o bulício de *A Graciosa* de outrora.

2.4. Verdades ou mentiras: uma questão de interpretação

Na obra citada de Gobbi (2011), no início deste capítulo, é destacada a intenção de discutir também acerca de questões associadas à intertextualidade no romance de Saramago, entendida como "a relação que o texto ficcional mantém com suas possíveis fontes históricas: o seu arcabouço factual, discursivamente organizado"[100]. Nos termos da autora, *História do cerco de Lisboa* é "um caso irrefutável de intertextualidade"[101].

Ainda com base na autora, tanto o discurso literário como o discurso histórico, partilham de um traço comum, que é a interpretação. Isso faz com que a História partilhe também de idênticos limites e até das possíveis transgressões que seriam próprias da literatura. E "é aí que, legitimamente, a ficção encontra espaço para entretecer a sua verdade. E a verdade da ficção é e não é a verdade da História"[102].

A topografia lisboeta, que passa a revelar aos olhos do revisor a existência de uma cidade do passado, com suas construções de então, seus vestígios e ruínas, parece preservar a força ainda das antigas muralhas incorruptíveis. Ao investigar esses vestígios, o revisor leva em conta as informações do discurso histórico, escassas e sujeitas a dúvidas, a imprecisões, a interpretações.

---

[100] GOBBI, 2011, p. 66.
[101] *Ibidem*, p. 66.
[102] *Ibidem*, p. 69.

E é justamente no que diz respeito à instauração dos aspectos interpretativos que se abre a possibilidade da transgressão, própria do aparato ficcional, o que permite aos olhos de Raimundo Silva identificar "um muro que ocupa o exacto lugar do outro":

> A sua ideia, nascida quando da varanda olhava os telhados descendo como degraus até ao rio, é acompanhar o traçado da cerca moura, segundo as informações do historiador, poucas, dubitáveis, como tem a honradez de reconhecer. Mas aqui, diante dos olhos de Raimundo Silva, está precisamente um troço, se não da própria e incorruptível muralha, pelo menos um muro que ocupa o exacto lugar do outro, [...][103].

No ensaio já citado de Kuntz (2002), já fora identificado que o revisor se movimentava como se estivesse dentro da História, embora não houvesse certeza de sua definição como integrante do lado dos sitiados ou dos sitiantes, pois em alguns momentos declarara sua simpatia pelos mouros.

A voz narrativa, em determinado momento, chega a concluir que Raimundo Silva comporia a porção de povo caracterizada como sitiante, como assediador, como cristão:

> Raimundo Silva está portanto do lado de fora da cidade, pertence ao exército sitiante, não faltaria mais que abrir-se agora um daqueles janelões e aparecer uma rapariga moura a cantar, Esta é Lisboa prezada, Resguardada, Aqui terá perdição, O cristão, e tendo cantado bateu com a janela em sinal de desprezo, [...][104].

No entanto, os limites borrados de uma cidade, a cidade fundida, presente e passado, não permite mais nem mesmo ao narrador ter clareza acerca da condição de Raimundo Silva: está ele localizado na parte de dentro ou na parte de fora do limiar, a Porta de Alfofa? Já não é mais possível avaliar se o revisor é sitiante ou sitiado, mouro ou português.

> A menos de cinquenta metros, embora invisível daqui, está a sua casa, e, ao pensá-lo, apercebe-se, pela primeira vez com evidência luminosa, de que mora no preciso lugar onde antigamente se abria a Porta de Alfofa, se da parte de dentro ou da parte de fora eis o que hoje não se pode averiguar e impede que saibamos, desde já, se Raimundo Silva é sitiado ou um sitiante, vencedor futuro ou perdedor sem remédio[105].

---

[103] SARAMAGO, 2011, p. 60.

[104] *Ibidem*, p. 60.

[105] *Ibidem*, p. 66.

DESVELAR O OLHAR QUE (RE)CRIA: O MITO E A CIDADE

Sempre relativizando a História em seu estatuto inabalável de detentora da objetividade, do factual, ao introduzir uma falsa história no interior da oficial, Raimundo Silva apenas reconhece que está a desenvolver algo que sempre fizera parte de seu ofício.

> Raimundo Silva considera que, ainda assim, tendo em conta as circunstâncias, está bastante calmo, como quem durante toda a vida não fez mais que pôr mentiras no lugar de verdades sem dar demasiado pela diferença e aprendeu a escolher entre os argumentos pró e contra acumulados ao longo das idades por quantas dialécticas e casuísticas floresceram na cabeça do homo sapiens[106].

Verdades ou mentiras, afinal, nunca foram tratadas como objeto das preocupações mais imediatas de Raimundo Silva.

2.5. De revisor a autor: a história do *não*

Busquemos agora trazer à tona os acontecimentos que envolveram o primeiro encontro de trabalho entre Maria Sara e Raimundo Silva, observando que, nitidamente, o revisor mostrava-se perturbado, e tanto isso era verdade que ele se apressa a reforçar a tinta nos cabelos, posto que a raiz já se apresentava lamentavelmente branca.

Entenda-se: primeiro, Maria Sara. Personagem que até então não fora citada. Dediquemos a ela, pois, algum espaço.

A atitude deliberada de Raimundo Silva ao incluir uma palavra não prevista no discurso da história que estava remendando, não se constituiu num segredo de longa duração, muito pelo contrário. O próprio revisor tinha a firme convicção de que não se demorariam os responsáveis na editora a acusar a falta grave e a procurar ter com ele em busca de explicações, antes de demiti-lo de suas funções, evidentemente.

Para surpresa dele, porém, isso não se deu.

Raimundo Silva era reconhecido pela excelência e correção de seu trabalho, o que acabou pesando para a sua manutenção nos quadros da empresa.

Entretanto, para se resguardar de problemas futuros com sua equipe de revisores, os homens da editora se decidem a contratar uma supervisora para esses profissionais, responsável pelo acompanhamento de todas as obras que fossem a eles confiadas. Essa supervisora era, justamente, Maria Sara.

---

[106] SARAMAGO, 2011, p. 72.

Entenda-se: segundo, a preocupação de Raimundo Silva com a tinta nos cabelos. Dediquemos a ela (à tinta nos cabelos), igualmente, uma nota breve.

O revisor tinha por hábito cobrir os cabelos com tinta tão logo percebesse o surgimento indesejado da raiz e dos fios brancos. Decidira, em algum momento, renunciar ao artifício e dobrar-se à marcha do tempo que tudo embranquece, sobretudo raízes e fios de cabelos.

Até que, por alguma tortuosa artimanha do destino que ainda não era possível decifrar, o revisor vê-se impelido a novamente fazer uso do recurso, já que se tratava de seu primeiro encontro de trabalho com a supervisora dos revisores após a reunião de retratação, da qual ela já participara junto com os dirigentes da editora.

Voltemos.

Na manhã seguinte, a da reunião, Raimundo Silva atrasa-se por conta da chuva e do trânsito e percebe que a mulher preservava os seus fios de cabelos brancos, que não os tingia. E isso foi motivo de uma perturbação ainda maior no estado de espírito do revisor.

Esse encontro de trabalho tem lugar no segmento seis do romance, e é nele que Maria Sara propõe ao revisor que se empenhasse na escrita da sua (dele) versão da História do cerco de Lisboa, admitindo como ponto de partida que os cruzados *não* tinham auxiliado os portugueses.

A proposta, aos olhos do revisor, parece-lhe totalmente absurda, e ele chega até a considerar que a mulher estava a brincar consigo. Quase ofendido, encerra o assunto e se retira.

Ocorre que o único exemplar da História, o único sem a inclusão da errata que fora providenciada para remediar o erro deliberado do revisor, vai junto com Raimundo Silva. E isso parece prenunciar que a proposta de Maria Sara, talvez, não fosse assim tão fora de propósito.

> Pegou no livro. A ilustração da capa era realmente imitada duma miniatura antiga, francesa ou alemã, e nesse instante, apagando tudo, penetrou-o uma sensação de plenitude, de força, tinha nas mãos algo que era exclusivamente seu, é certo que desdenhado pelos outros, mas por essa razão mesma, Quem sabe, ainda mais estimado, afinal este livro não tem mais quem o queira e este homem não tem, para querer, mais que este livro[107].

---

[107] SARAMAGO, 2011, p. 101.

DESVELAR O OLHAR QUE (RE)CRIA: O MITO E A CIDADE

E o episódio do cerco medieval ainda parece rondar o tempo presente, rondar o espaço da morada de Raimundo Silva. Tematiza-se, uma vez mais, a fusão de tempos, a fusão de cidades, embora se mostre viável igualmente uma interpretação diferente, corriqueira e que afasta do presente os ecos do cerco. Da forma como se apresenta a narrativa, no entanto, não há como assegurar uma ou outra interpretação:

> A chuva ressoa surdamente no zinco do alpendre, e ele não a ouve, posto o que, diríamos nós, buscando comparação apropriada à circunstância, é como um rumor ainda longínquo de cavalgada, um bater de cascos na terra branda e húmida, [...] A chuva no alpendre tornara-se audível apesar de cair com menos força, o tropear dos cavalos afasta-se, vão recolher a quartéis[108].

Semelhante sensação de plenitude e de força que Raimundo Silva experimentara quando ao final do encontro de trabalho com Maria Sara dirigiu-se à casa com o *seu* exemplar da História do cerco, retorna no momento exato em que o revisor mira a cidade, pela janela aberta por completo.

A própria voz narrativa confessa-se surpreendida com a reação do revisor, costumeiramente tão comedido. É um Raimundo Silva muito aproximado de uma figura grandiosa, quase épica, a que agora se faz presente: "[...] esta é a cidade que foi cercada, as muralhas descem por ali até ao mar, [...] esta é a moura Lisboa, o universo murmura sobre a chuva, meu Deus [...]"[109].

Por meio desse recente e renovado estado de espírito, então, o revisor passará a construir, em acordo com o desejo de Maria Sara, a sua versão particular do cerco de Lisboa, narrando os sucessos do episódio considerando como base de tudo a falsificação que empreendera no conteúdo da História oficial.

A história do *não*, dessa forma, começa a ganhar contornos, ainda indecisos, ainda afastados do registro enquanto escrita e ainda muito mais relegados ao espaço caótico da imaginação de Raimundo Silva. O complexo trabalho de registro que apenas se insinua, vai exigir do revisor, agora alçado ao papel de autor, a realização de tarefas às quais ele habitualmente jamais se envolvera, ocupado que sempre estivera no ofício de meramente emendar e remendar narrativas alheias.

---

[108] SARAMAGO, 2011, p. 103.
[109] *Ibidem*, p. 103.

O trabalho de (re)escrita do cerco faz com que o revisor passe a ter que investigar com mais pormenores, buscando as fontes que pudessem aclarar os motivos que levaram os cruzados a não atender ao pedido de ajuda dos cristãos para a retomada de Lisboa.

O desfecho, por demais conhecido de todos, aponta sempre para a derrota dos mouros e coincidirá com o que lá vai nos anais da História. O que deve ser motivo de um trabalho bem mais extenso e difícil para Raimundo Silva é justamente narrar o que levou à recusa da ajuda, o que deve caracterizar o empreendimento como uma busca no factual dos aspectos que expliquem e justifiquem o ficcional que se encontra apenas em gestação.

O trabalho de construção do texto histórico, da seleção e utilização de fontes que deem credibilidade ao factual, nos parâmetros de desenvolvimento de um texto fiel aos fatos, que é, em verdade, a aventura proposta e aceita pelo revisor, a essa altura desempenhando as funções de um historiador, provocam em Raimundo Silva uma série de reflexões que são franqueadas ao leitor por meio da mediação pela voz narrativa saramaguiana.

Nessas reflexões, uma vez mais, como se mostra recorrente na narrativa, o narrador coloca em suspeita o valor de verdade que seria proporcionado pelas fontes pesquisadas que, na sua avaliação, embora carregadas das melhores intenções, não são isentas e podem levar a resultados adversos e a conclusões que comprometem todo o processo.

Ou, nos termos do narrador de Saramago, acerca das fontes:

> Porém, o mal das fontes, ainda que verazes de intenção, está na imprecisão dos dados, na propagação alucinada das notícias, agora nos referíamos a uma espécie de faculdade interna de germinação contraditória que opera no interior dos factos ou da versão que deles se oferece, propõe ou vende, [...] dá-se a proliferação das próprias fontes segundas e terceiras, as que copiaram, as que o fizeram mal, as que repetiram por ouvir dizer, as que alteraram de boa-fé, as que de má-fé alteraram, as que interpretaram, as que rectificaram, as que tanto lhes fazia, e também as que se proclamaram única, eterna e insubstituível verdade, suspeitas, estas, acima de todas as outras[110].

Não é fortuito, no contexto da narrativa em análise, que as fontes de pesquisa, etapa das mais relevantes e que tanto contribui para a concepção de um registro histórico fidedigno, sejam tão relativizadas. Expressões

---
[110] SARAMAGO, 2011, p. 109.

DESVELAR O OLHAR QUE (RE)CRIA: O MITO E A CIDADE

associadas à imprecisão e à contradição operam no sentido de colocar em xeque o discurso científico que se espera surja da produção de um episódio da História.

Raimundo Silva põe-se a consultar o texto da primeira versão do cerco com o intuito de avaliar até que ponto aspectos já fixados podem ser reutilizados e aproveitados na sua versão, e a narrativa passa a reproduzir falas do rei Afonso Henriques dirigidas aos cruzados com o intuito de convencê-los a ajudar os portugueses no trabalho do cerco de Lisboa.

Observa-se, sem muita dificuldade, que as primeiras palavras não conseguem atingir como se esperava a sensibilidade dos estrangeiros, muito pelo contrário.

Os argumentos do rei revelam um governante carregado de soberba, com baixo poder de persuasão, gabando-se de já ter obrado uma vez a expulsão de mouros em Santarém, igualmente, como acontece no episódio de agora, com poucos recursos e escassos homens.

Ocorre que muito daquilo que se projeta como construção da versão do *não* do cerco de Lisboa ocupa ainda apenas o espaço da imaginação de Raimundo Silva e carece de uma maior consistência para a amarração devida do episódio. Em outros termos, o revisor parece não dispor de toda a argumentação plausível para assentar em forma de texto escrito a sua versão da História.

Sentindo-se, pois, sem condições de dar continuidade adequada à narrativa que está a tecer, Raimundo Silva busca informações adicionais por meio da leitura da crônica de Afonso Henriques. Dessa forma, a resposta dos cruzados, na nova versão da *História*, a qual carece ser devidamente explicada no que se refere às suas motivações, considerando que é ela o ponto central de toda a nova narrativa, bem como outros episódios secundários, mas necessários para a compreensão devida do conjunto, não teve ainda a sua fixação em texto escrito.

Reconhece-se, ao menos, que algum progresso já fora alcançado pelo revisor, esse homem de "escrita lenta":

> Juntando o que efetivamente foi escrito ao que por enquanto está apenas na imaginação, chegou Raimundo Silva a este lance crítico, e muito adiantado ele vai, se nos lembrarmos de que, além da mais que uma vez confessada falta de preparo para tudo quanto não seja a miúda tarefa de rever, é homem de escrita lenta. [...][111].

---

[111] SARAMAGO, 2011, p. 137.

É relevante também destacar que um aspecto que fortemente contribuiu para a decisão de Raimundo Silva se pôr a escrever a sua versão está ligado ao desejo manifestado por Maria Sara.

Lembremos que a reação primeira do revisor, quando a supervisora externara a ele a proposta de escrita, fora a de quase se sentir ofendido e, ato contínuo, encerrar a conversa, embora não deixasse de levar consigo o exemplar entregue pela mulher.

Pela posse do volume, já, de certa forma, avaliado como o *seu* livro, Raimundo Silva passara a se sentir pleno e fortalecido. E essa disposição é a que o vem movendo em direção à concepção do texto escrito: a ele dedica--se o revisor, principalmente, para não decepcionar a doutora Maria Sara.

Destaquemos, uma vez mais, nova passagem da narrativa que permite a apreensão do sentido de fusão dos tempos, presente e passado em paralelo: "[...] não foi à janela como é seu inveterado costume, e deveria tê-lo feito, sendo hoje o dia especial que é, porventura já sabem na cidade que os cruzados se vão embora, a espionagem não é uma invenção das guerras modernas, [...]"[112].

É significativo que, a certa altura da narrativa saramaguiana, observe-se que uma preocupação adicional passe a fazer parte das reflexões de Raimundo Silva: a necessidade de ter uma personagem, uma personagem sua, na sua história. O revisor pressente que está a fazer alusões a uma vasta galeria de figuras, mas não consegue destacar dessa massa citada uma individualidade.

> De que maneira há-de Raimundo Silva lidar com toda esta gente, é a formal pergunta. [...] Do lado dos mouros, o mais que até agora conseguiu foi um almuadem que aparece de vez em quando e que se encontra na menos satisfatória situação possível, pois sendo algo mais que um figurante, não o é bastante para tornar-se em personagem[113].

Não é prudente deixar de inferir que a preocupação de ter uma *personagem* na sua versão do cerco sinaliza que o revisor-historiador se comporta como um revisor-escritor, muito mais empenhado, parece-nos, num trabalho de criação de uma narrativa ficcional, e não de uma narrativa histórica.

No entanto, a familiaridade com o ofício de dispor em forma de texto uma narrativa, seja histórica ou ficcional, pouco importa, é escassa no que diz respeito a Raimundo Silva.

---

[112] SARAMAGO, 2011, p. 138.

[113] *Ibidem*, p. 160-161.

DESVELAR O OLHAR QUE (RE)CRIA: O MITO E A CIDADE

Decididamente, o revisor sofre as agruras de organizar num todo coerente muito daquilo que vai apenas na ordem dos seus pensamentos, das suas impressões. As frases avulsas, precariamente armazenadas no fundo de suas memórias, não são tão facilmente assim chamadas a compor uma sucessão de fatos, uma narrativa que traga à tona a sua versão do cerco de Lisboa.

> Se Raimundo Silva pudesse alinhar, pela ordem certa, tudo quanto a sua memória contém de palavras e frases avulsas, bastaria ditá-las, registá-las num gravador, e teria assim, sem o esforço penoso de escrever, a História do cerco de Lisboa que ainda está buscando, e, sendo outra a ordem, outra seria a história, outro o cerco, Lisboa outra, infinitamente[114].

Da impossibilidade de criar uma Lisboa outra. Reitera-se, nesse ponto, o estatuto de cidade em paralelo que é o aspecto mais evidente no que diz respeito ao romance de Saramago. Do olhar desdobrado, o que se revela, afinal, não é uma Lisboa distinta, um espaço urbano recriado.

Termos como "romance especular", "história encaixada" e "histórias paralelas" aparecem, dentre outros, no ensaio já citado de Kuntz (2002) acerca do romance saramaguiano e associam-se, de modo geral, à estrutura narrativa do texto. Porém o efeito de (re)criação de Lisboa, em nosso entendimento, já por mais de uma vez explicitado por aqui, está reservado à terceira categoria de olhar que reunimos neste trabalho e que será objeto de considerações quando da abordagem de *A Cidade de Ulisses*, de Teolinda Gersão.

Por ora, limitemo-nos às análises ainda envolvendo o *olhar desdobrado*, na *perspectiva do paralelo*, um olhar segundo, já diverso da visada pessoana no *Livro do Desassossego* — olhar que se presta a buscar no espaço urbano lisboeta motivações para a manutenção de um voltar-se para si, um olhar-se para dentro, típico da escrita pessoana e de seus heterônimos.

Nos termos de Kuntz,

> O romance é construído como um jogo de encaixe, onde o aparecimento de um personagem ou algum outro elemento pode desencadear nova narrativa interrompendo a narrativa anterior. Assim, neste romance, correspondendo ao próprio título, a história encaixada rivaliza em importância com a história encaixante[115].

---

[114] SARAMAGO, 2011, p. 160.
[115] KUNTZ, 2002, p. 2.

A certa altura, a voz narrativa da *História do cerco de Lisboa* se permite troçar do revisor, retomando a questão das diferenças de grau entre as ações que envolvem a visão, o ato de ver.

Anteriormente, discorrendo acerca das diferenças que envolveriam o *olhar*, o *ver* e o *reparar*, o narrador saramaguiano reservaria o grau máximo, "a visão plena", justamente àquele último elemento, a última e mais relevante intensidade que se poderia alcançar, o ato mais profundo em relação à visão das coisas[116].

Há um interessante trocadilho do vocábulo "ver" com o "rever" (de "revisar"). Como o narrador insinua que Raimundo Silva não tem ainda uma personagem e busca por ela, aparece pela primeira vez numa roda de homens um jovem loquaz chamado Mogueime. E ele sim assemelha-se a uma personagem que pode trazer para si a responsabilidade de narrar os sucessos dos portugueses:

> Deixemos pois tranquilo este homem ainda não de todo preparado para ver, ele que de rever tem profissão, e que só ocasionalmente, por passageiro distúrbio psicológico, repara, e busquemos-lhe alguém que, não tanto por méritos próprios, aliás sempre discutíveis, como por uma espécie de predestinação adequada, possa tomar o seu lugar no relato naturalmente [...][117].

A partir dessas primeiras alusões à figura de Mogueime, toma-se ciência que, afinal de contas, embora julgasse importante a inclusão de uma personagem sua na narrativa, as preocupações centrais do revisor estavam ligadas à construção coerente de um relato que desse conta de explicar os motivos pelos quais os cruzados não teriam auxiliado os cristãos na tomada de Lisboa.

> A Raimundo Silva, a quem sobretudo importa defender, o melhor que souber, a heterodoxa tese de se terem recusado os cruzados a ajudar à conquista de Lisboa, tanto lhe fará uma personagem como outra, [...] No moço Mogueime atraiu-o a desenvoltura, se não mesmo o brilho, com que relatou o episódio do assalto a Santarém, [...] Aceita portanto Raimundo Silva a Mogueime para sua personagem, mas considera que alguns pontos hão-de ser previamente esclarecidos para que não restem mal-entendidos que possam vir a prejudicar, mais tarde, [...][118].

---

[116] SARAMAGO, 2011, p. 146.

[117] *Ibidem*, p. 163.

[118] *Ibidem*, p. 167-168.

DESVELAR O OLHAR QUE (RE)CRIA: O MITO E A CIDADE

Vale destacar aqui que o episódio relatado a respeito de Santarém será problematizado de modo semelhante ao que, de modo geral, acontece durante todo o romance, quando se dispõe a teorizar com base nos discursos históricos.

Uma vez mais, então, em linha com o que se passa desde os parágrafos iniciais do romance, a História, o factual, pode ser relativizada e posta em dúvida, admitindo mais de uma versão para o mesmo acontecimento: na narrativa de Mogueime acerca do episódio de Santarém, fora ele que subira às costas de um fidalgo ou fora o fidalgo que subira às suas costas? As fontes, uma vez mais, apontando para duas versões.

É curioso que o revisor desenvolve um autêntico trabalho de confrontação entre as duas versões, tendo diante de si um deles, o oficial, o que está ligado à História, extraído da Crônica dos Cinco Reis.

Com base nessa fonte, entende o revisor que Mogueime, de fato, deveria ser taxado como mentiroso.

No entanto,

> [...] atire a primeira pedra aquele que se achar sem pecado. Realmente, é muito fácil acusar, Mogueime mente, Mogueime mentiu, mas nós aqui maiormente instruídos nas mentiras e verdades dos últimos vinte séculos, com a psicologia lavrando as almas, e a mal traduzida psicanálise, mais o resto, para cuja simples enunciação se requereriam cinquenta páginas, não deveríamos levar à ponta de intransigente espada os defeitos alheios, se tão indulgentes costumamos ser com os nossos próprios, [...][119].

Dessa forma, relativiza-se o possível e bem certo falseamento de mais um episódio histórico, justificando a mentira de Mogueime por conta da constatação de sermos tão tolerantes com as nossas falhas e defeitos e, até por conta disso, que deveríamos reservar um rigor menor para os defeitos dos outros. O de Mogueime, é claro, incluído nesse raciocínio: "atire a primeira pedra aquele que se achar sem pecado".

Em última instância, afinal, é relevante para o revisor buscar preservar a manutenção da ficcionalidade, não do factual. Recordemos: "tudo o que não for vida, é literatura".

Por conta do desenvolvimento da versão do cerco por parte de Raimundo Silva, é possível observar que o enunciado vai acumulando detalhes que chegam a causar a impressão que, de fato, as coisas teriam tomado o rumo da forma como lá vão arranjadas na escrita do revisor.

---

[119] SARAMAGO, 2011, p. 170.

Ainda, explicita-se, na nova versão da História do cerco um olhar com alguma simpatia, na verdade, caridade, por parte de Raimundo Silva aos infiéis, embora ciente, de antemão, que eles serão derrotados.

E, uma vez mais, a fusão de tempos e a ilustração clara de como a própria estrutura da narrativa parece contribuir para esse efeito:

> Sem o auxílio dos cruzados, que já lá vão pelo mar fora, Raimundo Silva vê-se privado do peso militar desses doze mil homens em quem tínhamos depositado tantas das nossas esperanças, [...] El-rei, cumpridos os trabalhos de agrimensura, encerrou a sessão, que, para constar, se lavrou a competente acta, e Raimundo Silva regressou a casa, passava a tarde de meio[120].

Não obstante, por conta das dificuldades que passa a observar na continuidade da narração dos fatos que teriam se dado a partir do fatídico *não*, o revisor começa a pensar seriamente em retroceder, em fazer o *não* tornar a *sim*, em trazer de volta os cruzados que talvez não estejam tão longe, de volta ao Tejo.

O narrador, ponderando acerca da impossibilidade de concretizar a primeira estratégia de Raimundo Silva para fazer com que os portugueses cercassem os acessos de Lisboa, procura justificá-lo, lembrando da condição de revisor, apenas, que o próprio Raimundo atribui a si.

Além de não ser escritor, também ele não era afeito às artes da guerra, o que fica evidente pela estratégia falhada que arquitetara e o fazia desejar mais e mais pôr um fim à aventura de construir uma nova narrativa do fato histórico:

> Não censuremos, porém, Raimundo Silva, que, como ele próprio não se tem cansado de lembrar-nos, não passa de um mero revisor dispensado do serviço militar, sem conhecimentos da arte, apesar de entre os seus livros haver uma edição resumida das obras de Clausewitz, [...][121].

Ou talvez uma nova justificativa pode ser levantada quando o próprio revisor parece estar a pensar com a cabeça do historiador, que ele não é, e a questão da irrelevância dos pormenores seja lembrada, em linha com o estilo de produção que se espera de um discurso histórico: "Porventura ele terá querido abreviar o seu próprio relato, considerando que, tantos séculos passados, o que conta são só os episódios principais"[122].

---

[120] SARAMAGO, 2011, p. 192, 197.

[121] *Ibidem*, p. 220.

[122] *Ibidem*, p. 221.

DESVELAR O OLHAR QUE (RE)CRIA: O MITO E A CIDADE

Nesse ponto, é importante lembrar, uma vez mais, da análise desenvolvida por Gobbi a respeito da ficcionalização da História em narrativas portuguesas contemporâneas. Ao tratar da *História do cerco de Lisboa*, a autora explicitará que

> Nesse romance estaríamos diante de um caso irrefutável de intertextualidade, entendida aqui, em princípio – e em uma dimensão bastante ampla e problemática – como a relação que o texto ficcional mantém com suas possíveis fontes históricas: o seu arcabouço factual, discursivamente organizado. Tanto por "curiosidade histórica" como por uma intenção deliberada de confrontar, ainda que sumariamente, os dois universos (o historiográfico e o ficcional) de modo produtivo – ou seja, em função dos objetivos aqui propostos –, consultamos algumas dessas fontes, com o intuito de avaliar o que foi feito daquele registro historiográfico pelo texto literário, [...][123].

Do confronto anunciado, a pesquisadora teve o cuidado de selecionar um autor com atuação nas duas áreas, na História e na Literatura: Alexandre Herculano, figura de destaque associada à estética do Romantismo português, mas que, na avaliação de Massaud Moisés, "Convém observar, desde já, que o forte de Herculano era a historiografia, por condizer com o mais íntimo do seu temperamento e formação, a tal ponto que tudo quanto escreveu reflete essa afinidade e predisposição[124]".

Dessa forma, a análise do tratamento dado ao factual nas páginas da obra de Saramago, na visão da autora, permite a constatação de que "há uma concordância [...] de boa parte da *História do cerco de Lisboa* no que respeita ao enunciado da história"[125].

E é notável que, em mais de uma passagem, a ensaísta realce a forte fidelidade do discurso ficcional quando cotejado com o discurso histórico, o que permite inferir que a ficção, em última instância, apropria-se do factual e borra, num único registro, os dois universos: "A fidelidade discursiva do romance em relação ao registro historiográfico chega, por vezes, a ser praticamente literal, [...]"[126]. O exemplo transcrito pela pesquisadora dá conta de um trecho do Herculano historiador e um de Saramago, a rigor, praticamente idênticos.

---

[123] GOBBI, 2011, p. 66.

[124] MOISÉS, Massaud. *A literatura portuguesa*. 37. ed. São Paulo: Cultrix, 2008. p. 192.

[125] GOBBI, 2011, p. 66.

[126] *Ibidem*, p. 67.

A *História do cerco de Lisboa*, à parte toda a interessante discussão que promove no que diz respeito aos aspectos da intertextualidade e da metaficção historiográfica, traz como pano de fundo uma história de amor que se desenvolve entre o revisor Raimundo Silva e Maria Sara, alçada à condição de supervisora do trabalho de todos os revisores da editora, conforme já explicitado anteriormente.

A princípio, tal envolvimento mostra-se improvável, tomando-se por base o primeiro encontro entre as duas personagens, sem esquecer também que a criação do cargo fora motivada justamente pela atitude deliberada do revisor de alterar o conteúdo do texto que se punha a emendar. No entanto, a atração mútua se dá e a história de amor prospera.

Parece importante também destacar a análise que pode ser empreendida a partir do envolvimento amoroso de Raimundo Silva e Maria Sara e que associa ao primeiro cerco que envolve a cidade de Lisboa outra categoria de *cerco*: de certa forma, a chefe dos revisores parece *cercar* Raimundo Silva, a ponto de lograr sua captura.

Maria Alzira Seixo também se dedicou a tecer considerações envolvendo o cerco, focando, no entanto, a mediação da janela, a janela na varanda da casa de Raimundo Silva.

No artigo dedicado à análise do romance saramaguiano, a ensaísta colocará em primeiro plano a presença desse elemento, pois "da janela se pode contemplar o que seria então o acampamento dos cristãos sitiantes"[127].

Para a autora, então, "[...] interessante é ver como essa janela, símbolo de uma desobstrução (social, psicológica), vai ser dedicada à "visão" de um cerco (trata-se não só de cercar Lisboa mas de cercar o livro, e de cercar o corpo de Maria Sara, [...])"[128].

Cidade desdobrada, Lisboa mostra-se sempre na narrativa como uma fusão do passado com o presente e semelhante efeito do paralelo pode ser observado também nos pares que tematizam os encontros amorosos no romance: Raimundo Silva e Maria Sara, na Lisboa do presente; Mogueime e Ouroana, na Lisboa do passado.

Num primeiro momento, o revisor parece não saber ao certo quem seriam Mogueime e Ouroana e pouco a respeito deles esclarece a Maria Sara quando a chefe dos revisores se põe a ler a sua versão do cerco, que está a construir.

---

[127] SEIXO, Maria Alzira. História do cerco de Lisboa ou a respiração da sombra. *Colóquio/Letras*, Lisboa, n. 109, maio 1989. p. 37.

[128] *Ibidem*, p. 37-38.

DESVELAR O OLHAR QUE (RE)CRIA: O MITO E A CIDADE

É como se pudéssemos destacar um certo efeito de ambiguidade gerado pela resposta de Raimundo Silva: ao tentar responder sobre Ouroana e Mogueime, o revisor parece estar a associá-los a ela, Maria Sara/Ouroana e a ele, Raimundo/Mogueime. O desdobrado dos pares amorosos, o desdobrado de um amor que está por se fazer conhecer, afinal, nos dois casos:

> Maria Sara não tocou no papel, tem as mãos juntas no regaço, e lê desde a primeira linha, ignora o que foi escrito na página anterior, e nas outras, desde o começo da história, lê como se nestas dez linhas se contivesse tudo quanto lhe importaria saber da vida, [...] Acabou de ler, e, sem virar a cabeça, pergunta, Quem é esta Ouroana, este Mogueime quem é, estavam os nomes, e pouco mais, como sabíamos. Raimundo Silva deu dois passos breves na direcção da mesa, parou. Ainda não sei bem, disse, e calou-se, afinal deveria ter adivinhado, as primeiras palavras de Maria Sara teriam de ser para indagar quem eles eram, estes, aqueles, outros quaisquer, em suma, nós[129].

A ambiguidade na tentativa de resposta do revisor, que associa ele e Maria Sara às personagens que está a conceber, uma vez mais promove no romance o efeito de indecisão, agora no que se refere ao estatuto de Ouroana e Mogueime: seriam, os dois, *pessoas de livro?* Pessoas de *escalão intermédio* que, associadas a pessoas de fato, teriam existência diferente da ficcional?

> Disse Raimundo Silva, como se respondesse a uma observação feita em voz alta, Não creio que se possa chamar-lhes personagens, Pessoas de livro são personagens, contrapôs Maria Sara, Vejo-os antes como se pertencessem a um escalão intermédio, diferentemente livre, em relação ao qual não fizesse sentido falar nem da lógica da personagem nem da necessidade contingente da pessoa, [...][130].

Nos termos de Gobbi, "Mogueime e Ouroana atuam como uma espécie de dublês de Raimundo Silva e Mara Sara"[131]. *Pessoas de livro* ou *dublês*, o certo é que o par amoroso da Lisboa medieval espelhado no par amoroso da Lisboa do presente é mais um dos inúmeros exemplos a ilustrar adequadamente a presença do *olhar desdobrado*, sob a *perspectiva do paralelo*, que estamos a associar à narrativa saramaguiana.

---

[129] SARAMAGO, 2011, p. 235.

[130] *Ibidem*, p. 235-236.

[131] GOBBI, 2011, p. 81.

Igualmente, há espaço no romance para que o revisor trace um paralelo entre os cães do passado, tão impuros aos mouros, mas que a eles servirão de repasto, ao faminto cão do presente, não tão impuro, embora decrépito, que Raimundo Silva alimentara nas escadarias de S. Crispim. Dessa forma, também aqui o desdobrado, o paralelo, no tema do cão.

> Esta alusão aos cães mouros, isto é, os cães que com os mouros ainda então conviviam, é certo que na sua condição de impuríssimos animais, mas que daqui a pouco tempo começarão a alimentar com a sua suja carne o corpo enfraquecido das criaturas humanas de Alá, esta alusão, dizíamos, fez recordar a Raimundo Silva o das Escadinhas de S. Crispim, [...][132].

A chefe dos revisores demonstrara sempre grande interesse pelo destino, na ficção que está a ser concebida por Raimundo Silva, do par amoroso da Lisboa do passado, o que abre espaço para uma notável explicitação dos efeitos provocados pelo olhar desdobrado que habita o romance.

Não há como ignorar que há uma cena, uma vida a se desenrolar em paralelo, que a Lisboa de hoje se (con)funde o tempo todo com a Lisboa de antes:

> [...] Como te chamas, mas é só um truque para começar a conversa, se há algo nesta mulher que para Mogueime não tenha segredos, é o seu nome, tantas são as vezes que ele o tem dito, os dias não só se repetem, como se parecem, Como te chamas, perguntou Raimundo Silva a Ouroana, e ela respondeu, Maria Sara[133].

O efeito de ambiguidade mostra-se presente uma vez mais: será amanhã Raimundo Silva, o da Lisboa de hoje, quem cuidará do enterro do cavaleiro de antes, Henrique, que fora morto no episódio de derrocada da torre. Ou será o remate da escrita de Raimundo Silva que vai dar conta de narrar o enterro do cavaleiro?

> Raimundo Silva pousou a esferográfica, esfregou os olhos cansados, depois releu as últimas linhas, as suas. Não lhe pareceram mal [...] Abriu a janela e olhou a cidade. Os mouros festejam a destruição da torre. As Amoreiras, sorriu Raimundo Silva. Naquele lado de além está a tenda do cavaleiro Henrique, que amanhã irá a enterrar no cemitério de S. Vicente. Ouroana, sem lágrimas, vela o cadáver, que já cheira[134].

---

[132] GOBBI, 2011, p. 250-251.

[133] SARAMAGO, 2011, p. 259.

[134] *Ibidem*, p. 285.

DESVELAR O OLHAR QUE (RE)CRIA: O MITO E A CIDADE

O jogo de espelhos que detém o poder de configurar em um só os dois espaços urbanos, a Lisboa de antes e a Lisboa de agora, como buscamos analisar em várias passagens deste trabalho, atua também fortemente no sentido de promover uma identificação tamanha entre Raimundo Silva/ Mogueime e Maria Sara/Ouroana que quase não se permite mais desuni-los, a ponto de o próprio revisor afirmar, com todas as letras, que "somos Ouroana e Mogueime começando"[135].

Fechando, nesse ponto, as considerações que julgamos relevantes no que se refere à *História do cerco de Lisboa* e, ao mesmo tempo, já anunciando um dos aspectos que devem reger as discussões com base em *A Cidade de Ulisses*, de Teolinda Gersão, retomemos, da narrativa de Saramago, a cena que traz Raimundo Silva e Maria Sara circulando pelas escadas de S. Crispim.

Discorrendo acerca de vestígios de outros tempos, ainda observáveis naquele canto da cidade, uma vez mais, o revisor fará alusão às diferenças entre o *olhar*, o *ver* e o *reparar*.

E não será de modo fortuito, então, que Raimundo Silva explicitará que as três dimensões associadas à *visão*, constituem o que ele identifica como *o verdadeiro conhecimento*, ou seja, que a capacidade de percepção de níveis diferentes seria, dessa forma, o verdadeiro conhecimento.

Em suma, o conhecimento pela percepção. Ou os ecos da *fenomenologia* a se fazerem presentes.

---

[135] SARAMAGO, 2011, p. 294.

3

O OLHAR QUE (RE)CRIA:
A PERSPECTIVA DO MITO

3.1. *"O mundo é aquilo que nós percebemos"*

Já no Prefácio de uma de suas obras mais conhecidas[136], Maurice Merleau-Ponty propõe um questionamento que vai cumprir a função de condutor geral para as problematizações que serão desenvolvidas ao longo do alentado volume: *o que é a fenomenologia?*

Numa primeira tentativa de resposta, o filósofo define-a como o *estudo das essências* ou um tipo de filosofia que se prestaria ao trabalho de repor as essências na existência. Ampliando sua resposta, o autor vai destacar que para a fenomenologia o mundo já estaria de antemão dado à observação, ainda antes de qualquer ação de reflexão e que a sua presença (a do mundo) acontece de forma "inalienável" e, ao homem, caberia simplesmente buscar e realizar esse contato com o mundo, aplicando nele ações que resultariam na conformação de um *estatuto filosófico*.

É possível avaliar, com base no pensamento de Merleau-Ponty, que aquilo comumente entendido como fenomenologia "é a tentativa de uma descrição direta de nossa experiência tal como ela é, e sem nenhuma deferência à sua gênese psicológica e às explicações causais"[137].

Dessa forma, a descrição da experiência ou da percepção seria passível de uma explicitação sem a necessidade de se lançar mão de algum conhecimento anterior provido pela ciência ou por qualquer outra área do conhecimento, pois a própria ciência e seus símbolos de nada adiantariam sem o concurso efetivo da visão de mundo individual, da experiência do mundo individualizada:

> Tudo aquilo que sei do mundo, mesmo por ciência, eu o sei a partir de uma visão minha ou de uma experiência do mundo sem a qual os símbolos da ciência não poderiam dizer nada.

---

[136] MERLEAU-PONTY, Maurice. *Fenomenologia da percepção.* Tradução de Carlos Alberto Ribeiro de Moura. 5. ed. São Paulo: WMF Martins Fontes, 2018. (A obra originalmente foi publicada em 1945).

[137] *Ibidem*, p. 1.

> [...] A ciência não tem e não terá jamais o mesmo sentido de ser que o mundo percebido, pela simples razão de que ela é uma determinação ou uma explicação dele[138].

Ao colocar em primeiro plano o valor da experiência individual, da percepção sem amarras e que busca, simplesmente, abarcar o mundo e interpretá-lo, tomando por base que o mundo já está colocado desde sempre — "o mundo está ali antes de qualquer análise que eu possa fazer dele"[139] —, podemos avaliar também que uma determinada forma de perceber o mundo, de se fazer uso da percepção deveria ser considerada como uma via bastante lícita de apreensão e de interpretação.

E tal via de apreensão se servirá de elementos, num primeiro momento, pouco esperados para um trabalho que se propõe a imprimir um estatuto filosófico às coisas — "a cada instante também eu fantasio acerca de coisas, imagino objetos ou pessoas [...], e todavia eles não se misturam ao mundo"[140] —, logo, associado a aspectos que se afastariam, forçosamente, de um ponto de vista individualizado.

> A percepção não é uma ciência do mundo, não é nem mesmo um ato, uma tomada de posição deliberada; ela é o fundo sobre o qual todos os atos se destacam e ela é pressuposta por eles. O mundo não é um objeto do qual possuo comigo a lei de constituição; ele é o meio natural e o campo de todos os meus pensamentos e de todas as minhas percepções explícitas[141].

Quando se refere à fenomenologia como o *estudo das essências*, Merleau-Ponty considera que "buscar a essência do mundo não é buscar aquilo que ele é em ideia, [...] é buscar aquilo que de fato ele é para nós antes de qualquer tematização"[142]; ainda, uma vez que se apresenta desde sempre posta em causa a condição do mundo sem intermediações, "não é preciso perguntar-se se nós percebemos verdadeiramente um mundo, é preciso dizer, ao contrário: o mundo é aquilo que nós percebemos"[143]. E o *perceber*, nesse caso, pode ser interpretado como o próprio *viver*, que difere em muito do *pensar* o mundo: "o mundo não é aquilo que eu penso, mas aquilo que eu vivo; eu estou aberto ao mundo, comunico-me com ele, mas não o possuo, ele é inesgotável"[144].

---

[138] MERLEAU-PONTY, 2018, p. 3.

[139] *Ibidem*, p. 5.

[140] *Ibidem*, p. 6.

[141] *Ibidem*, p. 6.

[142] *Ibidem*, p. 13.

[143] *Ibidem*, p. 13-14.

[144] *Ibidem*, p. 14.

DESVELAR O OLHAR QUE (RE)CRIA: O MITO E A CIDADE

A ideia que expressa uma abertura, uma disponibilidade do indivíduo em relação a um mundo que igualmente se apresenta "ali", sempre, de antemão já colocado, de um "mundo inesgotável", pode nos ser útil para uma aproximação com o espaço privilegiado deste trabalho, representado pela cidade de Lisboa: não seria esse espaço urbano exatamente uma ilustração bastante convincente de que o mundo é aquilo que nós percebemos?

Diferentes percepções, diferentes olhares. E um espaço que não se esgota: "Lisboa é um tema inesgotável e iremos pô-lo também à consideração de outros artistas, continuou"[145].

O presente capítulo, como o último excerto apresentado já antecipa, é dedicado às análises que se propõem a examinar, após o *olhar contemplativo* de Fernando Pessoa e o *olhar desdobrado* de José Saramago, um novo e terceiro olhar que, se estivemos a trilhar até agora um caminho virtuoso, será o responsável, afinal, pela (re)criação de um mundo chamado Lisboa — com Teolinda Gersão e *A Cidade de Ulisses, o olhar que (re)cria: a perspectiva do mito*.

3.2. Teolinda Gersão: o percurso até *A Cidade de Ulisses*

Antes de tudo, ainda a título de introdução a esse terceiro segmento, dediquemo-nos, agora, a examinar a trajetória e a presença de Teolinda Gersão no cenário da literatura portuguesa contemporânea, culminando com a publicação da obra de 2011, que é o *corpus* privilegiado neste livro.

Nos anos seguintes à Revolução dos Cravos (1974), uma talentosa geração de novos autores, em sua maioria dedicando-se à produção de romances, passou a ocupar espaço no terreno da literatura portuguesa. É desse período que nomes como os de Carlos de Oliveira, José Cardoso Pires, Agustina Bessa-Luís, José Saramago, Almeida Faria e Lídia Jorge, dentre outros, publicam seus primeiros trabalhos e iniciam suas carreiras literárias.

É fato que um acontecimento da relevância de uma revolução — ainda que longe dos traumas de um evento com perdas de vidas como, no geral, deu-se com a dos Cravos — tem o poder de exercer o papel de elemento motivador para as diversas áreas de atuação humana e o de influenciar, sobremaneira, o imaginário dos artistas, em geral, nas suas produções.

Particularmente para os escritores, tanto a complexidade da problemática dos anos de ditadura quanto os novos tempos vislumbrados pela deposição do ex-ministro de Salazar, Marcelo Caetano, servirão de combustível para as

---

[145] GERSÃO, 2011a, p. 12.

abordagens que terão lugar em obras como *Manual de Pintura e Caligrafia* (1977), *Finisterra* (1978), *Levantado do Chão* (1980), *Balada da Praia dos Cães* (1982), *O Cais das Merendas* (1982) e *Cavaleiro Andante* (1983), para citar apenas uma pequena amostra da produção literária de então.

É nesse contexto que Teolinda Gersão publica seu primeiro romance, *O Silêncio*, em 1981, estreia que já se mostra auspiciosa, pois a obra foi agraciada com o Prêmio de Ficção do Pen Clube, premiação também alcançada depois pelo seu romance de 1989, *O Cavalo de Sol*. Já em sua primeira obra, a autora focará temas que, de uma forma ou de outra, serão retomados nos demais romances: a casa, a mulher, a linguagem (a escrita) e a História ou, mais precisamente, uma determinada e particular concepção de história.

Desde o início, o tratamento dispensado por Teolinda à História revela uma autora muito mais interessada em realçar as trajetórias pessoais, combinadas e entretecidas com os dados factuais coletivos, colocando em xeque e promovendo a relativização do discurso oficial.

Sob esse prisma, uma das marcas mais expressivas, portanto, da escrita de Teolinda coincide com o tratamento que é dispensado à História no romance de Saramago, que foi objeto de considerações desenvolvidas no capítulo anterior deste trabalho.

Em *Paisagem com mulher e mar ao fundo* (1982), assim como já se dera no romance de estreia, a abordagem de problemas ligados à linguagem também se faz presente, embora na narrativa anterior a temática tenha sido trabalhada sob o ponto de vista de sua utilização como um recurso de defesa tanto por parte do elemento feminino, quanto por parte do elemento masculino.

Na obra de 1982, a linguagem presta-se agora a construir uma nova significação dos sentidos originais e ordinários — sobretudo, os dos mitos — adaptados e oferecidos à leitura por meio de um tratamento diferenciado e em consonância com os estados de espírito do tempo presente da diegese. Ainda, vale destacar para as duas primeiras obras o aspecto comum que se observa ligado à experimentação linguística, o que confere a elas certo estranhamento no que diz respeito, por exemplo, à disposição dos parágrafos.

Com *Os guarda-chuvas cintilantes* (1984) se dá a potencialização do movimento que fora ensaiado nas duas obras anteriores e que já apontava para a experimentação com a linguagem. Identificado como "Diário" em sua folha de rosto, a obra, decididamente, pouco permitia ao leitor uma classificação tão evidente em termos de gênero, a ela conferindo também certa radicalização no que se refere à forma; igualmente, traços de liberdade da escrita aproximavam a obra da estética surrealista, justamente pela radicalização do trabalho experimental com a linguagem. Da produção de Teolinda, será esta a obra que mais dificilmente se prestará a uma classificação, destacando-se, assim, como escrita *sui generis* dentro do seu universo literário.

Em 1989, temos a publicação de *O Cavalo de Sol*, romance que, conforme já adiantamos em outro ponto, foi também agraciado com o Prêmio de Ficção do Pen Clube daquele ano. É importante observar que nele percebe-se já certa preocupação por imprimir à sua estrutura uma fragmentação menos evidente, quando aplicamos um trabalho de cotejo entre essa obra e as três primeiras produções da autora.

Dessa forma, ainda que quase esquematicamente, o romance é dividido em quatro partes que parecem ditar o ritmo a ser empreendido para a sua leitura, utilizando-se, para tanto, dos movimentos executados por um cavalo: 1. Passo; 2. Trote; 3. Galope; 4. Salto. Tal constituição, portanto, constitui aspecto que pode ser interpretado como uma tentativa de afastamento do processo de organização das obras, no que diz respeito à forma, mais previsível e com mais linearidade, sempre em comparação ao que temos nas três produções anteriores, sobretudo em relação a *Os guarda-chuvas cintilantes*.

Do ponto de vista temático, *O Cavalo de Sol* apresenta-se em sintonia com as abordagens dos outros romances, já que, uma vez mais, são problematizadas em suas páginas as relações de conflito entre homem e mulher e, por extensão, entre opressor e oprimido. Além disso, a narrativa é construída a partir de uma nova protagonista feminina, o que a associa, sob esse aspecto, às duas primeiras produções da autora.

A Casa da Cabeça de Cavalo (1995) é a quinta incursão de Teolinda ao gênero romance (deixando à parte a produção de literatura infantil *História do homem na gaiola e do pássaro encarnado*, de 1982). A obra obteve igualmente o reconhecimento da crítica, sendo agraciada, no mesmo ano de sua publicação, com o Grande Prêmio de Romance e Novela da Associação Portuguesa de Escritores.

De modo diverso ao que se dá em seus quatro romances anteriores, há nele um trabalho diferenciado de organização da obra, isto é, um cuidado efetivo com os elementos coesivos que sustentam sua estrutura: seus 24 capítulos, devidamente nomeados, emprestam à obra a percepção de nítida linearidade.

Ainda, a reforçar tal percepção, é possível identificar o expediente da utilização de certo caráter seriado entre o final de um capítulo e o início de outro, próprio dos chamados romances de folhetim do século 19. É importante destacar que tal linearidade proporcionada pela estrutura associada ao folhetim deve ser reconhecida como um recurso não usual numa narrativa de período posterior. No entanto, sua motivação pode ser considerada distinta: enquanto o folhetim do século 19 tinha por meta a manutenção do efeito de suspense que buscava assegurar o interesse do leitor para a continuidade da leitura da narrativa no número seguinte do jornal, a estrutura folhetinesca utilizada em *A Casa da Cabeça de Cavalo* apenas explicita essa estratégia de narrar como uma das possíveis.

O que se tem, nesse caso, filia-se muito mais a uma preocupação por imprimir à obra um caráter de desvelamento de seus expedientes narrativos, atitude previsível em obra representante de um modelo de romance distinto do romance tradicional.

A Casa da Cabeça de Cavalo propõe-se a apresentar e a problematizar questões nitidamente associadas ao século 20, quais sejam, as da dificuldade de se narrar uma história como tradicionalmente se realizaria e certo tratamento metalinguístico que se revela em mais de uma passagem da obra.

Numa casa há muito tempo fechada e na qual todos os seus habitantes já estão mortos, uma estranha reunião tem lugar e nela tais figuras invisíveis adquirem novamente presença a partir do momento que passam a contar histórias ou histórias de suas vidas: num ritmo alucinante desde os primeiros parágrafos, as narrativas de memória são desfiadas por um coro de vozes do passado sem haver a preocupação com quaisquer pretensões de verdade.

É significativo que tanto as histórias de vida dos antigos habitantes quanto a explicitação acerca de passagens históricas de Portugal tornam-se objeto de múltiplas combinações de construção e de pontos de vista, em um contar e recontar incessante, com todas as inúmeras versões e revisões sendo acolhidas como possíveis, sem privilegiar uma delas como mais abalizada do que a outra. De certa forma, é lícito avaliar que o romance em questão pode ser identificado como uma *história de histórias*.

Dessa forma, a obra de 1995 de Teolinda marca um novo rumo à produção da autora, que assume agora o papel de *contadora de histórias*. E tal impressão parece se confirmar quando observamos a sua produção posterior, composta por muitos livros de narrativas curtas — geralmente

DESVELAR O OLHAR QUE (RE)CRIA: O MITO E A CIDADE

contos e novelas —, embora também ainda se dedique a produzir histórias de maior fôlego. É o que temos nos casos de *A árvore das palavras* (1997) e em *A Cidade de Ulisses* (2011), o *corpus* privilegiado para as análises que estamos a desenvolver neste Capítulo 3 do nosso trabalho.

Com 83 anos de idade e mais de 40 anos de carreira, a autora é um dos nomes mais expressivos da literatura portuguesa contemporânea.

Busquemos, então, pela diegese do olhar e do mito, a Lisboa de Teolinda Gersão em *A Cidade de Ulisses*.

3.3. Uma cidade, infinitas leituras: Lisboa

Em *A Cidade de Ulisses*, Teolinda Gersão, na abertura da obra que denomina *Nota inicial*, e que podemos considerar como um paratexto, esclarece de imediato que ela "dialoga deliberadamente com as artes plásticas", justificando-se pelo seu próprio interesse pela área e também por contatos mantidos ao longo dos anos com amigos que eram artistas plásticos. Ainda, a autora expõe uma espécie de releitura que aplicou a ideias de obras e de exposições que aparecem nas páginas do romance, chegando até a identificar claramente em que ponto isso se deu.

Nesse início de percurso analítico, interessa-nos destacar o trecho final desta nota introdutória construída e assinada (T. G.) por Teolinda:

> Queria deixar além disso uma palavra de gratidão a todos os que ao longo de séculos e até hoje amaram, investigaram, estudaram, registaram Lisboa. Os autores e os livros são tão numerosos que seria impossível enumerá-los aqui. Mas aos muitos que li, e aos muitos que não pude ler, quero expressar o meu profundo reconhecimento[146].

Por conta de toda a sua ancestralidade, a cidade de Lisboa é lembrada pela autora como motivo de inúmeras investigações, estudos e registros. Uma cidade, como tantas, sempre cantada em prosa e verso e que muito dificilmente permite a qualquer um dar conta de tudo aquilo que a respeito dela já se tenha produzido. E a autora, ainda que tenha se debruçado em vários desses registros acerca do espaço lisboeta para a concepção de sua narrativa, reconhece, com humildade, a sua incapacidade de ter tido acesso a muito do que se produziu, e expressa gratidão àquilo que pode chegar às suas mãos por meio do trabalho de tantas outras pessoas.

---

[146] GERSÃO, 2011a, s/p.

ORIVALDO ROCHA DA SILVA

Uma das primeiras recensões críticas que tiveram por objeto *A Cidade de Ulisses* foi a publicada no número 178 (setembro de 2011) de *Colóquio Letras*[147] e anuncia a mais recente produção da autora como uma "homenagem" a Lisboa: "Catorze anos após a publicação de *A Árvore das Palavras* (1997), e ao celebrar trinta anos de carreira literária, Teolinda Gersão homenageia e ficcionaliza, com *A Cidade de Ulisses*, a capital portuguesa, [...]"[148].

Quando, além da *homenagem* a Lisboa que entende ter sido a intenção da autora para a concepção da obra, o crítico faz referência também à *ficcionalização* do espaço, podemos associar tal observação àquilo que temos denominado como os diferentes olhares dispensados a um único objeto.

Por meio da diegese de *A Cidade de Ulisses*, Teolinda Gersão vai propor a sua visão, permeada, no caso específico da obra em tela, com aspectos relacionados ao mito, sobretudo, permitindo-se ainda abordar questões que trarão à tona o diálogo entre artes que ocupará, também, no desenvolvimento de nossas análises, posição de destaque para o trabalho de (re)criação da capital lisboeta.

Vale destacar e a recensão crítica que vimos abordando também dá conta disso, que o *diálogo inter-artes* que é problematizado nas páginas do romance será objeto de atenção por parte do narrador em primeira pessoa, o artista plástico Paulo Vaz, já desde o início da diegese: "em 2011 o narrador-artista comenta o fenômeno da produção artística a partir do seu ponto de vista e do ponto de vista do público"[149]. Também a reforçar a importância desse aspecto, o espaço inicial eleito é o gabinete do diretor do Centro de Arte Moderna da Gulbenkian.

No entanto, estamos ainda a focar nesse ponto as inúmeras leituras que uma cidade como Lisboa já foi capaz de provocar, em linha com as considerações iniciais da própria autora.

Dessa forma, parece oportuno convocar para a discussão as impressões de José Cardoso Pires (1925-1998) — autor já destacado neste trabalho quando da abordagem inicial acerca da trajetória de Teolinda Gersão no cenário da literatura portuguesa contemporânea — em relação à capital portuguesa.

Autor de obras reconhecidas pela crítica como das mais relevantes para a literatura portuguesa no século 20 (sobretudo *O Delfim*, de 1968), Pires concebeu uma publicação dedicada a apresentar uma leitura de Lisboa: *Lisboa*

---

[147] PUGA, Rogério Miguel. A Cidade de Ulisses, de Teolinda Gersão [Recensão crítica a]. *Revista Colóquio/Letras*. Fund. Calouste Gulbenkian. Recensões Críticas, n. 178, p. 223-225, set. 2011.

[148] *Ibidem*, p. 223.

[149] *Ibidem*, p. 223.

98

DESVELAR O OLHAR QUE (RE)CRIA: O MITO E A CIDADE

– *Livro de Bordo: vozes, olhares, memorações*[150]. Trata-se de obra híbrida, com forte acento poético, permeada também de reflexões críticas e pontuada, além disso, de notas históricas acerca da capital lisboeta. Completam o quadro desse "livro de bordo" de difícil classificação a presença de 118 imagens, entre ilustrações e fotografias.

> Não é romance, devem ter calculado. A lenda diz que a obra foi encomendada pela capital da cultura Lisboa-94 [...], mas só agora publicado, nas vésperas da Lisboa-98 [...]. Não sei, pouco me importa. Cheguei mesmo a supor que era apenas um trecho de alto jornalismo ou de boa crónica, o que já nos faria atentos e obrigados. Afinal é mais. [...] O luxo, além do texto, está no corpo físico do álbum, muito bem desenhado pelo "atelier" de Henrique Cayatte (com colaboração de Sara Lima) [...][151].

Em entrevista publicada no *Jornal de Letras* (em novembro de 1997) e reproduzida no site da *Citi*[152], Cardoso Pires relata que tivera a ideia do livro quando Lisboa foi a capital europeia da cultura e teria produzido uma versão bem mais extensa do que, afinal, a que fora publicada.

Curiosamente, expressando uma opinião que confronta com a de Teolinda Gersão acerca dos registros e investigações existentes acerca de Lisboa, o autor considera, não sem uma certa dose de surpresa, que não se dispunha de *boa ficção sobre Lisboa*, excetuando-se dois ou três nomes que chega a citar: Maria Velho da Costa, Diniz Machado e algo de Lobo Antunes. *E haverá mais um outro...*

Na abertura do seu *Lisboa – Livro de Bordo*, José Cardoso Pires já se põe a compor a imagem de uma cidade irremediavelmente ligada ao mar, às coisas do mar; Lisboa é uma *cidade de navegar* ou uma *cidade-nave*:

> Logo a abrir, apareces-me pousada sobre o Tejo como uma cidade de navegar. Não me admiro: sempre que me sinto em alturas de abranger o mundo, no pico dum miradouro ou sentado numa nuvem, vejo-te em cidade-nave, barca com

---

[150] PIRES, José Cardoso. *Lisboa* – Livro de Bordo: vozes olhares, memorações. 3. ed. Lisboa: Publicações Dom Quixote, 1998.

[151] O trecho destacado reproduz excertos da obra *Fados Vadios*, de Francisco Belard, publicados no *Jornal Expresso* (novembro de 1997) e reproduzidos no site da Citi – Centro de Investigações para Tecnologias Interactivas, órgão ligado à Universidade Nova de Lisboa. Disponível em: http://www.citi.pt/cultura/literatura/romance/cardoso_pires/lisboa_bordo.html. Acesso em: 10 abr. 2020.

[152] Disponível em: http://www.citi.pt/cultura/literatura/romance/cardoso_pires/lisboa_bordo.html. Acesso em: 10 abr. 2020.

> ruas e jardins por dentro, e até a brisa que corre me sabe a
> sal. Há ondas de mar aberto desenhadas nas tuas calçadas;
> há âncoras, há sereias[153].

Um olhar que capta a condição marinha da cidade, pousada ainda, mas prestes a partir e ganhar os mares, a navegar. A falsa imobilidade de uma cidade-nave que só se reconhece no trabalho de conduzir aquele que a avista e a alcança, pronto a nela embarcar como em jangada que estivesse sempre a esperar. E o espírito inquieto do luso nauta, inquieto como a própria cidade, sempre a se pautar por pensamentos de grandeza e de conquista. A mirar o imenso mundo que se descortina e parece pedir a ele que não se quede, que navegue.

Perceptível também nesse trecho inicial do livro de bordo é a alusão ao elemento mítico-marinho representado pelas sereias, dispostas nas calçadas da cidade em meio às ondas e às âncoras, como se no espaço urbano lisboeta tais presenças em combinação pudessem ser reconhecidas desde tempos imemoriais. E, para isso, fixadas na memória e incrustadas na matéria sólida do concreto das calçadas.

É importante também notar a alta concentração, no breve excerto que serve de abertura ao relato de Cardoso Pires, dos tantos termos que remetem ao campo semântico da *visão* e do *olhar*: o "apareces-me"; o "admiro"; o "miradouro"; o "vejo-te"; o "desenhadas", todos, associados ao sentido por excelência da percepção, e que terminam por contribuir para uma nova visada a se construir pela força inspiradora de um espaço, afinal, perdido nas dobras do tempo. Ou, nos termos do artista plástico narrador de *A Cidade de Ulisses*, de Teolinda Gersão, "uma cidade com trinta séculos baralha-nos as perspectivas"[154].

Mas a capital lisboeta, de tantas histórias, seria capaz de provocar espécies opostas de olhares, quase o falseamento que transforma as cores e suas misturas e desfoca uma visão que se afirmaria como a correspondente à realidade. Não há, entretanto, como jurar em certeza de que a resultante daquilo visto revele, por fim, o cenário composto, pois "em poucos lugares como este de tantas cores cada cor é feita"[155].

> Azul de azuis? Branco áspero de pérola e cinza? Ocres de
> pardacento e vermelhos lisos? [...] Nós, tanto quanto me
> apercebo, estamos os dois em mais ou menos: tu, cidade

---

[153] PIRES, 1998, p. 7.
[154] GERSÃO, 2011a, p. 16.
[155] PIRES, 1998, p. 10.

DESVELAR O OLHAR QUE (RE)CRIA: O MITO E A CIDADE

> desfocada pela luz mundana dos videoturistas que te vieram espreitar de miradouro, eu um pouco à margem porque, para mim, panorâmicas e vistas gerais *são quase sempre frases feitas ou cenários de catálogo*[156].

Ao colocar em campos opostos a visão dos turistas, panorâmica e que desfoca o objeto visto, logo, não contemplando o que de fato se apresenta em termos de espetáculo de se ver, com a sua visão individualizada e que parece estar à procura de outra espécie de visada que não *baralhe as perspectivas*, já que "a distância inventa cidades, como muito bem sabemos"[157], a voz do livro de bordo desconfia de olhares gerais e protocolares — "A Primeira Vista É Para os Cegos!, aviso sábio, sem dúvida, mas simples de mais, se me permites, porque mesmo para quem desça da vista geral [...] a paisagem tem muito de encomenda"[158].

Apropriar-se, pois, da visão de fato de um espaço, ainda que se afastando da tomada panorâmica que pouco revela e buscando aquilo que de mais profundo se esconde nos desvãos de quem olha e do que é olhado, parece ser a chave, nos termos do sujeito narrador que nos apresenta suas vozes, olhares e memorações de *Lisboa – Livro de Bordo*.

No entanto, há que sempre se acautelar das armadilhas de uma cidade que embora se deixe navegar pelos seus labirintos e monumentos terrestres, ainda assim não se dará a conhecer em plenitude: "Mas ninguém poderá conhecer uma cidade se não a souber interrogar, interrogando-se a si mesmo. Ou seja, se não tentar por conta própria os acasos que a tornam imprevisível e lhe dão o mistério da unidade mais dela"[159].

De certa forma, esse último excerto destacado do livro de bordo abre caminho para a abordagem de outros sentidos que passam a compor as impressões do nauta luso em relação ao espaço lisboeta. É assim, então, com o olfato e a audição:

> Há vozes e cheiros a reconhecer – cheiros, pois então: o do peixe de sal e barrica nas lojas da Rua do Arsenal, não vamos mais longe; o da maresia a certas horas do Tejo; o do verão nocturno dos ajardinados da Lapa; [...] há no inverno pelas ruas, o cheiro fumegante das castanhas a assar nos fogareiros dos vendedores ambulantes. E acima de tudo há a voz e o

---

[156] PIRES, 1998, p. 10.
[157] *Ibidem*, p. 11.
[158] *Ibidem*, p. 11.
[159] *Ibidem*, p. 11.

> humor, o tom e a sintaxe, aquilo que te está, cidade, mais no íntimo. Falo, é claro, do imaginário vocabular e da construção da frase que por si sós se fazem ironia. [...] tal qual como o calão em constante mutação de cada bairro[160].

É como se agora uma cidade que se apreendesse de modo marcante, porém parcial, por meio do concurso das janelas do olhar, explodisse em sensações pela chegada dos cheiros e das vozes que se prestam a completar o quadro; tudo parece ganhar movimentação e vida intensas e o bulício dos pequenos recantos a apregoar peixes fritos e outros alimentos e os perfumes vindos do mar, a trazer o sal à terra e as marcas das noites aromáticas de verão e os ditos e as frases carregadas de graça, transmutadas em acentos próprios e marcantes de cada região.

E a Lisboa, evocada nas memórias sensitivas do nauta-narrador, só se permite abarcar à custa da geração de uma cumplicidade que só pode ser alcançada quando se põe a mesclar um tanto de sensações, que apenas o olhar de panorama não dá conta, com as investidas e as tentativas operadas por meio das recapitulações e das memórias que se escavam, questionando-se, em mão dupla, o mais fundo daquele que olha com o mais fundo daquilo que é olhado.

Apenas quando se predispõe à difícil busca de uma tal cumplicidade com o espaço urbano é que o observador (ou o nauta, ou o viajante) estará apto a desvelar e a compreender que, afinal, o esforço será recompensado e o encontro de si com o de fora promoverá, enfim, a descoberta.

Nesse ponto, convergem as visões do nauta-narrador de José Cardoso Pires e do artista-narrador de Teolinda Gersão, notadamente no que se refere à incompletude do olhar panorâmico dos turistas.

A falta de cumplicidade da "vista geral" com o espaço observado não permite que o viajante se encontre por meio da cidade que estava a procurar, e é forçoso reconhecer que tal encontro só se configurará exitoso a partir do momento que forem acionados os mecanismos ligados à *memória* e à *imaginação*.

Para o nauta-narrador de José Cardoso Pires, a *memória*:

> Talvez porque daqui não te ouço, cidade. Porque não te respiro os intentos nem te cheiro. Porque não te apanho os gestos do olhar. Numa palavra, porque me falta cumplicidade, e sem cumplicidade com a imagem, com os saberes, os gostos

---

[160] PIRES, 1998, p. 12.

DESVELAR O OLHAR QUE (RE)CRIA: O MITO E A CIDADE

> e os defeitos dum mundo tão privado como o teu ninguém aprende a vivê-lo. Eu, melhor ou pior, cá vou tentando. Para chegar a esse entendimento já recapitulei infâncias de bairro, já revisitei lugares; já te disse e contradisse, Lisboa, e sempre em amor sofrido[161].

Para o artista-narrador de Teolinda Gersão, a *imaginação*:

> Os turistas vão à procura de lugares para fugirem de si próprios, da rotina, do stress, da infelicidade, do tédio, da velhice, da morte. Vêem os lugares onde chegam apenas de relance e não ficam a conhecer nenhum, porque logo os trocam por outros e fogem para mais longe. Os viajantes vão à procura de si, noutros lugares. Que ficam a conhecer profundamente porque nenhum esforço lhes parece demasiado e nenhum passo excessivo, tão grande é o desejo de se encontrarem. [...] os turistas só se interessam, obviamente, pelas cidades reais. Os viajantes preferem as cidades imaginadas. Com sorte, conseguem encontrá-las. Ao menos uma vez na vida. Penso que uma vez na vida a sorte esteve do nosso lado e encontrámos a cidade que procurávamos. A Cidade de Ulisses[162].

Por meio da diegese, então, lancemos ao espaço urbano de Lisboa um olhar que se quer cúmplice dela.

Adentremos, agora, os portais de *A Cidade de Ulisses*.

3.4. A viagem que nunca termina: o herói e o artista

A Cidade de Ulisses foi publicada no mês de março de 2011 e uma das primeiras entrevistas concedidas pela autora a respeito da obra aconteceu no dia 29 de maio do mesmo ano na emissora RTP[163], em Portugal.

A afirmação inicial da entrevistadora, a título de definição da matéria da qual seria composta a obra, parece-nos bastante elucidativa: nos termos de Paula Moura Pinheiro, *A Cidade de Ulisses* seria um romance com dimensão ensaística, que faz uma síntese da história de Portugal desde a sua fundação até os dias de hoje. Parece oportuno examinar ainda outras questões discutidas nessa conversa, pois a própria Teolinda se propõe a

---

[161] PIRES, 1998, p. 13.

[162] GERSÃO, 2011a, p. 31.

[163] GERSÃO, Teolinda. Conversa sobre o livro A Cidade de Ulisses. Entrevista cedida a Paula Moura Pinheiro. *Câmara Clara da TV RTP2*, Lisboa, 29 maio 2011b.

ORIVALDO ROCHA DA SILVA

explicitar algumas opiniões e a relatar partes do processo de composição da obra que podem ser pertinentes para as discussões que estamos desenvolvendo neste trabalho.

Fato relevante e logo destacado pela própria autora é que nunca uma obra sua fora produzida a partir de um posicionamento em perspectiva masculina e, nessa, a narração ou *carta mental*, como a identificou o crítico Rogério Miguel Puga[164], dá-se por meio da personagem Paulo Vaz, um artista plástico.

Até por conta da caracterização da obra como *carta mental*, parece viável considerar que a identificação do artista como um *narrador* se afasta daquilo que comumente possa ser assim associado a essa categoria, pois a própria Teolinda reconhece certa hesitação no estatuto a ser atribuído a Paulo Vaz, pois parece ter ele atrás de si uma voz onisciente ao extremo, que vasculha e é capaz de traduzir tudo aquilo que se passa nos desvãos de seus pensamentos mais profundos. A voz narrativa de *A Cidade de Ulisses*, assim, aparentemente está a contar uma história para si própria.

Outro aspecto que deve ser considerado desde já é que a obra é uma história de amor, ou dos amores vividos por Paulo Vaz, sobretudo envolvendo as figuras femininas Cecília Branco e Sara. E essa narrativa em primeira pessoa constitui uma espécie de desabafo ou acerto de contas do artista plástico em relação, sobretudo, a Cecília, como ele, também artista.

Em verdade, é justo avaliar que a diegese se presta a configurar, na maior parte do tempo, um longo e tocante diálogo a envolver Paulo Vaz e Cecília — e que ocupa boa parte do livro — entretecida por passagens marcantes resgatadas da infância do artista e por fatos acontecidos em Portugal desde tempos imemoriais e que acabam por trazer à tona o mito que envolve a fundação de Lisboa, pois falar da capital lisboeta quase sempre leva a tratar também de seu mito de origem.

Além disso, por meio da voz narrativa do artista plástico, o leitor vai tendo acesso a posicionamentos bastante críticos em relação aos caminhos trilhados pela capital e pelo país no que diz respeito às políticas ligadas à cultura e à própria economia, o que resulta em um painel bastante desfavorável da Lisboa contemporânea, entendida, assim, como "a mais desconhecida" das capitais europeias:

> *É verdade que, para milhões e milhões de pessoas letradas do globo, Portugal não estava no mapa, era, quando muito, uma faixa estreita de terra diante da Espanha. E Lisboa era provavelmente a mais*

---

[164] PUGA, 2011, p. 223-225.

DESVELAR O OLHAR QUE (RE)CRIA: O MITO E A CIDADE

> *desconhecida das capitais da Europa, e uma das mais desconhecidas do mundo. Mas pretendiam exatamente o quê? Que os artistas ajudassem a colocar o país no mapa? Ironia do destino, num lugar onde a cultura era tão cronicamente maltratada[165].*

Quando se considera a possibilidade de discorrer sobre Lisboa, é bastante recorrente tratar também, conforme anteriormente já lembramos, do seu mito de fundação. E é já pelo título da obra que nos vemos, assim, enredados e inapelavelmente forçados a trabalhar com as inúmeras aproximações que se dão, desde sempre, entre o herói de Homero e as origens da cidade.

No romance, subdividido em três capítulos, temos no primeiro deles um segmento intitulado *Em Volta de Lisboa*, que dará conta das andanças do artista por sítios de Lisboa com Cecília Branco, rememoradas algo caoticamente e colocando o espaço urbano como "um pano de fundo, em geral desfocado". O interesse maior de Paulo Vaz parece residir, como em muitas passagens do romance, na retomada dos momentos vividos com a mulher ou apenas vividos em potência: há um esforço do artista em recolher pedaços para tentar gerar uma lembrança sólida, uma memória mais consistente:

> Lisboa era um pano de fundo, em geral desfocado porque a nossa intenção se dirigia para outras coisas, só por vezes se centrava na cidade. Se agora imaginar um tempo contigo "em volta de Lisboa" é apenas como instrumento de trabalho, porque preciso de organização e de algum método. Mas sei que esse tempo nunca existiu assim, é agora que o invento reunindo fragmentos soltos, de modo a formarem um só bloco na memória[166].

Entretanto, como acontece regularmente na escrita de Teolinda Gersão, é possível vislumbrar o entrelaçamento de aspectos das relações humanas com eventos factuais coletivos ou associados à história, de modo mais ou menos desenvolvido, variando essa presença na dependência direta da obra que estiver em análise.

Em *A Cidade de Ulisses*, no segmento que estamos analisando, apesar de a voz narrativa estar empenhada na recolha das lembranças de uma história de amor vivida naquele espaço urbano, é significativo observar que boa parte do capítulo acabe sendo dedicado também a explorar, quase em forma de ensaio, as marcas da presença de Ulisses na capital lisboeta. E o próprio Paulo Vaz já estava absolutamente convencido que ter Lisboa

---

[165] GERSÃO, 2011a, p. 12.

[166] *Ibidem*, p. 34.

por objeto, seja de uma discussão a respeito de sua origem, seja em uma exposição que se dispusesse a lançar à cidade um olhar interpretativo, não seria uma tarefa fácil.

> [...] não tenho dúvidas de que se trata de uma cilada. Qualquer exposição sobre Lisboa, mesmo limitada a apenas um aspecto, é um objectivo minado: [...]. O que quer que se faça, o resultado nunca passará de um work in progress, uma proposta de trabalho, ou o que quiserem. As you like it. O aviso aqui fica, registado e datado, para memória futura[167].

Uma cidade inesgotável. E com a história de sua fundação mergulhada nas sombras da dúvida, encoberta pela onipresença do mito de Ulisses, de suas narrativas tão carregadas de aventura. Lisboa, fundada por uma personagem literária, revela-se, pois, com aura de cidade "fabulosa" (nos termos de Teolinda, na entrevista), pois tal versão de sua origem a faz resvalar para o terreno das histórias contadas.

> A Cidade de Ulisses. O nome parecia-nos irrecusável. Havia pelo menos dois mil anos que surgira a lenda de que fora Ulisses a fundar Lisboa. Não se podia ignorá-la, como se nunca tivesse existido. [...] Segundo a lenda Ulisses dera a Lisboa o seu nome, Ulisseum, transformado depois em Olisipo através de uma etimologia improvável. O que dava à cidade um estatuto singular, uma cidade real criada pela personagem de um livro, contaminada portanto pela literatura, pelo mundo da ficção e das histórias contadas[168].

Se partirmos da premissa de que Lisboa, por força de seu mito de origem se mostrar associado a uma personagem literária, logo emprestando à cidade o estatuto de *fabulosa*, logo, imaginária ou própria da imaginação, da fábula, do ato de contar — aproximações semânticas plausíveis —, poderemos considerar como bem viável sua pertença ao terreno das histórias contadas e que, por força dela, pode apresentar mais de uma versão. De modo semelhante ao que acontece com a história de Ulisses.

O próprio narrador-artista explicitará que: "Sobre a relação de Ulisses com Lisboa não tínhamos portanto que inventar nada, já tudo tinha sido inventado havia dois mil anos, e essa história, porque tinha pés para andar, continuara a andar pelos séculos fora[169].

---

[167] GERSÃO, 2011a, p. 16.

[168] *Ibidem*, p. 34-35.

[169] *Ibidem*, p. 35.

Em ensaio no qual se dedica a examinar de que maneira a história é trazida por intermédio do mito para o universo do romance *A Cidade de Ulisses*, Caretti e Gobbi[170] lembram também da situação da existência das várias versões para a fundação difundidas desde sempre, porém fixando que a versão mais aceita seria uma que identificava a cidade como *Ofiusa* (terra das serpentes) na qual uma mulher que apresentava traços tanto humanos quanto de animais era reconhecida como a soberana e a ela não interessava a presença de qualquer estrangeiro em seus domínios, para que não corresse o risco de ameaças ao seu poder.

Ocorre que certo dia fora Ulisses o estrangeiro que desembarcara na terra das serpentes, encantado pela imensa beleza daquele lugar, tanto que se decidira por lá ficar e erguer a cidade que seria a mais bela de todo o universo e a qual denominaria *Ulisseia*. A princípio, a rainha do lugar resistira, porém, não obtivera êxito em não se envolver com Ulisses, caindo de amores pelo engenhoso senhor de Ítaca, que passa então a ser também o rei de *Ofiusa/Ulisseia*.

No entanto, em sintonia com seu comportamento errático de sempre, Ulisses sentia-se impulsionado a novamente sair em busca de novas paragens e a ganhar o mar oceano à caça de seu destino de aventuras. E o senhor de Ítaca arquiteta, então, um plano para evadir-se, deixando como legado a edificação de uma cidade completamente projetada.

Há, no entanto, na abordagem das histórias contadas acerca de Ulisses, o reconhecimento por parte da voz narrativa no romance de que a vulgata homérica que se conhece por meio da *Odisseia* constitui a obra matricial de toda a linhagem do romance europeu (diríamos, de todo o romance ocidental):

> A história da *Odisseia* era universal e intemporal, nunca acabaria de ser contada, nunca poderia acabar de ser contada. A viagem de Ulisses era a vida de todos nós, qualquer um podia identificar-se com Ulisses. A primeira palavra, abrindo o livro, era a palavra "homem"[171].

A forte ligação da cidade com o mito presente na vulgata homérica da *Odisseia*, é justificada pelo narrador de *A Cidade de Ulisses* como se fosse "uma segunda pele no imaginário de Lisboa: Ulisses parte para a guerra e para o mar, deixando para trás a mulher e um filho"[172]. E nesse ponto,

---

[170] CARETTI, Ana Carolina da Silva; GOBBI, Márcia Valéria Zamboni. Um passeio com mito e história n'A Cidade de Ulisses, de Teolinda Gersão. *Miscelânea*, Assis, v. 13, p. 39-54, jan.-jun. 2013.

[171] GERSÃO, 2011a, p. 39.

[172] *Ibidem*. p. 39.

explicitará também outros acontecimentos da História de Portugal nos quais, invariavelmente, idêntico movimento tivera lugar: "Foi assim nas cruzadas, nos Descobrimentos, na guerra colonial, na emigração, até o século XX"[173].

Ainda assim, o narrador de Teolinda não deixa de arrolar outras tantas versões que circularam à parte da "vulgata" homérica e que igualmente poderiam muito bem ser histórias de Portugal, na sua avaliação.

Nessas versões alternativas são exploradas situações que envolvem principalmente Penélope, a mulher fiel que resiste aos pretendentes e sonha e espera sempre pela volta de Ulisses (segundo a versão corrente e mais difundida da *Odisseia*).

É digno de nota que as diferentes narrativas apresentam variações que vão do alto lirismo ao erótico-galhofeiro:

> Penélope ouve rumores sobre a morte de Ulisses e corre a afogar-se no mar. Mas é salva por pássaros, provavelmente gaivotas, que a trazem até a praia;
> Penélope cansa-se de esperar por Ulisses e cede aos pretendentes, sobretudo a um deles, Anfínomo. Ulisses regressa e mata-a, ao saber dos seus amores com Anfínomo;
> Ulisses regressa a Ítaca mas torna a partir abandonando Penélope, desolado com a sua infidelidade;
> Penélope cansa-se de esperar por Ulisses e deita-se com os cento e vinte e nove pretendentes. Desses amores nasce o grande deus Pã; [...][174].

Importa também destacar que a autora, na entrevista à RTP, associa o comportamento do herói homérico a traços de certa fantasia imatura que é própria do masculino: os homens querem todas as mulheres, os homens desejam amar todas as mulheres do mundo; e mais: na visão de Teolinda, a versão da história de Ulisses na *Odisseia* não se sustentaria, seria uma versão mal contada, pois nada teria o poder de permanecer intacto por mais de 20 anos, aludindo aqui ao fato de o herói ter estado por tanto tempo fora de sua terra e a ela retornar e à esposa e não encontrar qualquer mudança, no que diz respeito à fidelidade matrimonial.

É possível aqui interpretar a percepção de Teolinda como absolutamente em linha e coerente com uma das grandes linhas temáticas que povoam sua produção romanesca: a das relações conflituosas entre opressor e oprimido.

---

[173] GERSÃO, 2011a, p. 40.

[174] *Ibidem*, p. 40.

DESVELAR O OLHAR QUE (RE)CRIA: O MITO E A CIDADE

Ao colocar em primeiro plano o protagonismo feminino em seus romances, ela problematiza a figura da mulher enquanto elemento invariavelmente submetido à opressão de uma sociedade patriarcal. Nela, as mulheres deveriam buscar os seus próprios caminhos, abrindo espaço por entre os obstáculos representados, sobretudo, pelo homem e pela igreja.

Embora a autora tenha, de alguma forma, vivenciado quando jovem o clima opressivo em Portugal sob o jugo da ditadura, interessa-nos, principalmente, destacar que o romance *O Cavalo de Sol* (1989) abordou mais diretamente esse tema, associado também à descoberta da sexualidade feminina, embora também se mostre necessário lembrar que outras narrativas recentes de Teolinda teceram considerações e problematizaram a questão da opressão da mulher, o que apenas reforça e comprova que o tema é, de fato, dos mais relevantes dentro do universo romanesco da autora.

Aqui chegados, destaquemos uma vez mais o ineditismo, em termos da produção romanesca de Teolinda, em pautar o protagonismo da história a partir da perspectiva do masculino, do artista plástico Paulo Vaz. Tal escolha, como seria de esperar, quase automaticamente conduz o olhar de quem analisa o romance para a busca por aproximações entre a personagem do romance e Ulisses. E essa expectativa, afinal, não deixa de se comprovar, uma vez que boa parte do que se dá na diegese encontra clara identificação com os percursos do mito homérico na *Odisseia*.

É nessa chave que uma das primeiras alusões à *Odisseia* na obra pode ser observada no momento em que o artista plástico se põe a construir a sua *carta mental* e a trazer de volta o tempo em que começava a observar (e a ser observado) por Cecília Branco, antes, a partir apenas dos lugares sociais de professor e aluna e, muito rapidamente, evoluindo depois para uma atração que ultrapassava o desejo físico: "As longas conversas em que íamos falando do que calhava, ao sabor do vento. Éramos amantes carnais, mas também mentais, constatei"[175]. Fica claro que tinha início ali uma ligação amorosa profunda e que terá desdobramentos importantes para a sorte dos acontecimentos a envolver os dois artistas; ainda, mais claro se mostra a Paulo Vaz que ter encontrado uma mulher como Cecília significava que ele nunca mais voltaria a ser o homem de antes.

> Trocávamos experiências, descobertas, memórias, opiniões, que podiam ser coincidentes ou opostas. Passavam de um para o outro, circulavam. E tudo isso nos mudava e nos ia

---

[175] GERSÃO, 2011a, p. 20-21.

transformando. Havia um antes e um depois de te encontrar. E uma ocasião disseste, como se fosse uma evidência: Ter-te encontrado foi a coisa mais importante que me aconteceu[176].

Entremeadas a essas memorações, então, é que o artista plástico, ao se sentir "observado por uma mulher muito jovem, que procurava um homem para amar"[177] subitamente recorda-se de Nausica[178],

> [...] saindo de manhã de casa cantando e encontrando um homem atirado à praia. Que ela ama de imediato, sem saber nada sobre ele. Apenas porque é uma bela manhã e ela espera o amor, com todo o seu corpo jovem ela deseja o amor. Encontra um homem deitado na areia, empastado de sal, e, enquanto as servas fogem, não tem medo de se aproximar. Está preparada para aquele encontro. Preparou-se a vida inteira, [...][179].

A associação de Cecília com Nausica empresta à artista plástica a mesma predisposição e leveza para o amor que é descrita pela voz narrativa de *A Cidade de Ulisses*, a despeito das reais condições e intenções do estrangeiro e náufrago que fora encontrado, que já tem uma mulher e que está na terra da princesa apenas de passagem, sempre de passagem; Paulo Vaz e Ulisses, semelhantes na condição de naufragados e na errância, mas afastados no que dizia respeito a já terem uma mulher, posto que Penélope é uma apenas e é só por Ulisses que espera. Desde sempre, como se encontra no registro da história contada na *Odisseia*.

> Acordei depois de ti e dei conta de que me olhavas, de que certamente já me olhavas há muito tempo, nu e adormecido, trazido pelas ondas do sono até o estado de vigília. Como se estivesse numa praia e os lençóis fossem uma extensão de areia. Nu e naufragado, pensei depois. Já tinha vivido tantas histórias de amor e deixado tantas coisas quebradas para trás. Havia sempre em mim uma insatisfação, uma errância, uma deriva. Era a minha forma de ser, e não podia mudá-la. Mas isso não te disse, e tu não sabias[180].

O que se passa, entretanto, com Paulo Vaz é que o artista, apesar de pressentir que o seu envolvimento com Cecília, de fato, transcendia o estágio da mera atração física, do prazer que o sexo em harmonia com

---

[176] GERSÃO, 2011a, p. 21.

[177] *Ibidem*, p. 24.

[178] Grafada como **Nausícaa** em Homero (2006 e 2013).

[179] *Ibidem*, p. 21.

[180] *Ibidem*, p. 24.

DESVELAR O OLHAR QUE (RE)CRIA: O MITO E A CIDADE

uma mulher jovem proporcionava, mostrava-se surpreendido pelo estado de total entrega e plenitude que ela externava: "Tinhas entrado no amor como noutra dimensão. Ou num encantamento"[181].

Errante e cético, o artista assemelha-se ao amante que não se mostra disposto e disponível para acreditar no amor de verdade, para viver uma história de amor por completo. Sob esse aspecto, demonstra, então, um certo comportamento a desvelar traços de imaturidade (ou irresponsabilidade): o viajante que não se prende a qualquer lugar e a nenhuma mulher, por mais que tenha a certeza de que aquela excedia a todas as outras com as quais até então se envolvera; a ilusão e a imaturidade do homem que deseja todas as mulheres do mundo, mas a nenhuma delas se mostra dominado.

Paulo Vaz e Ulisses. É evidente, mas não custa recordar, que não se deve, mecanicamente, sobrepor uma figura a outra. Ocorre que os pontos de contato vão se acumulando no corpo da diegese, construídos com enorme delicadeza e habilidade pela autora, num trabalho narrativo que baralha e borra os limites aparentes entre os dois. Como na tentativa de explicitar o significado do amor, do sexo que é posto em cotejo com uma viagem de barco:

> Ama-se alguém porque sim, e não há nada que explicar. Não se pode falar realmente de sexo, muito menos contá-lo. O grande equívoco da pornografia é acreditar que o sexo pode ser visível. Porque não é: faz-se, sente-se, vive-se, fica na pele, no corpo, na alma, na memória, mas está para além do que os olhos podem alcançar. O sexo é invisível. Contá-lo é como contar uma viagem de barco a partir da margem, analisando as oscilações da água e as posições do navio, sem ter embarcado. Quando a única coisa real era a viagem. Só depois se podia, sempre de modo imperfeito e aproximado, falar dela[182].

Errante e sempre disposto a não se deixar ficar, o que parece fazer sentido ao eterno viajante é o estar em permanente movimento, é o não alcançar o ponto de chegada. Em um caso, aportar na Ítaca ausente dos olhos por tão longo tempo passa a não ser um objetivo vislumbrado; em outro, aportar nas dobras de um amor de verdade significaria fazer cessar a marcha das falsas conquistas. Nos dois casos, o desejo pela permanência da viagem.

Em certa passagem, o artista plástico entende que a história de amor que estava vivendo com Cecília Branco fora capaz de transformá-la de tal forma, que provia à existência dela uma aura tanta, "resplandecias, como se

---

[181] GERSÃO, 2011a, p. 26.

[182] *Ibidem*, p. 20.

tivesses dentro uma luz"[183], pois o amor era o que iluminava Cecília Branco e Paulo Vaz era essa luz, "era a música interior nos teus ouvidos, o sopro na tua boca"[184]. E ainda, pretensiosamente e sem enxergar barreiras:

> Se eu desaparecesse, pensei em sobressalto, vagamente aflito, o teu mundo ruía. [...] Falavas de mim porque era de mim que estavas cheia. Estavas grávida de mim, verifiquei com espanto. Se continuasses a amar-me desse modo, eu nasceria. E seria grande como o mundo, porque era assim que me amavas, era essa a dimensão do teu amor por mim[185].

O efeito proporcionado pela construção da diegese como uma narrativa desenvolvida a si próprio é o responsável por gerar certo estranhamento na linguagem, sequências que fazem referência a manifestações de Cecília Branco que, afinal, não são percebidas no enunciado — "assustei-me ao ouvir-te e preveni-te"[186] —, posto que tudo o que chega ao leitor tem origem apenas nas considerações de Paulo Vaz; não há, muitas vezes, elementos que permitam apreender algo proferido por Cecília Branco, ainda que seja ela a destinatária em potência da *carta mental* do artista, desse diálogo-lamento em forma de acerto de contas.

E o ceticismo de base do viajante e o seu caráter errante, que renegam a validação do enredar-se na plenitude de um amor luminoso e verdadeiro que a si é ofertado, podem, por fim, ser expressos de modo mais incisivo:

> Não esperes grande coisa de mim, Cecília. Sou um homem errante, ou, se preferires, errático. Estou apenas de passagem. Sou mais velho do que tu e descobri por experiência que o amor não dura. O amor não dura. Um dia acordamos e o encanto desfez-se. O mundo voltou a ser o que era. Ou seja, mais ou menos nada. [...] O amor é uma ficção com que escondemos por algum tempo o vazio, dentro e fora de nós. Essa é uma experiência que nunca tiveste, mas vais conhecer um dia, inevitavelmente: o vazio. O nada. Lamento que o vás encontrar através de mim. Um homem céptico, aberto à paixão, à alegria dos sentidos, mas incapaz de amar. Demasiado egocêntrico para o amor[187].

---

[183] GERSÃO, 2011a, p. 27.

[184] *Ibidem*, p. 27.

[185] *Ibidem*, p. 20.

[186] *Ibidem*, p. 27.

[187] *Ibidem*, p. 27.

DESVELAR O OLHAR QUE (RE)CRIA: O MITO E A CIDADE

Como derradeiras considerações desse segmento que se propôs, dentre outras, à discussão envolvendo o desejo pela viagem tanto por parte do herói Ulisses quanto do artista Paulo Vaz, vale lembrar do ensaio de Todorov que analisa o conceito da chamada *narrativa primordial* e tece comentários ao mito homérico[188].

Nos termos do estudioso, "há dois Ulisses na Odisseia: um que vive as aventuras, outro que as narra. É difícil dizer qual dos dois é a personagem principal"[189]. De alguma forma, o desejo pela permanência da viagem que buscamos alinhar como traço comum entre as figuras de Homero e de Teolinda, dentre outras, encontra ressonância nessa análise, pois

> Se Ulisses leva tanto tempo a voltar para casa é que este não é seu desejo profundo: seu desejo é o do narrador [...] Ora, o narrador deseja narrar. Ulisses não quer voltar a Ítaca para que a história possa continuar. O tema da *Odisseia não é a volta de Ulisses para Ítaca*; essa volta é, pelo contrário, a morte da *Odisseia*, seu fim. O tema da *Odisseia são as narrativas que* formam a *Odisseia*, é a própria *Odisseia*[190].

Ulisses e Paulo Vaz. A permanência da viagem, na viagem que nunca termina.

3.5. Do mito, da verdade, da mentira

Sempre às voltas com seu trabalho de recolha dos pedaços de lembranças que pudessem, precariamente reunidos, garantir ao menos alguma solidez, instável, entretanto, aos instantes vividos com Cecília, o artista-narrador de *A Cidade de Ulisses* reflete ainda acerca de Lisboa e seus caminhos, a cidade como cenário de suas andanças em companhia da mulher:

> Os romanos tinham [...] interesse em espalhar o mito, que apoiavam nos numerosos vestígios da chegada até aqui da civilização helênica. Era fácil ligar esses vestígios a Ulisses, e efabular sobre uma Lisboa grega, anterior à romana, [...] A Lisboa de Ulisses não era portanto invenção dos nossos renascentistas, que retomaram o mito numa época em que a Antiguidade se tornara modelo e moda, muito menos era invenção nossa[191].

---

[188] TODOROV, Tzvetan. *As estruturas narrativas*. São Paulo: Perspectiva, 1979.

[189] *Ibidem*, p. 115.

[190] *Ibidem*, p. 115.

[191] GERSÃO, 2011a, p. 36.

Nessa e em outras passagens associadas a um estilo ensaístico encaixado no corpo da diegese, fica perceptível a presença de um alentado trabalho de pesquisa que deve ter sido empreendido pela autora para a construção do capítulo ao qual denominou *Em Volta de Lisboa*. Sob esse aspecto, somos informados que tudo indica teriam sido os fenícios os fundadores da cidade, pois por lá estiveram há bastante tempo ("meio milênio antes de Cristo"[192]) para desenvolver atividades de comércio com as populações locais de toda a chamada península ibérica, como registra o discurso factual e oficial da História.

Acontece — e a voz narrativa do romance nos lembra disso — que buscar a identificação de Lisboa com Ulisses significava, para os romanos, afastar a lembrança indesejada dos cartagineses, que eram descendentes dos fenícios e que tinham tido a ousadia de aplicar aos de Roma grande derrota quando das guerras púnicas, e que estiveram na cidade ainda antes deles. Era conveniente também buscar uma ligação com o fascínio que a cultura grega significava, considerando que ela precedera a cultura romana.

Com isso, disseminar a versão da existência de uma Lisboa grega, reforçar a versão mitológica de origem da cidade em prejuízo da versão aparentemente mais abalizada que a História registrava, fora a opção eleita pelos romanos. E é por intermédio dessa constatação que a voz narrativa no romance exime de qualquer possível culpa os renascentistas pela invenção e, ao mesmo tempo, exime também de responsabilidades a gente portuguesa contemporânea por manter viva o efabular acerca da fundação de Lisboa pelo herói de Homero.

No entanto, lembra uma vez mais a voz narrativa de *A Cidade de Ulisses*, toda essa efabulação "era apenas um mito, portanto mentira"[193].

O mito como um conceito associado ao ilusório; ou o mito como uma explicação de uma história verdadeira.

Os estudiosos do século 19, nos termos de Eliade[194], davam ao mito um tratamento que aproximava o seu sentido à "acepção usual do termo, i.e., como 'fábula', 'invenção', 'ficção'", enquanto os do século seguinte já passaram a aceitá-lo "tal qual era compreendido pelas sociedades arcaicas, onde o mito designa, ao contrário, uma 'história verdadeira' e, ademais, extremamente preciosa por seu caráter sagrado, exemplar e significativo"[195].

---

[192] GERSÃO, 2011a, p. 36.

[193] *Ibidem*, p. 37.

[194] ELIADE, Mircea. *Mito e realidade*. Tradução de Pola Civelli. 6. ed. São Paulo: Perspectiva, 2007. p. 7.

[195] *Ibidem*, p. 7.

DESVELAR O OLHAR QUE (RE)CRIA: O MITO E A CIDADE

Nessas duas acepções, "De fato, a palavra é hoje empregada tanto no sentido de 'ficção' ou 'ilusão', como no sentido – familiar sobretudo aos etnólogos, sociólogos e historiadores de religiões – de 'tradição sagrada, revelação primordial, modelo exemplar'"[196].

Dessa forma, parece que desde muito tempo a definição precisa de mito experimentou instabilidades, variando a partir das diferentes visadas pelas quais o termo era analisado.

Ainda, é possível observar que "desde os tempos de Xenófanes (cerca de 565-470) [...] os gregos foram despojando progressivamente o *mythos* de todo valor religioso e metafísico"[197], o que acarretaria ao termo se constituir no oposto de *logos*, "assim como, posteriormente, à *historia*, o *mythos* acabou por denotar tudo 'o que não pode existir realmente'"[198].

A problemática central a envolver o *mito*, portanto, é a que entende sua mobilidade de sentidos e procura explicá-lo ora como um elemento associado à verdade, ora associado à ilusão. Adicionalmente, observemos (com Eliade) que "seria difícil encontrar uma definição do mito que fosse aceita por todos os eruditos e, ao mesmo tempo, acessível aos não-especialistas"[199].

Avançando um pouco mais e ancorando nossas observações, por ora, em Eliade, temos a ressalva do pesquisador que dará conta não ser aconselhável estudar o mito tomando por base, dentre outras, a mitologia grega, pois "a maioria dos mitos gregos foi recontada e, consequentemente, modificada, articulada e sistematizada por Hesíodo e Homero, pelos rapsodos e mitógrafos"[200].

A preferência para o desenvolvimento da tarefa deveria ser a de direcionar o olhar crítico para as sociedades arcaicas e tradicionais, uma vez que embora sujeitas a sofrer modificações quase inevitáveis no decorrer dos tempos, ainda assim estariam mais preservadas no sentido de refletir com fidelidade um estado primordial.

Não faz parte dos objetivos deste livro examinar a questão do ponto de partida mais adequado para os estudos que envolvem o mito. No entanto, enredados que estamos, por força do nosso objeto de análise ao universo dos *mitos gregos*, é importante convocar agora uma outra visão teórica que

---

[196] ELIADE, 2007, p. 8.

[197] *Ibidem*, p. 8.

[198] *Ibidem*, p. 8.

[199] *Ibidem*, p. 11.

[200] *Ibidem*, p. 10.

nos permita observá-los com mais vagar. Antes de tudo, busquemos as características que nos permitem reconhecer o mito grego, nos termos do pesquisador André Malta[201]:

> Do mito grego é possível apontar, resumidamente, quatro características principais. A primeira delas é que se trata de um discurso oral, e com oral não queremos dizer que esse discurso pode ser transmitido oralmente, e sim que sua existência está condicionada à presença de uma voz ritmada; [...] Em segundo lugar, o mito é um discurso tradicional, que se orienta em sua forma e conteúdo para e/ou pelo passado (muitas vezes assumindo um viés ideológico); [...] Em terceiro lugar, é um discurso religioso, no sentido de que trata, direta ou indiretamente, das relações entre homens e deuses: [...] E, por último, é um discurso que se apoia na imagem como elemento capaz de explicar todo tipo de fenômeno, de tal forma que as coisas – mesmo as mais impalpáveis para nós – podem sempre ser apreendidas de maneira concreta[202].

Tais características, resumidas pelo autor como *vocalidade, tradicionalismo, sacralidade* e *imagismo*, são normalmente reconhecidas por todos, embora acabem também sendo objeto de contestações, pelo fato de serem encontradas igualmente em eventos culturais de diferentes épocas e lugares (até mesmo em sociedades contemporâneas, o que, em última instância as descaracterizaria por completo), ou por não se mostrarem presentes em inúmeras narrativas avaliadas como pertencentes ao campo do mítico.

De todo modo, ainda com base em Malta, que se dedica a caracterizar o discurso mítico em contraponto ao discurso da razão, em relação a esse último não há também total consenso[203].

O que nos parece importante, então, para os objetivos almejados neste nosso trabalho, é ter em mente as características elencadas pelo pesquisador em relação aos mitos gregos para avançar com as discussões que estamos a propor por aqui.

---

[201] Na obra *Homero múltiplo* (Edusp, 2012), uma reunião de sete ensaios sobre a épica grega, o autor aborda temas tradicionais como a relação entre a produção poética de Homero e Hesíodo, além de questões voltadas à Ilíada e à Odisseia, desde a sua recepção em diferentes momentos até aspectos de tradução das epopeias homéricas.

[202] MALTA, André. *Homero múltiplo* – ensaios sobre a épica grega. São Paulo: Edusp – Editora da Universidade de São Paulo, 2012.

[203] *Ibidem*, p. 32-33.

DESVELAR O OLHAR QUE (RE)CRIA: O MITO E A CIDADE

Ainda hesitando entre os polos da verdade e da ilusão, o narrador de *A Cidade de Ulisses* trará de volta a lembrança de uma visita que fizera, certa manhã, com Cecília, a uma "península pequena e estreita"[204], muito próxima de Lisboa, e chamada, curiosamente, de Tróia.

Importa destacar que a origem do nome daquele espaço não era conhecida — "aquele nome inexplicável" —, o que leva o artista e a mulher a considerarem que a denominação só poderia ter sido obra de Ulisses. No entanto, sempre a preservar a instabilidade entre verdade e mentira, não é sem uma ponta de ironia que esse evento é memorado:

> Havia desde logo aquele nome inexplicável, Tróia, cuja origem se desconhecia. Claro que fora também Ulisses a chamar--lhe assim, ironizámos, sabendo que muitos outros tinham pensado isso antes de nós. Tróia, em memória da outra, de cuja guerra voltava. Era fácil imaginar coisas dessas, numa praia quase deserta, num dia de Abril de sol e sem vento[205].

Mesmo tudo aquilo tendo sido observado na chave da ironia, o artista-narrador recordará que ele e Cecília foram capazes de refazer todo o trajeto de Ulisses desde o Mediterrâneo até o momento em que aportou em Tróia, na época, apenas, ainda, uma ilha.

É então com grande riqueza de detalhes que todo o percurso do herói foi retomado, pontuando-se, inclusive, os topônimos nas suas acepções atuais e antigas, quando assim se fizesse necessário para uma melhor compreensão da localização precisa.

Ocorre que estamos a tratar do mito, é bom lembrar. E uma vez mais, como um pêndulo infinito e que se apresenta incapaz de permanecer em benefício de um lado ou de outro, todo esse registro preciso e minucioso — logo, associado ao campo da verdade — é concebido na base instável e ilusória da areia molhada, que os movimentos incessantes das águas na composição de uma próxima onda, já no instante seguinte apagará.

> Desenhámos com um graveto na areia molhada a viagem de Ulisses: navegara pelo Mediterrâneo, ultrapassando o Estreito de Gibraltar (Colunas de Hércules, diziam os Antigos), contornando um pedaço do sul da Ibéria, passando pelo que depois seria o Algarve. Subiria ao longo da costa, talvez aportasse no que depois seria Alcácer do Sal ou logo a seguir no porto de Setúbal, chegaria a Lisboa, entraria a barra, subiria o rio

---

[204] GERSÃO, 2011a, p. 37.

[205] *Ibidem*, p. 37.

desde a foz até ao Mar da Palha, onde o rio ainda salgado se espraia como um pequeno mar interior, que lhe lembraria o Mediterrâneo. E antes ou depois (mas provavelmente antes) de dar a esse lugar aprazível o seu nome, Ulisseum, teria navegado diante de Setúbal até Tróia, que então, na ausência do posterior assoreamento, ainda seria uma ilha[206].

Em linha com a variação constante entre verdade e ilusão, encontravam-se assim, Paulo Vaz e Cecília Branco naquele espaço que desde tempos imemoriais fora denominado Tróia, "onde podíamos imaginar na areia as pegadas de Ulisses, como se procurássemos pegadas de dinosssáurios"[207].

Entretanto a diferença marcante não poderia deixar de ser atestada:

[...] os dinossáurios existiram, havia até jazidas fósseis com as suas pegadas não muito longe dali. Mas nunca tinham existido as pegadas de Ulisses, e na areia só ficava o rasto das nossas pegadas, porque não havia mais ninguém na praia[208].

Vale ainda destacar uma outra discussão pertinente promovida por Malta e que pode vir a reforçar alguns aspectos acerca do que temos observado neste segmento do nosso trabalho.

Tomando como ponto de partida o também importante poeta da antiguidade grega Hesíodo, acerca de quem muito se discute se teria sido anterior, posterior ou contemporâneo a Homero, o pesquisador propõe-se a analisar um dístico (vv.27 e 28) que aparece na *Teogonia* (poema que descreve a gênese dos deuses e a origem do mundo) — "sabemos muita mentira dizer semelhante aos fatos / e sabemos, se queremos, verdades enunciar"[209] —, do qual reconhece se tratar de uma fala de autoridade, sem sombra de dúvidas.

Entretanto o que parece ser motivo de maior dificuldade para a interpretação adequada do sentido mais profundo expresso pelos aparentemente tão simples versos do poema hesiódico, na visão do pesquisador, é o seu caráter ambivalente que se transforma, ao final, em ambiguidade. Ou, na formulação do próprio autor:

[...] essa contundência, *[ele está aqui a fazer referência ao citado argumento de autoridade]* aparentemente simples, esconde uma série de dificuldades, a começar pelo caráter ambivalente e antitético do enunciado: no original, ambos os versos

---

[206] GERSÃO, 2011a, p. 37.

[207] *Ibidem*, p. 38.

[208] *Ibidem*, p. 38.

[209] MALTA, 2012, p. 72.

DESVELAR O OLHAR QUE (RE)CRIA: O MITO E A CIDADE

> se iniciam da mesma maneira (ídmen, "sabemos"), mas se referem a duas coisas diferentes e aparentemente opostas: mentira e verdade. Deve-se dizer que a posição é aparente porque o que temos, no final do primeiro verso, é a ideia de semelhança ou igualdade ("semelhante aos fatos"), que parece aproximar aqueles polos opostos. A ambivalência, portanto, se transforma em ambiguidade, porque se instaura um sentimento de dúvida em relação à discriminação entre mentira e verdade[210].

Uma vez mais, a hesitação entre a verdade e a ilusão associada aos mitos gregos é problematizada, tomando por objeto, agora, o poema de Hesíodo. É notável que uma construção tão aparentemente destituída de maiores problemas do ponto de vista da significação, como bem apontou o pesquisador ao se debruçar nos dois versos da *Teogonia*, revele uma tal complexidade por embutir em si uma condição primeira de ambivalência que se transmuta, logo a seguir, para uma condição segunda de ambiguidade. Tudo isso concentrado no espaço de um mero dístico.

E ainda que sumariamente, nesse caso, é possível avaliar que adquirimos a consciência de estarmos diante de um texto com tal ancestralidade que quase podem ser captadas as ressonâncias do tom primordial, que é inerente ao mito.

De alguma maneira também a reforçar essa percepção no que se refere ao tom primordial, cabe aqui até mesmo a transcrição de parte de uma análise mais alentada acerca dos versos iniciais do poema hesiódico, bem como especificamente do dístico composto pelos vv. 27 e 28, que é parte integrante de um trabalho importante de tradução do conjunto de 1020 versos que perfazem a totalidade da *Teogonia*[211].

Antes de tudo, busca-se explicar a impossibilidade de se iniciar o poema por outra palavra que não fosse a que nomeia as *Musas*, sob risco de todo o canto não se efetivar ou não se fazer em presença, inviabilizando o poder de trazer consigo os seres e os espaços que passariam a ser cantados. Nos termos de Torrano, então

> A primeira palavra que se pronuncia neste canto sobre o nascimento dos deuses e do mundo é Musas, no genitivo plural. Por que esta palavra e não outra?

---

[210] MALTA, 2012, p. 72.

[211] TORRANO, Jaa. Musas e ser. *In: Teogonia, a origem dos deuses*, Hesíodo. Estudo e tradução de Jaa Torrano. São Paulo: Roswitha Kempf/Editores, 1986. p. 21-30.

> Dentro da perspectiva da experiência arcaica da linguagem, por outra palavra qualquer o canto não poderia começar, não poderia se fazer canto, ter a força de trazer consigo os seres e os âmbitos em que são. É preciso que primeiro o nome das Musas se pronuncie e as Musas se apresentem como a numinosa força que são das palavras cantadas, para que o canto se dê em seu encanto. [...] O nome das Musas é o próprio ser das Musas, porque as Musas se pronunciam quando o nome delas se apresenta em seu ser, porque quando as Musas se apresentam em seu ser, o ser-nome delas se pronuncia[212].

Em seguida, especificamente no que diz respeito aos dois versos em questão, agora na tradução de Torrano, "sabemos muitas mentiras dizer símeis aos fatos / e sabemos, se queremos, dar a ouvir revelações"[213], temos a análise a dar conta que

> Dizer mentiras símeis aos fatos é furtá-los à luz da Presença, encobri-los. As mentiras são símeis aos fatos enquanto só os tornam manifestos como manifestação do que os encobre. As mentiras são símeis [...] aos fatos enquanto se dissimula a unidade que, por estar na raiz da similitude, une simultaneamente em um só lugar o símil e o ser-mesmo. [...] As mentiras símeis aos fatos opõem-se, portanto, às revelações – como a força da simulação ocultadora se opõe à da presença manifesta e são, no entanto, uma só e mesma força[214].

Aspecto também relevante a ser considerado nesse passo, é a análise já desenvolvida por estudiosos da mitologia que apontam as semelhanças e as diferenças entre Hesíodo e Homero e que acabam por trazer à luz observações a envolver o mito grego, sobretudo naquilo que diz respeito à *Odisseia* e a Ulisses, nossos interesses mais imediatos.

Uma das possíveis abordagens acerca dos aedos encontra receptividade, de alguma maneira, nos polos da verdade e da mentira que temos explorado tomando por base a figura do herói da *Odisseia* e sua onipresença na diegese de *A Cidade de Ulisses*.

Tal abordagem diz respeito ao pressuposto de se considerar Hesíodo como autor posterior a Homero e, nesse caso, com a sua poesia associada a traços de evolução quando comparada à produção atribuída a Homero. Compreende-se, por meio dessa visão, que o caráter didático da poesia de

---

[212] TORRANO, 1986, p. 21.

[213] *Ibidem*, p. 25.

[214] *Ibidem*, p. 25.

DESVELAR O OLHAR QUE (RE)CRIA: O MITO E A CIDADE

Hesíodo a aproximaria da conotação de "verdadeira", enquanto o caráter narrativo da poesia de Homero a identificaria, em contraposição, com o rótulo de "mentirosa"[215].

Em linha com essa visão, o caráter *didático* da poesia hesiódica encontra guarida, por exemplo, no conceito da chamada literatura sapiencial, recordada por Lafer Neves, como aquela que é integrada por obras que se preocupam "em reunir literariamente preceitos, conselhos, admoestações e instruções repertoriadas por um povo"[216] que está atravessando períodos de crise e, até por conta dessa condição, interessa-se pela busca de tentativas que possam reconduzir seu corpo social à superação e à reconstrução da sociedade e do patrimônio moral. Ainda, é a mesma pesquisadora quem destaca:

> Homero está muito distante deste poeta *[Hesíodo]*, tendo em comum apenas a forma do verso épico que traça a sua ligação com a tradição da literatura oral, mas a separação entre ambos se verifica tanto na postura diante da própria função poética quanto no objeto dos poemas e ainda quanto aos públicos aos quais se dirigem[217].

Na questão dos públicos visados pela poesia de cada autor, em consonância com a própria temática dos poemas, temos o pastor/agricultor Hesíodo focalizando aspectos ligados ao seu próprio ofício e falando "a um público bem determinado que se compõe de seu irmão, de pequenos agricultores [...] e também de alguns poucos poderosos proprietários fundiários", revela Lafer Neves[218]. Adicionalmente, o poeta foi o iniciador entre os gregos dos cantos produzidos em primeira pessoa.

Com Homero, reconhecido por Platão como *o educador da Grécia*, temos a admissão de que "seu gênio literário exerceu um fascínio jamais igualado; suas obras contribuíram grandemente para unificar e articular a cultura grega"[219]. É preciso, no entanto, não perder de vista que ele "escreveu para uma elite e retirou suas narrativas de uma tradição aristocrática"[220].

Por ora, com Eliade, cumpre concluir, a título de súmula acerca do que vimos tratando em relação ao mito e a sua hesitação entre os polos da verdade e da mentira:

---

[215] MALTA, 2012, p. 77.

[216] LAFER NEVES, Mary de Camargo. Introdução. *In: Os trabalhos e os dias*, Hesíodo. Introdução, tradução e comentários de Mary de Camargo Neves Lafer. São Paulo: Iluminuras, 1991. p. 17.

[217] *Ibidem*, 1991, p. 16.

[218] *Ibidem*, p. 16.

[219] ELIADE, 2007, p. 31.

[220] *Ibidem*, p. 16.

> Não é sem hesitação que o investigador aborda o problema do mito grego. Em nenhuma outra parte vemos, como na Grécia, o mito inspirar e guiar não só a poesia épica, a tragédia e a comédia, mas também as artes plásticas; por outro lado, a cultura grega foi a única a submeter o mito a uma longa e penetrante análise, da qual ele saiu radicalmente "desmitificado". [...] Se em todas as línguas européias o vocábulo "mito" denota uma "ficção", é porque os gregos o proclamaram há vinte e cinco séculos[221].

Entretanto Lisboa, pela voz narrativa do artista plástico Paulo Vaz, não se afastava da figura do herói de Homero. E as marcas do baralhamento, das incertezas a respeito de sua presença/ausência na capital lisboeta, conferem ao tecido diegético de *A Cidade de Ulisses* um tal efeito que chega até mesmo a colocar em dúvida a própria existência/inexistência tanto do herói quanto do poeta:

> Lisboa esqueceu Júlio César [...] mas não esqueceu Ulisses. Que obviamente nunca aqui esteve, desde logo porque nunca existiu. A sua inexistência era aliás tão forte que parecia até contaminar o autor do livro que, segundo alguns, também nunca existira, tinha sido outro ou outros a escrever a história[222].

E o artista-narrador de Teolinda, no trabalho paciente de recolha dos pedaços de lembranças, na tentativa de reviver seus tempos com Cecília, descobre, então, que é a Ulisses, afinal que sempre voltam. Sempre em volta de Ulisses. Sempre em volta de Lisboa: "Mas na Cidade de Ulisses era a Ulisses que voltávamos sempre, finalmente"[223].

3.6. Portugal e Moçambique: a sombra e a luz

Paulo Vaz e Cecília Branco travaram contato pela primeira vez quando o artista plástico exerceu as funções de assistente de uma das cadeiras do primeiro ano — embora nunca se considerasse ou desejasse ser professor — e a moça era uma das alunas. Essa passagem, já a exploramos em momento anterior deste trabalho.

Desde muito cedo, o artista já se decidira a viver de arte, a ser artista em período integral e, por conta disso, nunca, propriamente, vira a si mesmo como professor de Cecília.

---

[221] ELIADE, 2007, p. 130.
[222] GERSÃO, 2011a, p. 35-36.
[223] *Ibidem*, p. 63.

DESVELAR O OLHAR QUE (RE)CRIA: O MITO E A CIDADE

No entanto, ainda antes do momento em que se põe a relatar seus primeiros tempos com Cecília, não é facultado ao leitor imaginar qual teria sido o grau de envolvimento entre o artista e a jovem mulher, até porque pouco antes da primeira alusão de Paulo Vaz ao nome dela, um outro nome de mulher é proferido — Sara. E isso se dá nas páginas iniciais da narrativa, quando se prenuncia certo baralhamento em relação ao passado e ao presente: num primeiro momento, tudo se passa como se os eventos estivessem a se desenrolar no mesmo tempo da diegese. A conversa de Paulo Vaz com o diretor do Centro de Arte Moderna da Gulbenkian, provavelmente desenvolvida há pouco, revela um convite para que o artista exponha seu trabalho tomando por tema central a cidade de Lisboa, ou mais precisamente, a visão particular de um artista plástico a respeito da cidade. "Escolher um ponto de vista, uma visão pessoal sobre a cidade. Só isso. O meu olhar agudo e sem complacências. Transformar o que via numa obra de arte. Por vezes, cruel. Não era afinal o que eu fazia sempre?"[224].

Ao proferir, antes do de Cecília, o nome de Sara, ficamos com a primeira impressão de que o convite para a exposição, não importam quais fossem os motivos, não seria aceito pelo artista: "Sara telefonou nessa altura. — Sim, já saí da Gulbenkian. Depois te conto. Vou dizer que não"[225].

Em seguida, quase que como a servir de marco para a introdução de Cecília na narrativa, por pouco o artista plástico não choca seu carro com outro que ia à frente; é como se a entrada em cena de Cecília Branco, bruscamente invadindo o imaginário de Paulo Vaz, tivesse a necessidade de ser precedida por algo que, de alguma forma, quebraria a ordem normal dos acontecimentos.

Aqui, direcionando agora o que já reconhecemos como um longo e tocante diálogo que passa a desenvolver com alguém que não mais se mostra em presença, é que Paulo Vaz convoca e instaura Cecília na diegese, servindo-se, para tanto, da marca inconteste do vocativo:

> Entrei no carro e arranquei, no meio de um trânsito intenso, em direcção à Graça.
> Foi pouco antes do momento em que quase bati no carro da frente, que parou de súbito antes de um semáforo amarelo, que te imaginei a ter a conversa desta manhã em meu lugar, Cecília. Muitos anos atrás[226].

---

[224] GERSÃO, 2011a, p. 13.

[225] *Ibidem*, p. 13.

[226] *Ibidem*, p. 13.

Proferido seu nome e revivida pela força da convocação em memória conduzida por Paulo Vaz, Cecília-ausente reassume a presença e retoma a palavra: é ela quem se prestava agora a ser a interlocutora do diretor do CAM:

> – Na verdade esse projecto já existe, terias dito de imediato ao director do CAM. Há já algum tempo que trabalhamos nele, eu e o Paulo Vaz. Se ele estiver de acordo aceitamos com prazer a proposta. Vou falar com o Paulo e responderemos dentro de alguns dias[227].

Ocorre que estamos a nos envolver com a *carta mental* de Paulo Vaz e é ao artista plástico que devemos seguir, é ele quem conduz o leitor na narrativa que está a construir, de si para si próprio.

E o efeito das palavras de Cecília-presente surtiram efeito de encantamento junto ao diretor do Centro que, muito provavelmente, não contava ter tão rápido o encaminhamento para um projeto que estava apenas se delineando e que dependia ainda do aceite do artista. E os artistas, todos nós o sabemos, são indivíduos um tanto quanto imprevisíveis.

> E o director do CAM sorriria, encantado, achando que tudo corria no melhor dos mundos. Propunha-te uma ideia ainda vaga e tu respondias com um projecto concreto, já pensado, que, ao ouvir-te falar, dir-se-ia quase pronto. Virias contar-me com entusiasmo, e de certeza rindo, essa conversa. Se ela tivesse alguma vez acontecido[228].

Uma conversa que, afinal, não acontecera. Cecília era uma ausência, uma lembrança que estava em processo de reconstituição por parte da voz narrativa do artista plástico que, de modo pouco ordenado e à mercê da reunião de pedaços de momentos, de fragmentos espalhados por lugares difíceis de serem alcançados, aos poucos, passava a tomar corpo, a tornar-se presença, por arte apenas do esforço de Paulo Vaz que está também em busca de um acerto de contas consigo mesmo.

E para tanto, o convocar Cecília Branco e fazê-la novamente presente em meio a estilhaços de vivências antigas, era ao que de mais importante o artista plástico se empenhava. E o pano de fundo, e o espaço, e o cenário, bastante afastado daquilo que normalmente poderia ser considerado, em nada — e bem rápido essa percepção se instalará no leitor —, em nada, é bom que se reforce, terá o sentido de paisagem passiva: Lisboa pode ser tudo, menos apenas uma paisagem.

---

[227] GERSÃO, 2011a, p. 13.

[228] *Ibidem*, p. 14.

DESVELAR O OLHAR QUE (RE)CRIA: O MITO E A CIDADE

> Uma cidade construída pelo nosso olhar, que não tinha de coincidir com a que existia. Até porque também essa não existia realmente, cada um dos dez milhões de portugueses e dos milhões de turistas que por ela andavam tinha de Lisboa a imagem que lhe interessava, bastava ou convinha. Não havia assim razão para termos medo de tocar-lhe, podíamos (re) inventá-la, livremente[229].

Uma cidade a ser reinventada. Por mais que um homem e uma mulher tivessem por tanto tempo convivido num espaço urbano e até por conta de uma familiaridade com seus caminhos, seus atalhos, – "percorríamo-la a pé, ou na vespa que eu tinha comprado em segunda mão [...] continuámos a voar, pelas ruas de pedra ou de alcatrão"[230] –, que o próprio relacionamento, em suas rotinas, que a própria (con)vivência favorecia e que aos poucos parecia provocar no temperamento daqueles que são artistas um motivo ao qual não se estaria distante da verdade ao nomeá-lo inspiração, ainda assim apresentava-se a possibilidade de (re)ler, ou a de (re)criar aquele espaço urbano como uma coisa das mais afastadas, tanto para Paulo como para Cecília.

Ademais, nenhum dos dois, a rigor, parecia levar a sério algo que habitava pura e tão somente o terreno fértil e incontrolável do imaginário, do pertencente ao terreno do pensamento à toa, do pensamento vago que se sabe, de uma vez, não ter o direito de ser levado a sério enquanto projeto a ser realizado.

Entretanto o que mais acima se pondera em relação aos dois artistas parece não se aplicar totalmente a Cecília Branco. Ainda que em estágio bastante embrionário e algo hesitante, passa-se a compor um certo perfil da mulher que difere do perfil de Paulo Vaz: é como se a Cecília (e não a Paulo) a crença na realização de coisas impossíveis, extraordinárias, não se constituísse em impossibilidade absoluta.

> E não estarias surpreendida pelo facto extraordinário de uma coisa em que tínhamos pensado à toa parecer ter ganho magicamente consistência fora de nós e vir agora ter conosco, partindo de uma instituição credível. Talvez porque sempre acreditaste em coisas impossíveis, nada disto te pareceria insólito. De repente ofereciam-nos todos os meios, era só meter mãos à obra e realizar um projecto antigo[231].

---

[229] GERSÃO, 2011a, p. 33.
[230] *Ibidem*, p. 14.
[231] *Ibidem*, p. 14.

ORIVALDO ROCHA DA SILVA

O projeto de (re)ler, de (re)criar a cidade de Lisboa, afinal, não surgia como empreendimento irrealizável, ao menos para Cecília. Daí a reação de ausência de surpresa que a ela é associada por conta da concretude que a conversa com o homem da Gulbenkian permitia vislumbrar.

No entanto, não há como perder de vista: estamos envolvidos e a nos deixar conduzir pelas tramas que são resultantes unicamente do trabalho de reconstrução das lembranças do artista plástico Paulo Vaz.

E nessas condições, o ir e o voltar, as hesitações próprias das incertezas de momentos que são buscados sem a certeza de se alcançar a reconstituição exata ou ao menos bastante próxima dos fragmentos em estado de incompletude há tanto tempo — "É a primeira vez que surges em trabalhos meus. Ainda só com metade do teu rosto, a que a velocidade faz perder os contornos"[232] — surgem e tomam lugar de destaque e não permitem, tão assim facilmente que as coisas se delineiem sem alguma reação:

> Mas de facto nenhum de nós tinha levado a sério essa ideia de fazer uma exposição sobre Lisboa. Era um divertimento, um jogo privado com que desafiávamos a imaginação um do outro. Andávamos por aí, e olhávamos a cidade como se nos pertencesse e fôssemos construir alguma coisa a partir dela[233].

É como se o artista plástico ainda resistisse a aceitar, algo que aos poucos começa a tomar corpo na diegese: aos olhos de Cecília Branco, era necessário que se estivesse sempre predisposto a acreditar até naquilo que se configuraria, a princípio, impossível.

As coisas extraordinárias, justamente quando se levava em conta as suas configurações em muito aproximadas do que não se sustenta, do que não é racional, deveriam ser objeto de uma abordagem fria e que fosse responsável pela preservação de um entendimento que mantivesse em distância segura as armadilhas do imaginário.

A razão, de alguma forma, estaria ligada ao artista plástico e só a ele caberia, pois, não se deixar envolver nos sortilégios da imaginação.

No entanto, uma vez mais, os caminhos da hesitação, o ir e o voltar se fazem presentes na marcha narrativa, baralhada, agora, por meio da retomada do discurso de Cecília Branco pelo artista plástico, que o revisita quase de maneira idêntica, quase a utilizar as mesmas palavras na resposta já proferida:

---

[232] GERSÃO, 2011a, p. 15.

[233] *Ibidem*, p. 15.

> Terias aceite sem hesitar o convite, com a condição de eu concordar.
>
> – É por isso que vou recusá-lo, disse depois a Sara: era um projecto meu e de Cecília, e não teria sentido realizá-lo agora sozinho.
>
> – Na verdade esse projecto já existe, trabalhei nele em tempos com Cecília Branco. Se ela concordar aceito o vosso convite[234].

Nesse ponto, passemos a explorar um pouco mais os aspectos que podem nos auxiliar a compreender melhor as diferenças entre os amantes de *A Cidade de Ulisses*.

Sempre, e sem perder de vista, é o artista-narrador a nos guiar pelos desvãos de suas memorações, pelos caminhos tortuosos de uma narrativa concebida dele para si mesmo.

De início, a sombra e a luz: "Em muitas coisas eras diferente de mim, por vezes quase o meu oposto, como a sombra e a luz"[235]. Opostos, com visões opostas.

Os opostos, por exemplo, na apreensão do que se constituiria o amor e a paixão: a incompatibilidade absoluta entre os dois e uma relação de aniquilamento e prevalência de um ou de outro, sem haver concessões para a existência de ambos. Ou, o que seria ao menos razoável, da passagem do fogo intenso que sempre acompanha a paixão para o brilho calmo que caracteriza o amor.

Da parte daquele que se associa à sombra, nada diverso a esperar do que um aviso sombrio, carregado quase de um certo tom de ameaça:

> O amor gasta-se com o tempo e exclui a paixão. Ou a paixão exclui o amor. Esgota-se em si mesma, esgota o seu objecto e vai à procura de outro. Algo semelhante eu farei contigo, mesmo que deseje o contrário. Por isso te aviso: não me ames assim, Cecília. Ama-me só com o corpo, e mais nada.[236]

Da parte daquela que se associa à luz, a estratégia de defesa construída pelo esvaziamento dos sentidos graves que as palavras proferidas com insistência teriam o poder de carregar. E de significar. Esvaziadas, pois, pela ação peculiar de não se darem a ouvir, seriam apenas palavras:

---

[234] GERSÃO, 2011a, p. 15.

[235] *Ibidem*, p. 69.

[236] *Ibidem*, p. 28.

> No entanto quando eu te dizia coisas destas (e sei que as repeti até à saturação e ao cansaço) tu tinhas uma forma peculiar de não ouvir, como se o que eu dizia fossem apenas palavras. Eras tão feita para o amor. Tão consciente de que eras desejável e tão feliz por sê-lo[237].

O cético artista plástico a sorrir diante do encantamento e da alegria sem limites da iluminada Cecília, a estranhar um comportamento que não via barreiras nem se propunha a considerar que sempre havia um outro lado, que as coisas jamais poderiam ser de uma única forma.

E também a lembrar que o registro feito em areia molhada está sempre a esperar, irreversivelmente, que a próxima onda a se formar — e a próxima onda sempre virá —, ao final, cumprirá o destino de lançar nas dobras do esquecimento o que fora escrito, apagando um decreto qualquer que não mais será reconhecido, como se jamais houvesse existido. A idêntica inexistência, o mesmo sítio misterioso do esquecimento no qual estaria depositado igualmente o percurso de Ulisses desde o Mediterrâneo às cercanias de Lisboa, ao aportar em Troia.

> A tua espantosa, indestrutível alegria. Não davas conta de que subvertias o mundo em teu redor, deitando fora o que achavas errado ou inútil.
> Por vezes eu olhava-te com curiosidade, como se fosses um elemento exterior a um conjunto.
> Uma tarde, no Guincho, escreveste na areia molhada:
> Eu, Cecília, decreto o fim da tristeza. E da melancolia.
> Eu sorria do teu desembaraço, da tua recusa visceral em aceitar o que achavas morto e ultrapassado.
> Mas as coisas não eram exatamente assim, também existia o outro lado, disse eu. O outro lado. A melancolia, o spleen, [...][238].

O outro lado da alegria indestrutível era a melancolia, que ali estava sempre e, afinal, não poderia ser ignorada; assim como o outro lado da luz era a sombra, que por força também se fazia presente, embora aquela mulher que se punha tanto a brilhar se destacasse de tal forma "como se fosses um elemento exterior a um conjunto". Cecília-luz.

Uma mulher que viera de um lugar diferente, distante dos ruídos causados por uma revolução que se dera na outra margem do mar-oceano, em outro continente, quando ela ainda era uma menina de 10 anos e os ecos e as influências posteriores de um movimento que alterara profundamente o imaginário e a disposição da gente lusa, a ela nada significavam.

---

[237] GERSÃO, 2011a, p. 28.

[238] *Ibidem*, p. 28-29.

DESVELAR O OLHAR QUE (RE)CRIA: O MITO E A CIDADE

O próprio Portugal, abrigado pela pequenez de sua geografia, bem como todos os outros lugares do mundo tinham para a menina a mera aparência de limites destacados pelas cores expostas num mapa-múndi.

África como o seu universo, Moçambique a guardar para depois as lembranças felizes que todo adulto a certa altura da vida passa a recolher. E isso parecia bastar.

> Lembro-me de coisas que contavas, o clima tropical, as praias, o mato, as árvores que aqui não havia, a dimensão imensa das paisagens. Sim, o colonialismo e a guerra tinham existido, e agora revisitavas também nessa perspectiva as memórias da infância. Mas achavas que o que importava na nossa relação com África não era a nível político, eram as relações individuais: [...][239].

Uma visão outra de África e das relações de Portugal com o continente: recorda o artista-narrador que em tempos de escola primária, a menina Cecília fora muito feliz, partilhando com ele suas experiências, quando a convivência entre crianças negras e brancas se dava da forma como era para sempre acontecer, ou seja, em total harmonia e com toda a naturalidade possível. E eram memorações dessa ordem as únicas que, realmente, importavam e tinham significado.

> E havia depois as trocas culturais, as influências e contaminações recíprocas. Nada disso era contabilizável nem fazia parte do mundo dos mercados. Mas no fundo eram coisas dessas, da ordem do experimentado e do vivido, que contavam[240].

Acerca de Moçambique, terra natal de Cecília, descortina-se a possibilidade também que exploremos e a ela associemos um aspecto que parece nos permitir aproximar o território africano de um espaço de origem, primordial, quase como um lugar de tal modo primitivo — no sentido de tradicional, esclareçamos —, no qual mais facilmente a presença do mito se instaurasse e fosse perceptível pelas condições mesmas favoráveis para tanto e que coincidiriam com a fase do primordial humano, a infância, nos termos da psicanálise no século 20.

É nessa chave que voltamos, então, a Mircea Eliade e suas considerações a respeito de *Freud e o conhecimento da "origem"*, um dos subtítulos que compõem um dos capítulos de sua obra de 2007.

---

[239] GERSÃO, 2011a, p. 69-70.

[240] *Ibidem*, p. 70.

Ao destacar que uma das características marcantes da cultura ocidental é o desejo de tomar conhecimento da origem das coisas, lembra o mitólogo que já nos dois séculos imediatamente anteriores houve uma profusão de pesquisas que se dedicaram a buscar pelas origens "do Universo, da vida, das espécies ou do homem, mas também à origem da sociedade, da linguagem, da religião e de todas as instituições humanas"[241].

E o buscar pelas origens do homem acabaria por chegar à análise do primordial humano — a primeira infância. Ainda, ao nos aproximarmos dessa infância inicial, por meio das contribuições advindas do pensamento da psicanálise desenvolvida no século 20, tomaríamos ciência de que a criança teria vivido "num tempo mítico, paradisíaco"[242].

De alguma maneira, é o que parece ocorrer com a Cecília-menina, em Moçambique, e com o trabalho de construção das recordações felizes que passariam a ser colhidas quando ela se tornasse adulta.

Recordações tais como a da história da chegada de um leãozinho que tivera e com ela convivera como um bichinho de estimação, até chegar o momento que, "com desgosto mas aceitando que não havia alternativa, foste com os teus pais levá-lo à Gorongosa[243], onde ele podia reintegrar-se ao seu mundo"[244].

> África era o único mundo que conhecias, de que guardavas recordações felizes: tinhas tido inclusive um leãozinho, que o teu pai e um grupo de amigos trouxeram da caça. Não me recordo dos pormenores da história, por uma razão qualquer ele estava perdido, provavelmente tinham-lhe morto a mãe e ele deixou-se apanhar porque tinha demasiada fome[245].

O singelo e quase insignificante evento em tela, passado em primeira infância, encontrará oportunidade para retornar, em nova roupagem, é evidente, quando anos depois Cecília, já adulta, decide-se a ficar por mais tempo em companhia de Paulo Vaz, no galpão transformado em morada e em ateliê, eleito pelo artista como seu espaço de trabalho.

---

[241] ELIADE, 2007, p. 72-73.

[242] *Ibidem*, p. 73.

[243] O Parque Nacional da Gorongosa [em Moçambique] é uma joia da vida selvagem, sendo um destino imperdível para os amantes da natureza e dos safáris. Com uma rica diversidade de animais e paisagens deslumbrantes, este parque nacional é verdadeiramente único. O destaque do Parque Nacional da Gorongosa é a sua extraordinária vida selvagem. Ele abriga uma grande variedade de espécies, desde elefantes majestosos até leões poderosos, búfalos imponentes, zebras graciosas e girafas elegantes. Disponível em: https://www.aeroportos.co.mz/parque-nacional-da-gorongosa/. Acesso em: 11 nov. 2023.

[244] GERSÃO, 2011a, p. 69.

[245] *Ibidem*, p. 69.

DESVELAR O OLHAR QUE (RE)CRIA: O MITO E A CIDADE

Parece necessário lembrar que o perfil errante do artista, traço onipresente a acompanhá-lo em meio ao processo de reconstrução de suas lembranças com Cecília, sempre encontre lugar, invariavelmente, nos seus discursos.

E é o que se passa quando faz referência ao ateliê e à decisão de Cecília, inesperada para ele, de ir para ficar por lá. Como de costume, não há intenção de Paulo Vaz permanecer em Lisboa por muito tempo. A disposição mais imediata é, afinal, a de buscar por novas paragens:

> Digamos que o espaço que por enquanto sobrava no ateliê fazia falta na casa, onde não caberiam três pessoas. Dava para uma, com muita boa vontade para duas. Mas na altura eu só contava comigo. Tinha um galerista que estava a vender quadros meus, queria passar mais um ano em Lisboa, juntar dinheiro e regressar a Berlim. Não pensei por isso que virias para ficar, porque eu próprio não iria ficar muito mais tempo[246].

O evento ligado à primeira infância de Cecília em Moçambique, discutíamos, o da chegada do leãozinho que fora considerado como um animal doméstico, retorna, de certa maneira anos mais tarde, ou mais precisamente no terceiro ano dos quatro em que os artistas passaram a morar e a trabalhar no espaço comum do ateliê.

> Quatro anos é um pedaço de tempo muito pequeno. E, olhado de longe, parece razoavelmente homogéneo. [...] Um dia, no terceiro ano, aconteceu algo diferente. Estava na mezzanine, embrenhado no trabalho, e não me apercebi de nada.
> Só quando desci a escada, horas mais tarde, verifiquei que alguma coisa se alterara: enrolado num pano, em cima da tua saia, havia um gato muito pequeno[247].

Assim como se dera quando do leãozinho, indefeso e abandonado por conta da ausência da mãe, provavelmente morta por caçadores, a chegada do pequeno felino se dá em condições que lembravam àquela: estavam diante de um filhote órfão, não se tinha informação de quem pudesse estar ao trabalho de cuidar dele.

> Tinhas ido à rua buscá-lo, ele deixara-se agarrar sem resistir, tinhas-lhe dado leite e embrulhado num pano. E agora ele ali estava, dormindo no teu colo, e tu parecias feliz.
> — Então agora podes voltar à rua e devolvê-lo à procedência, respondi, contrariado. Tem com certeza uma família. Que deve andar aflita à procura dele.

---

[246] GERSÃO, 2011a, p. 112.

[247] *Ibidem*, p. 120.

> Mas tu achaste que não, era um gatinho pequeno, abandonado, não poderia sobreviver sozinho[248].

O pequeno gato, dessa forma, fora aceito como o mais novo morador, por decisão de Cecília, embora o artista plástico não estivesse de acordo com nada daquilo e avaliava, inclusive, que "o gato ficaria apenas de passagem. Porque é claro que eu nunca iria tolerar um gato"[249].

No entanto, o felino não apenas permanecera em companhia de Cecília como ainda fora chamado *Leopoldo*, o que reforçava a sua condição de novo hóspede. "Era um gato amarelo e branco, vadio, um gato dos telhados de Lisboa. Igual a todos os outros"[250], segundo a visão de Paulo Vaz.

Aos poucos, por mais que o artista arquitetasse planos para se livrar de vez do animal, não alcançava êxito com nenhum deles, e ficava claro que o "o gato não tinha aparentemente a menor intenção de se ir embora. Pelo contrário, instalara-se"[251].

Como evolução natural desse estado de coisas, em determinado momento Paulo Vaz acaba por se desentender com Cecília: seu argumento de base era o de que se ela, de fato, desejava manter um animal em casa, que escolhesse um cão, em defesa do qual o artista encontrava os mais variados argumentos que pudessem tanto favorecer a sua opinião quanto favorecer o próprio cão.

> Era um amigo, sempre pronto a dar e a receber afecto. Viria a correr ao nosso encontro quando chegássemos, saltando de alegria à nossa volta, sempre pronto para ir connosco à rua ou para ficar em casa, conforme o nosso desejo, aceitaria sempre os nossos planos, latindo de prazer. Um cão dá e retribui amor, dá aliás muito mais do que recebe[252].

Ao desfiar tais argumentos, restava ainda um derradeiro e que, pela concepção de Paulo Vaz, auxiliaria em todo o processo de convencimento diante de Cecília. Não era ele quem imaginava e lembrava de tantos pontos positivos a serem associados ao cão, no cotejo com o gato, pela posição de melhor animal para se ter em casa. Isso estava registrado nos livros.

> Não há no mundo melhor amigo, estava escrito nos livros. Na *Odisseia*, inclusivamente. Quando Ulisses regressa à casa, à sua espera só encontra o cão, o velho cão decrépito,

---

[248] GERSÃO, 2011a, p. 120.

[249] *Ibidem*, p. 120.

[250] *Ibidem*, p. 121.

[251] *Ibidem*, p. 122.

[252] *Ibidem*, p. 123.

DESVELAR O OLHAR QUE (RE)CRIA: O MITO E A CIDADE

> atirado para um monte de esterco, que ficou à espera dele para morrer. Por que um cão era assim: dava o coração por inteiro.
> Livrávamo-nos de Leopoldo, e comprávamos um cão[253].

Numa tentativa de encerrar definitivamente a questão e fazer com que a sua posição prevalecesse, o artista recorda um desejo antigo de ter um cão, que, adequadamente, poderia ser chamado de Argos, exatamente como o cão de Ulisses.

Ocorre que Cecília não estava disposta a renunciar ao felino, alegando que, além de tudo, o artista jamais fizera qualquer referência a ter um cão. E se o fazia agora, era apenas por conta de não gostar de Leopoldo:

> Nem sequer percebia que não se podia mandá-lo embora, depois de o ter deixado entrar em nossa casa. À sua maneira também ele era um amigo, e não se podia trair um amigo. E eu não podia acusá-lo constantemente de todos os defeitos. Sobretudo do defeito maior de não ser cão[254].

Foi quando Paulo Vaz, no lugar da cama onde normalmente encontrava o gato a dormitar, não o encontra, e ao invés disso percebe uma carta, na qual constava a assinatura improvável — *Leopoldo*.

Tal como uma reação do felino às inúmeras queixas que o homem fazia dele, a missiva do gato também se propunha a reagir, elencando o tratamento pouco amistoso e a falta de compreensão que eram reservados a ele pelo homem. E a estratégia de Cecília, parece, obtinha sucesso, pois

> Nunca pensei que essa carta divertida e ridícula que te tinhas entretido a escrever-me mudasse o que quer que fosse na minha relação com a criatura – a que agora, uma vez por outra, chamava ironicamente Leopoldo.
> Só mais tarde me ocorreu que foi talvez a partir dessa altura que lhe prestei atenção pela primeira vez, e vi, com olhos de ver, aquele intruso[255].

A *carta divertida*, quase como uma revelação, despertara em Paulo Vaz a compreensão a respeito do motivo de Cecília Branco ter escolhido "aquele nome improvável, quase imperial, de Leopoldo, por que razão às vezes lhe chamavas Leo. Ele tinha um leão no seu nome. E era cor de leão, amarelo"[256].

---

[253] GERSÃO, 2011a, p. 123.

[254] *Ibidem*, p. 124.

[255] *Ibidem*, p. 125.

[256] *Ibidem*, p. 125.

Por algum misterioso percurso, a princípio não facilmente identificável, o espaço primordial de origem, a Moçambique da primeira infância de Cecília, estava de volta, por meio da chegada do gato Leopoldo:

> Ali estava portanto o leãozinho que te deram na infância e viste partir depois: recuperava-lo, de um modo diferido, degradado em gato, o que no entanto te parecia suficientemente satisfatório, dadas as circunstâncias. Um pequeno leão doméstico, que ao contrário do outro nunca iria crescer nem deixar-te[257].

Aos olhos de Paulo Vaz, inclusive, não escapara agora que a despeito das aparências, muito do espírito selvagem de outrora ainda permanecia no felino de agora, como se os antigos e amplos espaços selváticos da Moçambique de antes pudessem encontrar o antigo brilho "no fundo dos seus olhos verdes, na ponta das garras de felino com que arranhava cadeiras e cortinas"[258].

O gato, que antes era alvo das muitas queixas do artista plástico, ao ter de alguma maneira reconhecida parte da sua ancestralidade, do seu passado de animal selvagem, era como se provocasse agora em Paulo Vaz o interesse pela descoberta de suas rotinas e de seus segredos, sobretudo aqueles associados aos elementos que pareciam reprisar as imagens das origens dos tempos: tendo por instrumento os olhos do gato, o sol e a lua adquiriam uma aparência que em muito os afastavam do mundo cotidiano.

> Leopoldo à janela. O seu perfil insignificante, a cabeça cortada ao meio pela portada, deixando ver um só olho. [...] Acima dele, todavia, havia o céu. E o sol era um olho enorme, espreitando. E à noite, sobretudo no verão mas também no inverno, uma coisa luminosa e clara ia crescendo e inchando, muito acima do muro mas por vezes parecendo poisar sobre ele, até ficar uma bola branca, inteira e desafiadora[259].

Os mistérios de um comportamento selvagem, esmiuçado pelos olhos inquiridores do homem, mais e mais em parte a se deixarem desvelar, sempre precariamente, sempre a encobrir aquilo que ainda não se revelara em plenitude. Na imobilidade de um mundo secreto, mirado de esguelha.

---

[257] GERSÃO, 2011a, p. 125.

[258] *Ibidem*, p. 125.

[259] *Ibidem*, p. 128.

DESVELAR O OLHAR QUE (RE)CRIA: O MITO E A CIDADE

> Imóvel, sentado sobre o tempo, olhando o mundo com olhos
> semicerrados, através de uma fenda muito estreita. Só em
> parte connosco, a outra parte num outro lugar que não nos
> dizia respeito, porque ele preservava de nós a sua intimidade
> e os seus segredos e não exteriorizava sentimentos[260].

A aparência fria e distante, própria dos gatos. Um muito de indiferença, numa primeira leitura, a confirmar o que sempre se julgava a respeito dos felinos domésticos: seus interesses estavam reservados apenas ao lugar que os acolhia, os elementos humanos, servidores que eram, em volta de si, teriam a função de garantir a eles a manutenção do seu conforto e o atendimento de todas as suas necessidades.

No entanto, essa era apenas uma parte da verdade.

> Ele tinha uma relação connosco, apesar desse seu lado não
> domesticado, que sempre conseguiu manter, apesar de milénios
> de dependência dos humanos. Esse lado, eu partilhava-o pro-
> fundamente com ele. Era-me fácil por isso entendê-lo, segui-lo,
> ou persegui-lo, no meu modo feroz de trabalhar: [...] Sempre
> fora um homem de viagens, do mundo, dos grandes espaços
> livres, mas agora descobria outros: secretos, íntimos, fechados.
> Leopoldo levava-me a descobrir o lado interior das coisas[261].

O artista plástico, que sempre teve por meta os "grandes espaços livres", os deslocamentos sem interrupções, a não permanência, via-se agora, mediado pela perspectiva diversa dos olhos em fenda do gato, a penetrar e a fazer descobertas de outros espaços, mais limitados, "secretos, íntimos, fechados".

Era como se algo da luz que se associa ao perfil de Cecília Branco, em sua tensão constante com a sombra que é própria de Paulo Vaz, tivesse alcançado, ainda que por um breve período, o poder de instaurar as marcas do imaginário, sempre tão próximas e enredadas ao mito que retorna, sobre o peso e a gravidade da razão.

3.7. Nas sombras da infância

Um expediente dos mais corriqueiros, quando se trata de retomar os tempos de criança, é o de nos encantarmos com as histórias contadas por um qualquer interlocutor nosso, empenhado em partilhar seus momentos vividos com tanta riqueza de detalhes e de encantamentos que quase se pode

---

[260] GERSÃO, 2011a, p. 129.
[261] *Ibidem*, p. 130.

ser convencido de que não haveria espaço para outra criança mais feliz. Nesses casos, é natural que muitas pessoas experimentem certo bloqueio quando chega o momento de partilhar os seus próprios tempos passados, receando que as suas narrativas em muito seriam consideradas desprovidas de brilho, comparadas às outras.

Tal situação parece encontrar ressonância quando o artista-narrador de *A Cidade de Ulisses* se dispõe a tentar retomar momentos vividos de sua infância, de sua convivência com os pais.

De imediato, ficamos com a informação que o artista não apreciava falar daqueles tempos, preferindo ouvir as histórias de Cecília, tão mais carregadas de cor, embora desde o princípio esteja empenhado na construção de uma narrativa de si para si próprio, e nós a desempenharmos o papel de acompanhantes privilegiados do artista pelos caminhos tortuosos de uma jornada que se presta a reinstaurar a presença da amante.

> Gostava de ouvir-te, mas não gostava de falar de mim. Sobretudo a infância, preferia esquecê-la. Em contraste com a tua infância luminosa, a minha era demasiado sombria para ser contada. Tudo o que te disse era rigorosamente verdadeiro, mas referi-te apenas uma parte dos factos: [...][262]

E as narrativas da infância de Paulo Vaz, ainda assim, passam a ser desfiadas a partir dos detalhes que começam a compor os retratos do pai e da mãe, antes de tudo. Ficamos a saber que Sidónio Ramos — era esse o seu nome — "era viúvo, a primeira mulher tinha morrido cedo e não havia filhos desse casamento"[263].

Dezesseis anos mais velho do que a mãe, "o meu pai era um homem ríspido, irascível, que trazia para casa a disciplina do exército"[264]. Muito provavelmente por conta desse perfil, acostumara-se a proferir "ordens breves, secas, para serem de imediato cumpridas"[265].

Seguramente detentor de horizontes bem pouco amplos, avaliava que o papel de marido e pai se resumia a administrar um mundo reduzido que era controlado por meio de "horários e regras fixas"[266], com os poucos mas suficientes recursos financeiros encerrados numa conta de banco, "que todos os meses deveria registar um aumento, ainda que ligeiro"[267].

---

[262] GERSÃO, 2011a, p. 73.

[263] *Ibidem*, p. 73.

[264] *Ibidem*, p. 73.

[265] *Ibidem*, p. 73.

[266] *Ibidem*, p. 74.

[267] *Ibidem*, p. 74.

Nesse ponto, acompanhamos a lembrança de Paulo Vaz no sentido de esclarecer que foram aqueles os poucos detalhes a envolver a figura do pai que ele transmitira a Cecília, além da divergência fundamental que cultivavam: Sidónio Ramos recusava-se a entender e não aceitava que o desejo do filho era ser artista plástico.

Entretanto lembra que não havia contado que fora um filho que chegara tardiamente, mas nem por isso menos desejado, pois o pai depositava nele todas as esperanças: e essas consistiam nas tentativas de aproximá-lo dos objetos e elementos que eram comuns ao seu universo de militar, sobretudo no que dizia respeito às armas:

> O meu interesse por espingardas de brinquedo e soldadinhos de plástico era medíocre. Menor ainda quando ele me mostrava uma arma a sério, que, mesmo descarregada, me causava espanto e um ligeiro susto. Digamos liminarmente que eu nunca pertenceria ao seu mundo[268].

Com isso, todos os planos que o pai nutria e projetava em relação ao filho homem que tanto demorara a chegar, fora objeto de malogro por parte de Paulo Vaz. E era essa a mensagem, afinal, que Sidónio Ramos fazia questão de transmitir a ele, o tempo todo, alimentando e reforçando a barreira intransponível que se erguera, a impedir um relacionamento amistoso entre os dois.

> Ambos sabíamos isso e esse facto criava entre nós uma barreira. Se o seu filho tão esperado e acredito que de certo modo tão amado não tinha afinal nada a ver com ele, por que razão havia de existir? Por que não haveria de ser uma cópia dele, à sua imagem?
> Por que não se interessava por cavalos, caçadas, espingardas de ar comprimido, como qualquer criança ou qualquer adolescente?[269]

No imaginário do menino Paulo Vaz, tomava corpo a certeza de que deveria dedicar ao pai semelhante obediência, tal qual a que fora dedicada a Sidónio Ramos por um cavalo, num episódio que se dera em propriedade rural da família.

> Lembro-me de que um dia, na quinta que tínhamos na Beira, onde passávamos o verão, ele chegou a casa montado num cavalo e obrigou-o a subir as escadas de um telheiro onde

---

[268] GERSÃO, 2011a, p. 74.
[269] *Ibidem*, p. 74.

se guardava lenha. O cavalo hesitou, porque os cavalos têm a noção do perigo e detestam subir escadas, ainda mais descê-las. Mas obedeceu.

Eu deveria obedecer. Como o cavalo[270].

A despeito da obrigatoriedade que o menino sentia de obedecer ao pai — "como podia eu enfrentar um homem em cima de um cavalo?"[271] —, havia também a opção, avaliada muitas vezes como uma "tarefa impossível"[272], de tentar enfrentá-lo, de se defender e ao mesmo tempo "defender a mãe contra ele"[273].

A mãe. Até então, não houvera a ela maiores alusões, já que o narrador estava empenhado na composição da imagem de Sidónio Ramos. Mas era chegada a hora de dedicar espaço a Luísa Vaz — era esse o seu nome.

[...] também ela o receava. Eu sabia, embora ela nunca o dissesse. Mas era visível o seu nervosismo quando chegava a hora de ele vir, a pressa com que largava o que quer que estivesse a fazer para se certificar de que tudo estava conforme, a mesa posta, as cadeiras no lugar, o almoço pronto a ser servido[274].

Bonita e muitos anos mais jovem que o marido, mas não apenas por esse aspecto, como parece já estar ficando claro, "a minha mãe ficou sempre bem no retrato que te fiz dela"[275].

Quando solteira, sempre às voltas com as dificuldades financeiras próprias de quem exercia um ofício que exigia pouca especialização — na época em que conhece o futuro marido era datilógrafa, numa repartição —, a jovem "viu o casamento como uma promoção. Ou uma salvação. Agora não teria mais de se afligir a verificar se o dinheiro ia chegar ou não ao fim do mês"[276].

Parece importante aqui destacar que o artista-narrador emprega ao trabalho de composição do retrato da mãe uma estratégia diversa da que utilizara até então com a apresentação de Sidónio Ramos.

Julgando, talvez, a necessidade de colocá-la em plano afetivo superior na ordem das lembranças que está retomando, permite-se quase dar voz aos pensamentos mais íntimos de Luísa Vaz, quando ela, de alguma forma, percebe que o militar passava a notar a sua existência e a interessar-se por ela.

---

[270] GERSÃO, 2011a, p. 74.

[271] *Ibidem*, p. 75.

[272] *Ibidem*, p. 75.

[273] *Ibidem*, p. 75.

[274] *Ibidem*, p. 75.

[275] *Ibidem*, p. 73.

[276] *Ibidem*, p. 76.

> Não queria acreditar que aquele homem que ganhara o hábito de aparecer por ali, e a quem respeitosamente chamavam major, se pudesse interessar pela criatura insignificante que ela julgava ser. Mas teve de acreditar quando, um ano e meio depois, ele a levou à igreja e casou com ela, de papel passado. Isto aconteceu, naturalmente, depois de muitas conversas e passeios, em que ela ia devidamente acompanhada por uma prima mais velha (e sobretudo depois de ele ter tirado toda a espécie de informações nos lugares onde ela nascera e vivera e todas terem sido positivas, mas disso ela só veio a saber muito mais tarde)[277].

É como se estivéssemos, uma vez mais, diante da possibilidade de observar uma situação que favorecesse um trabalho de cotejo entre opostos, de modo semelhante ao que já se dera quando da abordagem de sombra e luz associadas a Paulo Vaz e Cecília Branco.

Ainda que os elementos disponíveis levantados a partir dos perfis de Sidónio Ramos e Luísa Vaz não permitam, por completo, afiançar que há uma tensão nos mesmos moldes, é forçoso, desde já, adiantar que isso se confirma.

O retrato favorável da mãe em processo de construção por Paulo Vaz vai, dessa forma, ganhando contornos mais definidos, por obra do processo lento e recorrente da acumulação de indícios.

Ao abordar os primeiros anos da vida de casada com o rígido militar, o narrador recorda terem sido tempos nos quais julgava que a mãe fora feliz e que coincidiam com o seu nascimento.

Entretanto já se sabe que o filho homem tão esperado pelo pai não corresponderia às esperanças depositadas nele, por conta da distância imposta ao universo de Sidónio Ramos.

> Na verdade nem pensava já em ter uma família. Mas eu nasci, um ano depois.
> Acredito que esse foi um tempo talvez relativamente feliz na sua vida. Enquanto eu não comecei a ser a decepção. Não para ela, que gostava de mim como eu era e procurava, por todos os modos, compensar-me por não ser o que o meu pai esperava que eu fosse. O que só complicava as coisas, porque ele achava que eu era decepcionante porque ela me protegia dele ou contra ele. Começaram a desentender-se e eu tinha a sensação de ser culpado[278].

---

[277] GERSÃO, 2011a, p. 75.
[278] *Ibidem*, p. 77.

Luísa Vaz, aos poucos, passara a buscar refúgio em pequenas tarefas que exigiam dela alguma concentração, enquanto o marido fechava-se no silêncio da leitura de jornais, o que nos permite vislumbrar que Sidónio Ramos, até por uma questão de temperamento, não poderia ser avaliado como a melhor das companhias para a mulher.

> Fez rendas e tapetes e bordou panos de tabuleiro e toalhas de mesa, até perceber que seriam precisas duas vidas para usá-los todos.
> Lembrou-se de bordar para fora, mas o meu pai achou a ideia impensável. Era o que faltava, a esposa de um major a vender bordados. Ela não respondeu mas começou a ficar ociosa, de mãos paradas ao canto da sala, o que inquietou sobremodo o meu pai, porque a ociosidade, como se sabia, era mãe de todos os vícios e desgraças[279].

Assim, muito mais preocupado em preservar sua honra de homem casado — mulheres ociosas, na sua visão, pareciam presas fáceis para desvios de conduta —, Sidónio Ramos passa a considerar a possibilidade de ocupar a mulher com algo que a afastasse, por exemplo, das janelas e das divagações.

> Antes que ela começasse a suspirar pelas janelas e a olhar com demasiada atenção quem passasse na rua (e passavam muitos homens na rua), o meu pai, em desespero, achou que ela deveria aprender piano. Estaria suficientemente ocupada e seria além do mais uma ascensão social, em quase todas as melhores famílias havia um piano na sala. Ele poderia oferecer-lhe um, e arranjar-lhe uma professora que viesse a casa[280].

Parece bastante claro que para Sidónio Ramos o desespero residia na possibilidade de perder o controle sobre a mulher, ou mais precisamente, em perder o controle sobre o tempo em que ela estivesse desocupada. Era preciso, por isso, ocupá-la com alguma coisa. De maneira alguma estava em jogo o seu bem-estar ou ao menos as suas preferências, tanto é assim que o homem já planejava uma pequena escalada social, quando avalia que nas salas das melhores famílias era comum a presença de um piano. Além de tudo, teria também o cuidado de providenciar uma professora que pudesse ensiná-la na própria casa. O melhor dos mundos, portanto, em se tratando de um homem como ele, tão sério, respeitável e cioso dos valores da disciplina e dos bons costumes matrimoniais.

---

[279] GERSÃO, 2011a, p. 77.
[280] *Ibidem*, p. 77.

Foi com surpresa, então, que o militar teve como resposta da mulher a recusa pelo seu ingresso no mundo da música, "e pela primeira vez na sua vida pareceu saber exatamente o que queria: lições de pintura, em vez de lições de piano"[281]. Um desejo adormecido ou uma certa inclinação de sempre para buscar a representação por meio de desenhos e de cores, como algo que jamais pudera levar adiante, por falta de oportunidades, mas que agora apresentava-se como viável e ao seu alcance. Luísa Vaz gostaria de ter aulas de pintura.

Da parte de Sidónio Ramos — surpreendentemente, apenas para nós, que estamos a trilhar esses caminhos de memória com Paulo Vaz —, não houve maiores questionamentos, e a concordância deu-se de forma natural.

Na sua limitação de horizontes, "tanto lhe fazia uma coisa como outra"[282]. Em verdade, haveria até alguma vantagem, já que ficaria dispensado da audição de um piano mal tocado: "pintar não fazia barulho e, contanto que ela não sujasse a casa e mantivesse tintas e pincéis no quarto maior do sótão, podiam contratar a professora"[283].

Com isso, estavam equacionados os dois problemas que afligiam a vida matrimonial do respeitável militar: a mulher estaria com o tempo ocupado pelas aulas de pintura e ele teria de volta o controle absoluto sobre o tempo dela, a salvo agora dos perigos da ociosidade, tão daninha para os espíritos femininos e tão propícia para a perdição das mentes das esposas de homens honrados, como era o caso de Sidónio Ramos.

E os dias de Luísa Vaz sofreram profunda transformação por força do seu envolvimento com a pintura. A ponto de ela não querer correr quaisquer riscos de o marido se aborrecer com a concessão que a ela fizera, julgando que estava aplicando tempo maior à nova atividade em prejuízo das suas obrigações de esposa para com ele. Por conta disso é que controlava meticulosamente o seu tempo, adaptando-se aos períodos em que o homem voltava à casa.

> Pintar ocupava-lhe os dias de tal modo que começou a usar um despertador, cujo alarme tocava um pouco antes de o meu pai chegar. Então apressava-se a arrumar tudo, despia a bata e descia as escadas a correr, para inspeccionar rapidamente se tudo estava em ordem, e ao bater do meio-dia sentava-se

---

[281] GERSÃO, 2011a, p. 77.

[282] *Ibidem*, p. 78.

[283] *Ibidem*, p. 78.

na sala, à espera que o meu pai entrasse. Como se sempre lá tivesse estado, e não acabasse de chegar, com o coração a bater da correria pela escada[284].

Suas horas do dia passaram a ser divididas entre os espaços da sala, quando o marido estava em casa, no almoço, e do sótão, quando ele voltava ao trabalho e ela ao seu refúgio junto às tintas e aos pincéis.

Quanto à professora contratada — dona Auzenda —, embora houvesse um bom entendimento entre ela e Luísa Vaz por conta das técnicas que eram ensinadas, das dúvidas que eventualmente a mulher dirigia à profissional e pelos exemplos que eram oferecidos e partilhados com a aprendiz, nas aulas que aconteciam duas vezes por semana, era como se a sua presença pouco influenciasse ou alterasse a relação especial que a mulher de Sidónio Ramos parecia manter com a pintura.

A minha mãe não trabalhava para dona Auzenda mas para si própria, e descobria muitas coisas sozinha. Muitas vezes nem sequer lhe pedia a opinião e estava longe de mostrar--lhe tudo o que fazia. Ensaiava, experimentava, deitava fora, como se soubesse de antemão o que procurava. Entrava num território desconhecido, em que, no essencial, tentava orientar-se seguindo o seu próprio instinto[285].

Não tardou para que o marido percebesse a viabilidade de dispensar os serviços da professora e economizar aquele dinheiro. Dessa forma, a mãe de Paulo Vaz passava a se dedicar à pintura "por sua conta e risco"[286], e é talvez a partir daí que começa a nascer no menino o desejo de se tornar um artista, de também se dedicar às artes e àquele universo colorido que se descortinava à sua frente de modo marcante e quase mágico. Não é por acaso, pois, que nas lembranças de Paulo Vaz, "o tempo que passei no sótão foi de longe o mais feliz da minha infância"[287].

Ainda, aos poucos ia se consolidando no seu imaginário de menino que além das atividades que envolviam a pintura, ele encontrava naquele espaço de criação possibilidades de outras descobertas, que o levariam a um caminho sem volta em direção ao mundo das artes plásticas:

Descobri o prazer de recortar papel, de cortar e colar pedaços de revistas e dos meus próprios desenhos, de amassar farinha e água e fazer uma massa que se podia modelar, de produzir

---

[284] GERSÃO, 2011a, p. 78.

[285] *Ibidem*, p. 79.

[286] *Ibidem*, p. 79.

[287] *Ibidem*, p. 79.

> pasta de papel e trabalhá-la, de inventar objetos e bonecos de barro que púnhamos a secar ao sol e se podiam pintar e envernizar com tintas e pincéis; [...][288].

A casa do militar como um espaço dividido. A tensão dos opostos a se materializar, traçando dois lados antagônicos e bem marcados: do lado do pai, o espaço associado ao universo das regras e do controle, do ameaçador; do lado da mãe — que era o do menino também —, o mundo da aventura associado ao que era secreto, instalado, adequadamente, no sótão: "um lugar ilimitado, como se boiasse no ar ou assentasse nas nuvens"[289]. Previsivelmente, a prover a ligação entre os dois espaços, a escada.

É relevante que nesse ponto observemos atentamente o trabalho em curso a dar conta do poder de criação que é próprio da atividade artística. Entenda-se: não estamos aqui a simplesmente reafirmar o caráter da criação, inerente às artes, num sentido mais corriqueiro.

Estamos nessa jornada analítica pela diegese de *A Cidade de Ulisses* a buscar identificar a arte (a pintura, a literatura) como elementos que tornam possível o criar ou o (re)criar: um sol, um pássaro, uma árvore, um moinho. Especificamente no nosso caso, a (re)criação de um espaço. A (re)criação de uma cidade. A (re)criação de Lisboa.

Por meio da pintura é que o menino Paulo Vaz descobre, então, que tudo era possível:

> [...] bastava eu querer e uma coisa aparecia: o sol, um pássaro, uma árvore, uma folha de erva. Ela dizia sim, e sorria. Éramos cúmplices e partilhávamos um poder mágico, cada um desenhando numa folha de papel. Estávamos no centro do mundo, e ele obedecia. Fazíamos o sol subir no horizonte, púnhamos um carro na estrada, um moinho num monte, pessoas acenando das janelas. Tudo o que quiséssemos acontecia. Tudo. Pintar, descobri, nunca acabava[290].

No mundo aventuroso de Luísa Vaz e do filho, mediado pelo "jogo de pintar [que] nunca se gastava"[291], subir as escadas que levavam ao sótão simbolizava o afastar-se da parte da casa que era propriedade de Sidónio Ramos, o lado regrado e no qual pairava o ameaçador. O lado dos horizontes limitados, onde não se podia alcançar nem o rio e nem o mar. O lado da casa onde as janelas não eram necessárias: nada havia para ser buscado pelo olhar.

---

[288] GERSÃO, 2011a, p. 82.

[289] *Ibidem*, p. 79.

[290] *Ibidem*, p. 79.

[291] *Ibidem*, p. 80.

> Havia uma janela no sótão, de onde se podia ver o rio [...]. Na verdade era mais um albóio do que uma janela, um rectângulo de vidro no tecto esconso, que parcialmente se podia abrir sobre o telhado. A minha mãe conseguia ver através dele, sentada na cadeira. Eu tinha de subir a um banco, mas não me cansava de ficar de pé durante muito tempo[292].

As imagens do rio franqueadas à visão eram semelhantes às imagens pintadas de um rio em uma tela, "uma grande mancha de água, que mudava de cor conforme a luz"[293].

Todas as embarcações que pudessem ser adivinhadas a vagar pelo leito do rio, de certeza, seguiam para o mar, "porque o rio levava até ao mar, e o mar seguia e seguia e era tão grande que não se via mais nada quando se entrava nele"[294]. Ainda que da janela do sótão não se pudesse ver o mar, não havia dúvidas de que ele estava lá, "porque era até ele que deslizava o rio"[295].

E o sótão era, de fato, o espaço secreto, aventuroso e mágico da casa para Luísa Vaz e para o menino, pois além da pequena janela também

> O sótão tinha dentro o rio, e o rio tinha dentro o mar. O rio com o mar lá dentro era uma parede que deixara de haver, que se tinha diluído, ou tornado transparente como a água. O sótão só tinha três paredes, a outra parede era o rio e o mar[296].

Chega, entretanto, aos tempos mais felizes da infância de Paulo Vaz um lado de sombra que parece tomar forma e acinzentar os brilhos das cores que faziam morada entre as paredes do sótão. Aos poucos o menino passava a perceber que o mundo secreto de Luísa Vaz e suas pinturas não mais era ofertado a ele, pois a mãe "não precisava mais de mim para ser feliz ali, para fugir de casa, pelas portas que abria no fundo do quadro. Para fugir no rio, nos barcos, no mar que pintava de azul. Ela fugia também de mim"[297].

Cada vez mais acontecia de o menino, tão logo despertava, como tantas e tantas vezes fizera, e corria a subir as escadas para o sótão, encontrar a porta fechada. E após muita insistência, quando enfim a mãe a abria, ainda assim era apenas para tomá-lo pelas mãos e descer novamente as escadas para deixá-lo aos cuidados da empregada, recomendando que o levasse a um passeio ao Jardim Botânico.

---

[292] GERSÃO, 2011a, p. 80.

[293] *Ibidem*, p. 80.

[294] *Ibidem*, p. 80.

[295] *Ibidem*, p. 80.

[296] *Ibidem*, p. 80.

[297] *Ibidem*, p. 81.

DESVELAR O OLHAR QUE (RE)CRIA: O MITO E A CIDADE

Aos olhos do menino Paulo Vaz cada vez mais se faziam ausentes as cores das tintas e o brilho do sol na janela do sótão. Até que tudo, afinal, precipitava-se e ruía:

> O dia ficou de repente escuro, deixou de haver sol na janela. Dei um pontapé nos brinquedos e corri outra vez escada acima, com a Alberta a correr, aflita, atrás de mim. Empurrei a porta entreaberta e despejei um frasco de diluente em cima do trabalho da minha mãe.
> Se ela não gostava de mim, eu não gostava das suas pinturas. Nem gostava dela. Era melhor dizer-lhe isso logo ali, e foi exactamente o que fiz, [...] atirei com o frasco, que se estilhaçou contra a parede, e desatei aos gritos como se o mundo acabasse. Porque, de certo modo, acabara[298].

A reação de Luísa Vaz, surpreendente para o menino e para a empregada, apenas reforça e confirma o retrato favorável que Paulo Vaz está construindo dela, embora ao abraçá-lo e chorar, é também como se a mulher de Sidónio Ramos estivesse antecipando algo das sombras futuras que enfim estarão de vez instaladas, agora não mais apenas a apagar as cores das tintas e dos quadros.

Sua reação, que parece apontar para uma espécie de renúncia à arte, ainda que concretizada posteriormente, sinaliza também que essa renúncia — entendida como um esquecimento — alcançaria igualmente, tempos depois, as suas memórias, as suas lembranças.

O envolvimento com a pintura tinha proporcionado a Luísa Vaz enorme transformação na maneira de encarar uma vida a dois que não correspondera às suas mais modestas expectativas.

O temperamento regrado e a visão autoritária e afastada de Sidónio Ramos em relação a ela, ao filho e a todas as coisas, apenas agravado com o passar dos anos e sem a mínima perspectiva de mudança, muito pelo contrário, fazia com que o militar desenvolvesse altos graus de frustração, agressividade e mal-estar permanentes, culminando, assim, em um comportamento irracional sem limites.

Com isso, o poder de resistência e reação de Luísa Vaz esmorecia quase por completo, e "então em vez de avançar retrocedeu e concentrou em mim todo o seu amor"[299].

---

[298] GERSÃO, 2011a, p. 81.

[299] *Ibidem*, p. 95.

De modo inconsciente, também, mais e mais fechava-se sobre si mesma a buscar uma saída qualquer, mergulhando, sem muita convicção, "no fundo dos quadros que pintava"[300].

Para Paulo Vaz, muito mais do que não se aperceber da mudança no comportamento da mãe era a certeza que tinha de não querer se aperceber dela, na verdade. "Os médicos tinham dito que era Alzheimer"[301].

> Verifiquei nos últimos tempos que vivi em casa, que por vezes ela desenhava espaços pequenos, linhas apertadas, perspectivas erráticas que pareciam deslizar para um ponto de fuga. Mas na altura não percebi o que se passava. Nunca me ocorreu que um dia ela poderia furar a tela e passar para o outro lado de um espelho e fugisse para onde já ninguém a podia acompanhar. É verdade que notei, antes de deixar Lisboa, que ela se tinha tornado mais silenciosa, mais recolhida em si mesma e indiferente ao que a cercava[302].

Por fim, um pensamento que por vezes o domina a dar conta que Luísa Vaz "amou-me a tal ponto que renunciou por mim ao que mais amava"[303].

> Pintar, pensei mais tarde, era o seu modo de fugir a uma vida fechada e sem sentido. Na verdade não fui eu que estraguei a relação entre os meus pais. A decepção começou do lado dela, antes de eu nascer; o casamento não era a situação invejável que parecia, mas uma vida enfadonha e estreita, ao lado de um homem histérico, irascível, incapaz de amar[304].

No entanto, essa passagem não fora relatada a Cecília Branco. "Limitei-me a concordar quando disseste que eu herdara da minha mãe o lado criativo. Por isso eu assinava o nome dela: Paulo Vaz e não Paulo Ramos. Em memória dela"[305].

Estão prontos, agora, os retratos de Sidónio Ramos e Luísa Vaz.

3.8. Lisboa, Lisboas. O olhar, os olhares

Era desejo, afinal, do artista-narrador de *A Cidade de Ulisses* que quase todos os seus momentos vividos em tempos de infância fossem objeto do mais profundo esquecimento.

---

[300] GERSÃO, 2011a, p. 95.

[301] *Ibidem*, p. 97.

[302] *Ibidem*, p. 95-96.

[303] *Ibidem*, p. 97.

[304] *Ibidem*, p. 84.

[305] *Ibidem*, p. 85.

Fora das sombras, sobrevivia apenas no seu íntimo o pequeno ponto luminoso representado pelos dias que passara no grande quarto do sótão, dividindo os pincéis, as telas e as cores com Luísa Vaz.

Nesse hiato de luz, jamais esquecera da visão do rio que era franqueada pelo minúsculo retângulo de vidro que servia como janela, encravado no teto, aos olhares embevecidos dele, menino, e da mãe.

Tempos depois, os olhos de Luísa Vaz já não procuravam mais pelo rio, embora se tratasse do mesmo rio que continuava a deslizar para o mar.

> Já não conseguia caminhar e estava numa cadeira de rodas, porque tinha sofrido entretanto um AVC. [...] No verão ao fim da tarde eu levava-a até a varanda, na cadeira de rodas. Mas ela não via a relva, as flores, os guarda-sóis abertos, as estátuas, na esplanada do Museu, o pedaço de rio ao fundo. [...] Se lhe mostrava fotografias, revistas ou postais, olhava-os com um olhar cego, como se não visse[306].

O olhar, os olhares.

O ver e o olhar: "na sua oposição, configuram campos de significação distintos: assinalam em cada extremidade [...] justamente 'sentidos' diversos"[307].

E na sua condição de diferir no que diz respeito aos sentidos, é importante destacar as características de cada um dos dois atos.

> O ver, em geral, conota no vidente uma certa discrição e passividade ou, ao menos, alguma reserva. Nele um olho dócil, quase desatento, parece deslizar sobre as coisas; [...] Diríamos mesmo que aí o olho se turva e se embaça. [...] Com o olhar é diferente. Ele remete, de imediato, à atividade e às virtudes do sujeito. [...] Ele perscruta e investiga, indaga a partir e para além do visto, [...] como se irrompesse sempre da profundidade aquosa e misteriosa do olho para interrogar e iluminar as dobras da paisagem [...][308].

É como se nos tempos em que estivera às voltas com o trabalho criativo proporcionado pela pintura, em seu refúgio no sótão da casa dividida com Sidónio Ramos, Luísa Vaz adquirisse a capacidade de exercitar a percepção do olhar que de fato enxerga as coisas na sua plenitude, que interroga e ilumina os espaços, as paisagens. O pleno domínio, pois, do olhar ativo. De outra forma: o pleno domínio do olhar que cria.

---

[306] GERSÃO, 2011a, p. 101.

[307] CARDOSO, Sérgio. O olhar viajante (do etnólogo). *In*: NOVAES, Adauto (org.). *O olhar*. São Paulo: Companhia das Letras, 1988. p. 348.

[308] *Ibidem*, p. 348.

Não fora fortuito, assim, que nas memorações de Paulo Vaz acerca do antigo quarto que abrigava ele e a mãe envolvidos nas práticas dos jogos de criar, mediados pela pintura dos quadros e pelos desenhos, revelara-se uma quarta parede até então despercebida, transparente e cheia de novas significações.

Por meio dos olhares, ativos em essência, concebia-se, por contaminação criativa, um espaço novo e até então adormecido pela interpretação muda que se lançava a uma parede comum. O rio e o mar, dentro do quarto do sótão.

Mais tarde, apartada de seu envolvimento criativo com a pintura que se dera, muito antes, por uma questão da escolha que pendera para o lado do filho, a mãe de Paulo Vaz, também já debilitada, sobretudo, por conta do Alzheimer, limitava-se a apenas oferecer aos elementos — à relva, às flores, ao pedaço de rio ao fundo — *um olhar cego*, impotente por natureza, que nada enxergava, já que nada criava.

Em verdade, o alheamento às coisas em volta tivera início e se instalara definitivamente no espírito de Luísa Vaz quase como uma consequência direta de sua renúncia à pintura.

Ao privar-se da capacidade de encontrar nas telas compostas as marcas de um universo próprio, que era aos poucos dado à luz por obra do ato criativo, passara a mostrar-se dispersa e desorientada. Abdicara por completo de lançar ao longe, ao rio, seu olhar mais longo que podia até adivinhar o mar, ali, adiante.

Limitava-se agora apenas a ver, mediada pelo vidro da janela.

> A sua cabeça andava longe, os olhos fixavam-se num ponto minúsculo do quadro, procurava uma mancha de tinta, num lugar exacto, mas o olhar estava de algum modo descentrado, via todas as coisas difusas. [...] A certa altura levantava-se, chegava à janela sem abrir o vidro e olhava para fora, sem ver nada[309].

De algum modo, parece viável considerar que a partir das diferenças apontadas entre o *ver* e o *olhar*, talvez a que mais nos interesse destacar seja a *passividade*, que é associada ao ver, e ao seu oposto, a *atividade*, que é aproximada ao olhar.

A necessidade de se empreender um trabalho de captura do espaço urbano lisboeta que pudesse dar conta da sua complexidade e das suas reentrâncias, e a de não apenas dispensar à cidade uma visada panorâmica, que afinal, não revelaria o que era dela mais em essência, parece encontrar paralelo na questão da *atividade* que está associada ao *olhar*.

---

[309] GERSÃO, 2011a, p. 98.

DESVELAR O OLHAR QUE (RE)CRIA: O MITO E A CIDADE

Não é de outra forma que o artista-narrador de *A Cidade de Ulisses* refere-se à cidade, sempre a refletir acerca das dificuldades e da tarefa gigantesca que se constituiria a realização de uma exposição artística tendo Lisboa como assunto central.

> Lisboa era um lugar para ver o que lá estava e o que lá não estava mas nesse lugar já estivera, era um lugar para quem gosta de saber e procurar e está disposto a fazer esse trabalho prévio. Uma cidade a conquistar, em que se ia penetrando pouco a pouco e descobrindo, abaixo da superfície, outras camadas do tempo[310].

Com isso, *ver o que lá estava e o que lá não estava* pode ilustrar a passagem do ver até o olhar, uma vez que era necessário procurar e estar disposto a empreender um trabalho prévio que exigia um comportamento que se afastasse de uma atitude meramente receptiva e sem maiores desdobramentos ou consequências.

E olhar com olhos de enxergar, em se tratando de Lisboa, apresentava-se nas memorações de Paulo Vaz como uma obrigatoriedade, e isso também se aplicava a Cecília Branco, já que estamos navegando nas águas de um longo diálogo desenvolvido, na maior parte do tempo, pela reprodução oferecida apenas por Paulo Vaz.

Ainda que por vários momentos fiquemos com a sensação de que a conversa inicial com o diretor do Centro de Arte Moderna da Gulbenkian resultaria, afinal, na recusa em aceitar a montagem da exposição, é possível encontrar muitas passagens a sinalizar que é como se vários detalhes já estivessem previamente definidos por Paulo Vaz e Cecília:

> Mas o que escolheríamos, finalmente, numa exposição sobre Lisboa? Ora, não precisávamos de ser metódicos nem exaustivos, de seguir uma linha cronológica ou sequer uma linha condutora. Podíamos permitir-nos uma visão vertiginosa, sincrónica, de camadas de tempo sobrepostas, uma visão parcial, lacunar ou mesmo caótica, e em qualquer caso sempre insuficiente e subjectiva porque dependeria apenas da nossa escolha[311].

Vale uma vez mais aproximar os detalhes de uma suposta exposição sobre Lisboa aos conceitos do ver e do olhar, uma vez que

---

[310] GERSÃO, 2011a, p. 56.
[311] *Ibidem*, p. 65.

> O olhar não descansa sobre a paisagem contínua de um espaço inteiramente articulado, mas se enreda nos interstícios de extensões descontínuas, desconcertadas pelo estranhamento. E o impulso inquiridor do olho nasce justamente desta descontinuidade, deste inacabamento do mundo: [...][312].

Pela sua própria natureza associada a um trabalho ativo, de elaboração a partir de uma descontinuidade, de um inacabamento, a escolha de um certo ponto de vista a ser adotado sobre Lisboa seria, já no nascedouro, apenas parcial e insuficiente.

No entanto, não há como ser de outra forma, seria esse o tributo a ser pago em nome de uma empreitada que se dispunha — e isso não é irrelevante — a criar ou recriar o espaço urbano da capital lisboeta por intermédio do olhar, que é, em essência, sempre criativo.

E os planos para a exposição de Paulo Vaz e Cecília Branco iam tomando vulto, por intermédio do trabalho, incessante, de recolha das lembranças no corpo da diegese, embora persista sempre o baralhamento das intenções, que não permite afiançar, com segurança, que o evento se daria.

> Seria, se existisse, uma exposição-espectáculo, multimédia, dividida por salas labirínticas ao longo das quais o visitante poderia deambular, escolhendo o seu percurso ou fazendo-o simplesmente ao acaso. Lisboa era algo que lhe "acontecia". Haveria assim muitos caminhos possíveis, e nem todos os visitantes teriam visto a mesma coisa no final. Até porque seria quase impraticável ver tudo, a menos que se voltasse muitas vezes[313].

Vale ainda destacar: por força do efeito sempre recorrente de baralhamento das intenções no que se refere à montagem da exposição a ter Lisboa como foco, era como se em algum momento houvesse a necessidade de interromper bruscamente aquele quase trabalho de planejamento ao qual estavam entregues o casal de artistas.

Nessa quebra, abandonavam-se os tantos detalhes daquilo que, finalmente, não tomaria forma e nem ganharia as luzes da realização.

> Haveria uma profusão de objetos, mapas, fotografias, slides, vídeos, filmes. Bonecreiros interpelariam os visitantes, atraindo-os ao espectáculo, [...] E haveria pedaços de ópera de bonecos, possivelmente em miniatura, [...]

---

[312] CARDOSO, 1988, p. 349.

[313] GERSÃO, 2011a, p. 65.

> E poderia haver –
> E poderia haver –
> E poderia haver –
> Mas não iríamos fazer essa exposição, era apenas um pretexto para sorrir e divagar[314].

A exposição não seria realizada e Lisboa era só um espaço a ser deixado ao largo. Se pudesse, efetivamente, ser assim colocada tão facilmente de lado: "Lisboa estava lá e cercava-nos, era impossível não a olhar, não tropeçar nela a cada passo"[315]. A cidade de Ulisses ali estava, "era o chão que pisávamos, um lugar que nos pertencia, porque era nele que nos tínhamos encontrado e nos amávamos"[316].

A permanência da hesitação, já tão nossa conhecida, é o que parece não nos permitir, o tempo todo, afirmar com convicção que o convite para a montagem, tão detalhadamente mentada por Paulo Vaz e Cecília Branco, jamais fora aceito.

O olhar, os olhares.

Lisboa, uma cidade inesgotável. Lisboa, "um lugar de chegar e de partir, uma cidade aberta. Debruçada sobre um rio que a levava ao mar"[317]. Ou a cidade percebida também como algo diverso: em lugar dos largos espaços, próprios de uma cidade aberta, quando buscada a partir de uma referência incomum — o alto —, ainda que preservasse a impressão de "visão alargada", poderia também se mostrar aos olhos incautos do observador, semelhante a um labirinto.

> Vista de um ponto alto Lisboa surgia como um labirinto. E havia muitos desses pontos altos, [...] A partir deles tinha-se uma bela visão alargada e também a sensação inquietante de que milhares de olhos invisíveis podiam espiar-nos, de milhares de janelas; [...][318].

O aspecto labiríntico da Lisboa vista do alto a conviver com o da *visão alargada* de sua topografia, parece que reclama de quem a busca e se entrega ao ato de nela aplicar o olhar com olhos que enxergam, um trabalho adicional de recomposição, de remontagem de um espaço que se apresenta sem continuidade.

---

[314] GERSÃO, 2011a, p. 64-65.

[315] *Ibidem*, p. 66.

[316] *Ibidem*, p. 66.

[317] *Ibidem*, p. 71.

[318] *Ibidem*, p. 57.

É como se coisa alguma em Lisboa pudesse ser vislumbrada em sua totalidade, reconhecendo-se, dessa forma, um território problematicamente fragmentário, no qual por mais que fossem unidos cuidadosamente cada um dos pedaços, ainda assim não se obteria a recomposição ou o sentido de inteireza de qualquer elemento.

> Uma cidade de linhas partidas, de perspectivas quebradas. Tudo era fragmentado em Lisboa, era preciso juntar pacientemente os pedaços para formar uma figura. Mas faltariam sempre alguns, encontravam-se a cada passo lacunas, interrupções, rupturas[319].

Cumpre destacar, a propósito, que muitas imagens de fragmentação e sua consequente remontagem de elementos para compor figuras inteiras, apresentam-se recorrentes na diegese de *A Cidade de Ulisses*.

Em uma dessas imagens — talvez a mais previsível delas, considerando que Lisboa é um espaço urbano com mais de 30 séculos —, o artista-narrador faz alusão a uma cidade que guardava consigo os vestígios de tantas outras que foram erguidas umas sobre as outras.

Como resultado, a presença de ruínas que guardavam a história da existência de antigas civilizações e que exerciam o papel de testemunhos geológicos da passagem de inúmeros agrupamentos humanos pelo seu território, surgidos e desaparecidos por força da marcha incessante dos tempos.

> Deparávamos com um conjunto de fragmentos, restos de cidades construídas umas sobre as outras, de épocas e civilizações que chegavam a um impasse e desapareciam. Deixando marcas. A cidade crescera assim verticalmente desde o subsolo, [...][320].

Outra imagem a ilustrar o caráter fragmentário de Lisboa estará associada ao cotejo dos pedaços avulsos da cidade que, ao serem reunidos, dariam conta de uma estrutura inteira, de modo similar ao que aconteceria com os azulejos que, quando reunidos, seriam capazes também de gerar uma estrutura decorativa inteira.

Nesse ponto, Paulo Vaz recordaria que Cecília Branco apreciava essa ideia de se poder dispor de Lisboa como cidade feita de pedaços. E que também além dos azulejos, o mesmo processo poderia ser observado

---

[319] GERSÃO, 2011a, p. 58.
[320] *Ibidem*, p. 58.

nas rendas e nos tapetes, outros elementos além dos azulejos, os quais se prestavam a um trabalho de ordenamento e construção, tendo por objetivo tornar visível ou dar sentido completo a alguma coisa.

> Tinhas aliás uma predilecção por azulejos, rendas e tapetes, interessava-te neles a tessitura, a construção a partir de fios ou segmentos, até que, da junção de muitos, os motivos se tornavam visíveis: um desenho, geométrico ou não, uma figura, uma cena, ou toda uma narrativa, uma história, enquadrada por uma cercadura, e destacando-se sobre um fundo neutro, ou vazio. Eram os pedaços vazios que faziam realçar os outros, onde o desenho tomava forma. Como na vida, porque também a vida era assim feita, de vazio e pleno[321].

Tais imagens, parece oportuno destacar por aqui também, ao trazerem à tona o ato da tessitura, da construção de algo a partir da junção de fios que é própria de um trabalho manual que busque a produção de rendas ou de tapetes, remetem-nos, de imediato, ao mito de Penélope na *Odisseia*.

E invariavelmente, citar Penélope significa, num primeiro momento, aludir ao aspecto da espera, associado à esposa fiel de Ulisses que aguarda pelo retorno do esposo ausente por tanto tempo e privado da chegada a Ítaca por motivos ligados à intervenção dos deuses e outros episódios aventurosos e, num segundo momento, as tramas que são objeto de alguém empenhado na junção de fios, na arte de fiar, associam-se, dentre outros, ao próprio fiar em relação aos destinos da vida. De um modo geral, tais mitemas são muito recorrentes na literatura.

No entanto, nosso interesse reside na interpretação do aspecto da tessitura, da construção de uma totalidade a partir da combinação adequada de partes avulsas, como é o caso do caráter fragmentário que se destaca na caracterização daquele espaço urbano, desenvolvida pelo narrador de *A Cidade de Ulisses*.

Nela, ainda que não tenhamos a garantia da realização, de fato, da exposição a dar conta de um olhar artístico focando a capital lisboeta, podemos considerar que se está tanto a reconstruir os pedaços espalhados de uma cidade para se obter uma figura a mais completa possível, quanto se está a fiar seus múltiplos fios espalhados para se compor uma história, uma narrativa, também nesse caso, a mais próxima possível de uma certa totalidade.

Lisboa, Lisboas. E Cecília.

---

[321] GERSÃO, 2011a, p. 59.

A *carta mental* de Paulo Vaz, não é difícil perceber, em muitas passagens não dá conta da memoração de tempos pretéritos com a linearidade que seria desejável, com a exposição de detalhes que traria maior precisão ao tecido diegético, o que acarreta, muitas vezes, uma reprodução algo lacunar e imprecisa.

Nada mais natural, já destacamos esse aspecto, quando consideramos que o artista está construindo uma narrativa para si próprio. E nesse seu acerto de contas consigo mesmo, nesse esforço recorrente em trazer à presença a ausência de Cecília Branco por meio da recolha incansável de momentos vividos tão intensamente numa cidade aberta e labiríntica ao mesmo tempo como Lisboa, é como se pedaços soltos desse complexo espaço urbano não pudessem ser objeto de colagem. E, por força disso, ficassem perdidos em alguma dobra de tempo.

Não é de outra forma, pois, que algumas lembranças não se apresentem de forma cristalina, sem permitir, assim, por exemplo, a identificação clara de uma condição climática: "o que me vem à ideia são memórias soltas, um inverno anormalmente frio (o outro? o mesmo?)"[322]. Ou quando não há certeza da data exata a marcar determinado evento: "não tenho como é óbvio uma noção clara das datas, a não ser em alguns casos em que guardei meia dúzia de recortes de jornais"[323].

No entanto, alguma precisão era possível ter quando o que estava em análise eram fatos coletivos da história recente de Portugal. Nessas passagens, o artista-narrador de *A Cidade de Ulisses* se permitia apresentar uma leitura do país quase sempre em tons desfavoráveis, sobretudo no que dizia respeito aos assuntos envolvendo a economia que, por meio de sua análise, sempre andara em descompasso com o resto do continente ou até mais do que isso: "Portugal viera de uma ditadura, tinha décadas de atraso em relação ao mundo"[324]. E quando se punha a observar, afastado do ponto de vista individual,

> A nível colectivo, a recordação mais forte é a de uma crise generalizada. Em 83 já tinha havido dez eleições desde 74, havia greves, salários em atraso, uma dívida externa gigantesca. [...] A corrupção tornara-se indisfarçável, empresas faliam, a fuga de capitais era alarmante[325].

---

[322] GERSÃO, 2011a, p. 108.

[323] *Ibidem*, p. 108.

[324] *Ibidem*, p. 21.

[325] *Ibidem*, p. 106.

Além dos problemas envolvendo a economia, que sempre estarão entremeados aos demais e são recorrentes nas suas observações, o narrador reserva também um olhar atento e crítico às questões ligadas à cultura, sem furtar-se, ainda, ao trabalho de apresentação de uma espécie de panorama das artes em geral, cobrindo o período de quatro anos nos quais estivera em companhia de Cecília Branco, em Lisboa.

> Lembro-me de começarem a demolir o Monumental, apesar dos protestos e dos abaixo-assinados, que também ajudámos a recolher[326].
> Sim, lembro-me dos teatros, dos cinemas, dos cafés. Lembro--me de termos visto Dreyer e Max Ophuls na Cinemateca, [...][327] Ajudámos a angariar assinaturas para uma petição [...] para que o *Martinho da Arcada* fosse considerado imóvel de interesse público[328].
> A seguir os impostos aumentaram, houve novas greves, a dívida externa cresceu seiscentos milhões de dólares num semestre[329].

Mesmo reconhecendo que os pedaços avulsos que vinham à tona traziam consigo súmulas mais ou menos fidedignas daquele período, o artista não deixa de observar que toda a realidade, seguramente, havia se dado de modo muito mais complexo. Prudentemente, por meio de uma operação que buscaria resguardar os registros de algum modo, "ainda conservo alguns recortes de jornais, que agora folheio para recordar fragmentariamente algo do que então acontecia"[330].

"Esses quatro anos parecem-me vertiginosos, mas sei que os atravessámos, um dia de cada vez"[331], relembra Paulo Vaz, sem duvidarmos, nós, da concordância completa por parte de Cecília Branco, ainda que ela não a tenha proferido explicitamente.

Paulo Vaz e Cecília Branco: sempre a ter Lisboa em volta, e por perto.

A quase tropeçarem nelas, a cada passo — *Lisboas*, dessa forma, grafada em plural para indicar seu caráter de cidade múltipla.

A ter Lisboa como motivo privilegiado de longas conversas e divagações.

---

[326] GERSÃO, 2011a, p. 106.

[327] *Ibidem*, p. 106.

[328] *Ibidem*, p. 108.

[329] *Ibidem*, p. 108.

[330] *Ibidem*, p. 110.

[331] *Ibidem*, p. 110.

A ter Lisboa, enfim, como o foco de uma exposição que traria uma leitura específica dela, concebida pelo olhar de um homem e de uma mulher, dois artistas plásticos que haviam se conhecido e se amado, tendo a cidade como o seu universo.

3.9. O olhar que (re)cria: o olhar do artista

Em um dos primeiros segmentos do Capítulo 3 deste trabalho, destacamos um excerto do paratexto construído por Teolinda Gersão, na abertura do livro *A Cidade de Ulisses*, ao qual ela assina e o intitula como *Nota Inicial*.

Nele, com profundo reconhecimento, a autora declara ter feito a leitura de inúmeras obras de outros que se debruçaram sobre a cidade antes dela e produziram vasto material composto por investigações, estudos e registros, ao mesmo tempo que atesta ter deixado de examinar muitas outras produções. De certa forma, é como se em sua jornada pela cidade a autora não estivesse só, desarmada e às voltas com os segredos e surpresas de um espaço urbano tão carregado de ancestralidade.

Tantos outros olhares que já tinham se aventurado a buscar por Lisboa, geravam um sentimento de gratidão de Teolinda por todos eles, e a autora fazia questão de ter isso registrado no paratexto da obra.

Pois bem: já no corpo da diegese, idêntico sentimento, devedor aos olhares anteriores dedicados à cidade é expresso por Paulo Vaz, sempre a incluir em suas considerações a voz silenciada de Cecília Branco:

> Dávamos conta entretanto de que não estávamos sozinhos a procurar Lisboa. Encontrámos um número impressionante de outros que antes de nós tinham amado a cidade e a tinham estudado, investigado, pintado, fotografado, registado, filmado, comentado, descoberto, interpretado. O nosso olhar era devedor a todos eles, [...][332].

No entanto, o que pretendemos retomar, desenvolver e deixar em primeiro plano neste segmento derradeiro que abriga as análises dedicadas a Teolinda Gersão, é a ideia desde logo expressa por ela, também na *Nota Inicial*, dando conta de que *A Cidade de Ulisses* era obra que empreendia um diálogo — proposital — com as artes plásticas.

Como uma espécie de confirmação dessa ideia declarada em paratexto, é muito cedo na ordem das memorações que passam a ser construídas por Paulo Vaz que o artista plástico começa a explicitar raciocínios ainda embrionários

---

[332] GERSÃO, 2011a, p. 64.

DESVELAR O OLHAR QUE (RE)CRIA: O MITO E A CIDADE

e que buscavam problematizar questões que partilhara em tantas conversas com Cecília Branco. Nelas, ele acaba por revelar parte de sua visão e de suas verdades em referência às artes em geral, e ao seu ofício de artista, em particular.

Em uma delas, dada a complexidade detectada de antemão, o artista já decretava que muito provavelmente não haveria resposta, ou que o próprio tema em si já era capaz de gerar sempre novos posicionamentos, o que não permitiria uma solução imediata. Pelo contrário, talvez a solução ou a resposta teria pouca relevância devido à emergência de se colocá-la em discussão permanente.

> Muitas questões não tinham provavelmente resposta nem precisavam dela, porque eram estimulantes em si próprias. Havia por exemplo esta pergunta: até que ponto a arte contemporânea conseguia impor-se por si mesma, como objecto plástico, ou precisava de palavras como suporte?[333]

Tal questionamento parece se propor a discutir, dentre outros, a situação de *diálogo inter-artes* e se seria possível considerar a existência de uma hierarquia entre as formas de expressão artística: "até que ponto a arte se convertera em pretexto para um exercício fascinante de hermenêutica, que de algum modo ocupava uma parte do seu espaço?"[334].

É como se pairasse a dúvida, que pode ser inferida no questionamento anteriormente apresentado, se a arte — deliberadamente, agrupemos tanto a pictórica como a plástica — não se apresentasse apta a expressar, por recursos próprios, sua visão de mundo e tivesse a necessidade de se ver traduzida em palavras, dada sua insuficiência representativa, o que a colocaria em posição distante do espectador.

A essa altura, quando o que estamos tentando discutir, motivados pela visão expressa por Paulo Vaz acerca do lugar das artes plásticas, é a situação de diálogo entre expressões artísticas diferentes (em linha com a ideia explicitada por Teolinda Gersão no paratexto do romance em análise), julgamos oportuno introduzir por aqui algumas das considerações tecidas por Merleau-Ponty, naquele que é considerado o seu primeiro artigo dedicado especificamente à pintura.

Nos termos de Bitencourt, "parece que o filósofo recorre à arte sempre que tem que se decidir por algo importante e nos momentos cruciais de seu itinerário filosófico"[335].

---

[333] GERSÃO, 2011a, p. 21.

[334] *Ibidem*, p. 21.

[335] BITENCOURT, Amauri Carboni. Merleau-Ponty leitor de Cézanne: aprendendo a perceber e a expressar a natureza primordial. *PERI* – Revista de Filosofia, v. 8, n. 1, p. 242-260, 2016. Disponível em: http://www.nexos.ufsc.br/index.php/peri/article/view/1070. Acesso em: 27 abr. 2020.

Escrito em 1942, *A dúvida de Cézanne*[336] traz reflexões de Merleau-Ponty a partir da vida e da produção artística do pintor Paul Cézanne (1839-1906), aprofundando os aspectos que relacionam sua trajetória com os postulados do filósofo a respeito da visão, do visível, da aparência e do ser.

Quando se analisa, ainda que brevemente, as características associadas a Cézanne, encontramos normalmente informações que o identificam como um artista que não seguia os procedimentos clássicos da pintura, tais como o da delimitação evidente das cores pelos contornos, as regras da perspectiva, bem como os processos de composição usuais das telas e a própria distribuição dos efeitos de luz.

Seu grande objetivo era, de modo geral, o de proporcionar aos objetos (em sentido lato e incluindo aqui figuras humanas e paisagens) um tal acabamento de suas formas, que o resultado concebido pelo pintor nas telas produzidas seria capaz de provocar nos espectadores o efeito de reconhecimento daqueles como absolutamente em consonância e análogos à realidade.

Segundo a compreensão do pintor, que costuma ter uma primeira fase de seus trabalhos ligada ao impressionismo, sua missão era a de devolver à pintura elementos que justamente os próprios impressionistas tinham dela subtraído: peso, estrutura e concretude da matéria[337].

Entretanto Merleau-Ponty identifica em Cézanne, a despeito de sua posição afastada em relação aos procedimentos clássicos, que

> [...] sua pintura seria um paradoxo: procurar a realidade sem abandonar as sensações, sem ter outro guia senão a natureza na impressão imediata, sem delimitar os contornos, sem enquadrar a cor pelo desenho, sem compor a perspectiva ou o quadro[338].

E é ainda o filósofo quem lembra, em diálogos de Cézanne com o amigo Émile Bernard, que "torna-se óbvio que [ele] procura sempre escapar às alternativas prontas que se lhe propõem: a dos sentidos ou da inteligência,

---

[336] MERLEAU-PONTY, Maurice. A dúvida de Cézanne. *In*: MERLEAU-PONTY, Maurice. *Textos escolhidos*. Tradução de Marilena de Souza Chauí *et al.* 2. ed. São Paulo: Abril Cultural, 1984, p. 113-126. (Coleção Os Pensadores).

[337] OLIVEIRA, Wanderley C. Cézanne e a arte como resposta à existência – um estudo de A dúvida de Cézanne de M. Merleau-Ponty. *Existência e Arte* – Revista Eletrônica do Grupo PET – Ciências Humanas, Estética e Arte da Universidade Federal de São João Del-Rei, ano I, n. 1, jan.-dez. 2005. Disponível em: https://ufsj.edu.br/portal- repositorio/File/existenciaearte/Arquivos/CEZANNE.pdf. Acesso em: 17 abr. 2020.

[338] *Ibidem*,1984, p. 116.

do pintor que vê e do pintor que pensa"[339], já que, em outra formulação, sensação e pensamento para Cézanne não deveriam ser motivações que o conduzissem a uma situação de escolha.

> [Cézanne] não quer separar as coisas fixas que nos aparecem ao olhar de sua maneira fugaz de aparecer, quer pintar a matéria ao tomar forma, a ordem nascendo das ideias e das ciências [...], o objeto [...] é como que iluminado surdamente do interior, emana a luz e disso resulta uma impressão de solidez e materialidade[340].

A impressão de materialidade do objeto, tendo por gênese sua própria interioridade é o que poderia, dessa forma, aproximar a pintura de sua realidade, da concretude de sua estrutura.

É viável ponderar que o conceito de realidade, nos termos de Cézanne, caminha em sentido contrário ao mais imediato de sua compreensão, já que ele, artista, recusa-se o tempo todo a desenvolver um olhar ligado ao senso comum, carregado de previsibilidade e que nada enxerga nos objetos além de sua superfície.

> Vivemos em meio aos objetos construídos pelos homens, entre utensílios, casas, ruas, cidades e na maior parte do tempo só os vemos através das ações humanas de que podem ser os pontos de aplicações. Habituamo-nos a pensar que tudo existe necessariamente e é inabalável[341].

Ainda que o filósofo destaque também o aspecto paradoxal, facilmente associado à pintura de Cézanne, ocorre que o pintor

> [...] retoma e converte justamente em objeto visível o que sem ele permaneceria encerrado na vida separada de cada consciência: a vibração das aparências que é o berço das coisas. Para este pintor, uma única emoção é possível: o sentimento de estranheza; um único lirismo: o da existência incessantemente recomeçada[342].

Caberia a essa espécie diversa de olhar — o olhar do artista, ilustrado pela concepção de pintura e de realidade de Paul Cézanne — "transformar a passividade e a contemplação do espectador em questões que não podem ser respondidas com palavras, senão com atos de reflexão sobre a pintura"[343].

---

[339] MERLEAU-PONTY, 1984, p. 116.

[340] *Ibidem*, p. 115-116.

[341] *Ibidem*, p. 118-119.

[342] *Ibidem*, p. 120.

[343] PAUL CÉZANNE. Coordenação e organização Folha de S. Paulo. Tradução de Martín Ernesto Russo. Barueri, SP: Editorial Sol 90, 2007. (Coleção Folha Grandes Mestres da Pintura; 2).

De algum modo, assim, é como se a busca empreendida pelo pintor durante sua trajetória artística estivesse totalmente atrelada à concepção de pintura enquanto modalidade que se devesse eleger como autossuficiente para um trabalho de trazer à presença os objetos por intermédio da arte, sem a necessidade de acionar outros instrumentos para sua eficiente expressão.

Por fim, entrelaçando-se os discursos do filósofo e do pintor a fim de se alcançar uma espécie de síntese, ainda que precária, de alguns dos conceitos que buscamos colocar em discussão neste segmento, consideremos:

> *"A natureza não está na superfície, mas na profundidade. As cores são a expressão dessa profundidade na superfície. São sua vida, a vida das ideias"*[344].
>
> *"Assim como a palavra nomeia, isto é, apreende em sua natureza e coloca ante nós a título de objeto reconhecível o que aparecia confusamente, o pintor [...] 'objetiva', 'projeta', 'fixa'"*[345].
>
> *"Assim como a palavra não se assemelha ao que designa, a pintura não é uma cópia; Cézanne, segundo suas próprias palavras, 'escreve enquanto pintor o que ainda não foi pintado e o torna pintura de todo'"*[346].
>
> *"O artista é aquele que fixa e torna acessível aos mais 'humanos' dos homens o espetáculo de que participam sem perceber"*[347].

De volta à cidade de Ulisses.

Nos termos de Paulo Vaz, ainda buscando desenvolver os questionamentos acerca de a capacidade da arte contemporânea "impor-se por si mesma", o narrador chega a avaliar, de certo modo em linha com o pensamento de Cézanne do qual trouxemos alguns elementos, que: "Era fácil dizer que a verdadeira obra plástica não precisava de palavras, que seriam sempre redundantes, porque o que nela havia de essencial não era verbalizável, pertencia a outro campo, visual. Por isso era *plástica*"[348].

Entretanto, também em linha com o que antes já explicitara a respeito de não se ter uma resposta ou de não ser relevante tê-la para uma dúvida de questionamento por si só gerador de tantas novas discussões, acaba também por destacar que era possível pensar de modo contrário:

---

[344] PAUL CÉZANNE, 2007, p. 32.

[345] MERLEAU-PONTY, 1984, p. 119.

[346] *Ibidem*, p. 120.

[347] *Ibidem*, p. 120.

[348] GERSÃO, 2011a, p. 21, grifo da autora.

> No entanto isto não era inteiramente verdade. Podíamos dizer que por vezes as artes plásticas valiam não tanto por si mesmas mas pelo que suscitavam, e só podia ser traduzido em palavras: curiosamente o que sobre elas se dizia e escrevia podia ser muito mais interessante do que elas mesmas. Tornavam-se de algum modo veículo para outra coisa, que ficava para além delas[349].

O que parece agregar a essa discussão é que o reconhecimento da viabilidade de uma forma de arte a interferir ou auxiliar no trabalho de tradução de uma outra, muitas vezes, segundo o narrador de *A Cidade de Ulisses*, adquirindo até maior interesse do que a primitiva, provocaria efeito positivo no sentido de ampliar os seus horizontes, de lançar a forma de arte segunda a novos patamares, a novos domínios.

Não percamos de vista que a forma de arte identificada como *primitiva* faz referência às artes plásticas, e a auxiliar (ou *segunda*), nesse caso, à literatura.

> E por outro lado também a literatura – o campo da palavra – se alargava e invadia outros domínios, procurava novas formas de se tornar visível, parecia já não lhe bastar o mundo confinado e silencioso do livro. Estava-se numa época de viragem, em que as formas se contaminavam e tudo era possível: outras maneiras de contar, mostrar, dar a ver, partilhar, experimentar, tornar visível. O leitor-espectador-visitante passava a ter um papel cada vez maior. Era levado a entrar nas obras, a circular por dentro delas, a perder-se e encontrar-se nelas[350].

Não se mostra dificultada a tarefa de vislumbrar que a alusão à "época de viragem", bem como de outros aspectos a dar conta dos experimentalismos nas artes e de uma postura diferenciada — ou mais precisamente: multifacetada — do consumidor de arte, parece sintonizar o período em análise com "a chegada das tendências pós-modernas ao universo artístico no Portugal do pós-25 de Abril"[351].

Nesse contexto, a voz narrativa permite também que entremos em contato com o processo criativo de Paulo Vaz, de suas concepções enquanto produtor de arte, que aponta para um autor absolutamente consciente do seu papel, altamente motivado pelo que é capaz de produzir e que trafega com desenvoltura pelo universo das artes.

---

[349] GERSÃO, 2011a, p. 22.
[350] *Ibidem*, p. 22.
[351] PUGA, 2011, p. 223.

É evidente que a sua postura encontra correspondência completa também com a de Cecília Branco, como mais de uma vez já apontamos por aqui. O que importa ainda destacar é que o conceito de arte implícito na visão do par amoroso de *A Cidade de Ulisses* pode ser avaliado como fortemente associado ao campo da *potência*, ao da *atividade* (não ao da passividade). Ou, na expressão segura do artista-narrador: "criar era, naturalmente, um exercício de poder"[352].

> Eu gostava, enquanto criador, de assumir uma posição autocrática: levar o espectador para dentro de um mundo que eu construísse, onde quem ditava as regras era eu. Ele podia manter a distância e a liberdade do seu juízo crítico, mas primeiro tinha de entrar dentro da obra (ou do espaço mais alargado da exposição). E, tendo entrado, estava apanhado como um pássaro na gaiola, até encontrar a porta de saída[353].

Uma concepção de artista enquanto elemento que detém o completo domínio daquilo que cria e impõe ao espectador a sujeição a um determinado aspecto da experiência artística, aquele eleito, inicialmente por ele, aquele que fora, a priori, determinado pelo criador.

Ao espectador, nessas condições, caberia aceitar "ver o que eu propunha, de algum modo através dos meus olhos"[354], para somente num segundo momento ou na "segunda parte do jogo"[355], readquirir o controle sobre as suas motivações, reassumir a liberdade de olhar novamente com os seus próprios olhos e até, se assim o julgasse, refutar tudo o que vira.

O poder do artista, o ato criativo como uma prática de poder. "Sim, eu não abdicava desse ponto. Queria exercer poder sobre o espectador. Fasciná-lo, subjugá-lo, convencê-lo, assustá-lo, enervá-lo, provocá-lo, deleitá-lo – criar-lhe emoções e reações. Sim, como numa forma de amor"[356].

O ato criativo, assim praticado, deveria ser capaz de expressar plenamente e com precisão o poder daquele que criava com a intenção evidente de submeter o espectador e exercer sobre ele um tal domínio, capaz de provocar até mesmo a geração de emoções e reações, controlando-as por completo.

---

[352] GERSÃO, 2011a, p. 22.

[353] *Ibidem*, p. 22.

[354] *Ibidem*, p. 22.

[355] *Ibidem*, p. 22.

[356] *Ibidem*, p. 22-23.

DESVELAR O OLHAR QUE (RE)CRIA: O MITO E A CIDADE

Ao citar a geração de emoções por força do ato criativo, dentre elas haveria espaço também para o amor. A arte como uma forma de amor:

> Por alguma razão o conjunto de obras de um autor sobre as quais alguém se debruça para melhor as percorrer e decifrar se chama "corpus". Corpo. A fruição de uma obra de arte é um encontro, um corpo a corpo. Entre duas pessoas, duas subjectividades, duas visões[357].

Não se mostra afastada do viável a aproximação buscada pelo discurso do artista-narrador de *A Cidade de Ulisses*, já que se parte do ato que é direcionado ao espectador, um outro corpo, ato esse que ao mesmo tempo fascina, subjuga e deleita, provoca o prazer (a fruição) desse corpo no *corpus* do artista, percorrido e decifrado, como num jogo de amor, de erotismo, de sedução. A arte também como uma forma de sedução.

Duas pessoas, dois corpos

> Que podem ser convergentes – então há uma relação fusional de identificação e de entrega, ligada a sentimentos de um prazer quase físico, ou divergentes, e nesse caso há uma disputa, uma argumentação, um pretexto para um confronto em termos de intelecto, em que o prazer é indissociável da luta, da tentativa de convencer o outro – e con-vencê-lo é a forma mental de o vencer[358].

Corpos em convergência, corpos em divergência: envolvidos numa disputa muda, mas que se faz ouvir com a força do intelecto, enredado de uma vez por todas pelo confronto e pelo prazer e que a nenhum dos dois abandona, na tarefa dura de prevalecer e de fazer vencer o seu olhar sobre o outro.

A *época de viragem* referida por Paulo Vaz, situada no tempo como já o fizemos, em meio às transformações produzidas pela onda pós-moderna, parecia ter o poder de proporcionar a tudo o que se relacionasse ao fazer artístico possibilidades quase ilimitadas em termos de atos criativos.

> Tudo estava em transformação e mudança, tudo era possível. Cada época reinventava o mundo a seu modo, mas a nossa tinha ao seu alcance novos meios, podia usar criativamente novas tecnologias. As perspectivas eram infindáveis, o céu era o limite[359].

---

[357] GERSÃO, 2011a, p. 23.
[358] *Ibidem*, p. 23.
[359] *Ibidem*, p. 23.

ORIVALDO ROCHA DA SILVA

E dentre as inúmeras novas formas de se produzir arte que pareciam estar sendo descortinadas naqueles tempos de tantas mudanças, Paulo Vaz recupera pela memória, das conversas com Cecília Branco, a *instalação*, que em dias de hoje frequenta, rotineiramente e sem o frescor e o impacto causados na época, evidentemente, as exposições de arte moderna em qualquer canto do mundo.

É significativo destacar que o intercâmbio entre as diferentes modalidades de arte configurava-se, provavelmente, como o que haveria de mais inovador nesses tempos idos, as formas híbridas que permitiriam experiências cada vez mais sinestésicas e totalizadoras ao público.

> Lembro-me de falarmos por vezes da instalação enquanto forma de arte: podia usar livremente elementos díspares, era uma forma híbrida, vampírica, um mundo em três dimensões que se era convidado a atravessar. Uma espécie de experiência por que se passava, que podia apelar a todos os sentidos, não só aos olhos, mas também ao olfacto, ao tacto, ao intelecto [...] Uma experiência da qual no limite o espectador poderia (ou deveria) sair modificado. Porque a arte – pelo menos a que nos interessava – não era inócua nem inocente. Era perigosa, e implicava um risco[360].

Na visão de Paulo Vaz — e na de Cecília Branco, por extensão —, era esse o caminho a ser percorrido pelo artista. Uma arte sempre associada ao perigo e ao risco, sempre a se posicionar em sentido contrário ao da imobilidade, ao da mera contemplação.

O olhar do artista era, de alguma forma, o único olhar que teria o poder de criar ou recriar os objetos (em sentido ampliado), por força e obra da arte: uma casa, uma montanha, as estrelas. Ou uma cidade inteira. "Foi por essa altura que recebi o convite do director do CAM, e depois de algumas hesitações aceitei fazer a exposição que tinha pensado contigo. Tenho estado a trabalhar nela há vários meses"[361].

Acresça-se, no entanto, que em linha com o baralhamento que se mostra presente no tecido narrativo desde sempre, não é ainda possível avaliar que temos por aqui o encaminhamento final em relação à efetivação ou não do aceite do convite e da montagem da exposição sobre Lisboa, muito embora observe-se a expressão encaixada que se presta, aparentemente, a confirmar um dos lados: *depois de algumas hesitações*.

---

[360] GERSÃO, 2011a, p. 23.
[361] *Ibidem*, p. 176.

DESVELAR O OLHAR QUE (RE)CRIA: O MITO E A CIDADE

E ainda outra vez, as marcas da dúvida: "mas agora que entrara nesse jogo de voltar atrás e olhar Lisboa contigo, Cecília, verificava que afinal não queria ou não podia recuperar nada do projecto de então"[362], como se todos os planos prévios que estivera a delinear com Cecília Branco em suas andanças pelos caminhos da cidade de Ulisses tivessem sido, definitivamente, deixados de lado e esquecidos.

Ocorre que a partir disso, suas intenções começam a ser direcionadas para o desenvolvimento de um outro trabalho de arte, diverso em essência do originalmente planeado por tanto tempo com a mulher amada.

O tema, sim, ainda seria Lisboa, mas era como se o foco tivesse se afastado dela e, ao invés de se ter a proposta de um olhar de potência que a apresentasse na exuberância de todas as suas possibilidades e na multiplicidade de um espaço urbano reconhecidamente plural, o que se teria eram apenas imagens desfocadas e sem nitidez, que só revelariam, agora, uma cidade que, paradoxalmente, não poderia ser enxergada.

> Faria outra coisa, diferente, decidi: imagens desfocadas de Lisboa, em que a cidade se adivinhava mais do que se via. Porque Lisboa não estava debaixo das luzes dos holofotes nem da atenção do mundo, e as imagens que dela chegavam eram pouco nítidas, desfocadas. Eu ofereceria assim um olhar oblíquo, um tanto vesgo, um olhar falso que reclamava um segundo e um terceiro olhar [...] Lisboa surgia como uma cidade de desejo, uma cidade de que se andava à procura[363].

Em lugar de um olhar de potência, de um olhar que cria e recria, o artista-narrador só teria a oferecer *um olhar oblíquo* e *um tanto vesgo*, *um olhar falso* que nada enxergaria, já que também nada criaria.

Mas é tempo de lembrar, ainda uma vez (talvez a última): estamos enredados nos caminhos incertos de uma narrativa de memória, construída por um artista plástico que se pôs a recolher pedaços de lembranças, momentos vividos de uma paixão amorosa por uma mulher que já é uma ausência. Desde o início.

E nessa narrativa que se forjou como um longo e tantas vezes tocante diálogo de Paulo Vaz com Cecília Branco, ou como uma narrativa de lamento, dele para si próprio, fecha-se também um ciclo. O processo do necessário acerto de contas, também perseguido pela voz narrativa desde sempre, encontra agora o seu desfecho.

---

[362] GERSÃO, 2011a, p. 179.

[363] *Ibidem*, p. 179.

A oportunidade, afinal, para o acerto de contas de Paulo Vaz com Cecília Branco, consigo próprio e com o seu passado, apresentava-se nítida aos seus olhos, tendo por instrumento a revelação que lhe faz o marido da artista. "(*A Cidade de Ulisses*, Exposição de Cecília Branco'. A frase vinha-me à ideia, escrita algures, talvez num cartaz. Eu podia vê-la ou aluciná-la)"[364].

> – Em relação ao que acaba de sair nos jornais, quero dizer-lhe que há uma exposição com esse nome, *A Cidade de Ulisses*, descrita e planificada nos cadernos de Cecília, e para a qual deixou além disso vários quadros. Ela tencionava falar consigo sobre isso, uma vez que o projecto era incialmente também seu[365].

Todos os detalhes de uma exposição artística a ter Lisboa como tema, tantas e tantas vezes ocupando espaço nas conversas e nas divagações dos antigos amantes e que fora objeto de tantas idas e vindas, ora revelando-se como algo factível, ora sendo compreendida como projeto sem importância, ressurgiam para Paulo Vaz enriquecidos, agora, por um paciente e brilhante trabalho artístico adicional desenvolvido por Cecília Branco, uma espécie de espólio dela, composto por "um grande número de quadros, gravuras, desenhos, esboços e centenas de cadernos com notas e escritos vários. Além de vídeos, filmes e milhares de fotografias"[366].

Ausente a artista, o marido encarregava-se de fazer chegar às mãos de Paulo Vaz todo aquele universo impressionante de peças e obras, algumas inacabadas.

> – Cecília confiava em si. Deixou escrito há anos que, se algo lhe acontecesse, queria que todos os seus trabalhos inacabados lhe fossem entregues. O senhor saberia o que fazer com eles. Os quadros e o espólio têm estado a ser fotografados e digitalizados. Tencionava telefonar-lhe em breve para o informar. Mas a notícia nos jornais veio apressar tudo[367].

A posse de todo aquele material, de cuja existência o artista sequer suspeitava, provocava em Paulo Vaz a necessidade de, quase sem interrupções, por vários dias e noites, examinar tudo com redobrado interesse. Entenda-se: o interesse dividia-se pelas obras de Cecília, pela sua trajetória artística, mas também era por ela e por um tempo ao qual não

---

[364] GERSÃO, 2011a, p. 183.

[365] *Ibidem*, p. 183.

[366] *Ibidem*, p. 183.

[367] *Ibidem*, p. 184.

fizera parte da vida dela que o artista procurava: "eras tu própria que eu procurava nas obras, nas imagens, nas fotografias. Numa vida que eu não conhecia"[368].

A compreensão de Lisboa como um espaço que reclamasse a reunião de suas peças espalhadas, o caráter de cidade fragmentada que tanto agradava a Cecília em tempos passados, a predileção da artista por tarefas que envolviam a reunião de azulejos, o fiar de tapetes e de rendas, sempre a buscar como objetivo final a montagem de uma estrutura que mostrasse totalidade — de algum modo, todo aquele processo tão associado a ela e não ao artista, por um capricho qualquer que não teria explicação lógica, oferecia-se agora a Paulo Vaz.

> Sigo-te na tua tentativa de dar um sentido ao absurdo, de organizar o caos, de procurar harmonia onde ela não existe. Procuro-te como se reunisse as peças de um puzzle, através de uma profusão de materiais, em que é fácil deixar-me submergir e perder o norte[369].

Ainda que a possibilidade de se deixar levar pelo turbilhão que facilmente completaria o trabalho de desviá-lo irremediavelmente do destino buscado, de fazê-lo *perder o norte*, apresentasse-se bastante evidenciada, o artista-narrador percebe que era necessário se manter firme e não perder o rumo. Tudo em nome do acerto de contas, reclamado desde sempre e pressentido nas divagações e recolhas de lembranças presentes no discurso de Paulo Vaz.

> Mas não posso perder o norte, quero conhecer em pormenor o teu percurso e o teu contexto, mas tenho pouco tempo para organizar a exposição e quero trazer-te, da melhor forma possível, para o mundo, ajudar a colocar-te, e ao teu nome, no mundo. Cecília Branco[370].

É assim que o artista-narrador de *A Cidade de Ulisses* passa a organizar o material de que dispunha, "o teu projecto, Cecília"[371], seguindo as indicações do planejamento que ela deixara. O importante a destacar é que a exposição que começa, por fim, a tomar forma, não deve limitar-se a dar espaço a apenas uma modalidade de arte e, nesse ponto, as concepções de Paulo Vaz terão também lugar, como a que já dera conta do intercâmbio produtivo entre a palavra escrita e o aspecto visual.

---

[368] GERSÃO, 2011a, p. 187.

[369] *Ibidem*, p. 188.

[370] *Ibidem*, p. 188.

[371] *Ibidem*, p. 191.

> Não irei descrever-te em pormenor a exposição, conhece-la por dentro porque a foste imaginando ao longo dos anos, [...] Dir-te-ei apenas como organizei o que deixaste solto, [...] Como por exemplo a sedução da escrita. Estávamos no domínio do visual, mas a escrita seduzia-te como abismo: as palavras estavam lá também para serem lidas, e encerravam ou encenavam mundos.[372]

É nessa linha que o narrador explicita que conseguira entender os motivos que teriam levado Cecília Branco a se dedicar por algum tempo ao trabalho de produzir gravuras de Lisboa:

> [...] numa determinada época, tinhas trabalhado em gravura: o desejo de deixar um traço, um sinal de passagem, como um sulco no tempo. Gravavas imagens de uma Lisboa imaginada e cobria-las de palavras, como um corpo com que se faz amor[373].

Da combinação de duas linguagens artísticas — a gravura e a palavra escrita, ou a literatura, consideremos, propositalmente, e já aplicando a ampliação de sentido à expressão *palavra escrita* —, era possível obter-se como resultado um objeto de arte que, no caso específico relatado por Paulo Vaz, punha-se a ilustrar uma das faces de Lisboa, a árabe, situada no século 13:

> Em várias dessas gravuras – uma colina, o castelo, o rio, campos descendo até à praia – surgiam palavras de outros, que, ao incluí-las, tornavas tuas:
> "solo fértil",
> "árvores e vinhas",
> "todas as mercadorias, de elevado preço ou de uso cor-
> Rente."
> "Prospera a oliveira"[374].

Por vezes, é como se no corpo da diegese o leitor passasse a ter contato com trechos que poderiam ser classificados como pertencentes a um outro gênero, que não o narrativo e muito próximos de algo que podemos considerar como pequenos ensaios que se propusessem a apresentar, por exemplo, os quadros expostos num *vernissage*:

> E havia os quadros, quase todos acrílicos, da série a que chamaste *Ulisses*, [...]: *Mulher à Janela, Mulher Esperando à Janela, A Espera*. (Neste último o tempo parou, no mostrador

---

[372] GERSÃO, 2011a, p. 192.

[373] *Ibidem*, p. 192.

[374] *Ibidem*, p. 192.

desbotado de um relógio; [...] O olhar fixo da mulher, olhando o vazio. O vazio, ou a morte, como tema. O quadro como natureza morta)[375].

E numa exposição que fora planejada muito antes de tomar forma, que fora objeto de divagações que a consideravam conversa sem importância e, até por conta disso, tinha-se a certeza de que jamais seria montada, tudo o que sempre tivera, desde muito cedo, era já o nome: "A Cidade de Ulisses. O nome parecia-nos irrecusável"[376].

A onipresença do mito de Homero, de Ulisses, da *Odisseia*. Em cada esquina e em cada canto da cidade de Lisboa.

Não é fortuito, então, que as alusões ao mito grego passassem a surgir e a ocupar espaços cada vez mais amplos na exposição que se estava a estruturar, à medida que Paulo Vaz ia descobrindo e juntando as peças que constituíam o espólio artístico de Cecília Branco.

Além dos quadros anteriormente citados (da série *Ulisses*), outras modalidades de arte concebidas pela artista promoviam o trabalho de fazer ressurgir as marcas do mito:

> E havia depois fotografias muito ampliadas de pegadas numa praia, os pés descalços de um homem caminhando. (Lembrava-me delas. Uma manhã em Tróia.) As pegadas míticas de Ulisses.[377]

Igualmente nas fotografias, o diálogo dessa forma de arte visual com a palavra escrita seria responsável, uma vez mais, pela produção de efeitos artísticos inesperados, pela intervenção de Cecília Branco:

> Algumas dessas fotografias tinham o título Mediterrâneo, e sobre elas, ou em legendas ao longo da parede, tinhas escrito os primeiros versos da *Odisseia, Fala-me, ó musa, do homem astuto que muito vagueou depois de abandonar as sagradas muralhas de Tróia*[378].

Vale ainda destacar a obra concebida por Cecília Branco como escultura e que permitia adivinhar "uma figura de mulher deitada, em cujo corpo se projectava intermitentemente um mapa-mundo"[379].

---

[375] GERSÃO, 2011a, p. 193.
[376] *Ibidem*, p. 34.
[377] *Ibidem*, p. 193.
[378] *Ibidem*, p. 193.
[379] *Ibidem*, p. 194.

A profusão espantosa de obras produzidas por Cecília Branco tinha o poder de revelar, a cada nova descoberta de Paulo Vaz, um universo múltiplo de formas de arte e de conteúdos, que deveriam ser adequadamente combinadas de modo a imprimir vida e significado para a exposição que se estava concebendo, ainda que a própria artista já tivesse deixado, como já assinalamos, algumas indicações para a montagem.

Acerca da escrita, da escrita que seduzia: além das obras híbridas e que continham os diálogos entre as formas artísticas, fora o próprio marido quem alertara Paulo Vaz que havia ainda muito material e que ele poderia ser objeto até de outras exposições. "Livros, por exemplo. Um livro com a obra. Uma fotobiografia. A publicação dos Cadernos. Outras exposições, temáticas ou cronológicas"[380].

Os escritos de Cecília Branco, enfeixados pela artista sob o título genérico de *Cadernos*, cumpriam também, na sua concretude, o papel ativo de trazer à luz uma cidade de múltiplas faces.

A cidade que se (con)fundia aos mitos da Odisseia:

> Dos *Cadernos de Estocolmo*:
> *Todas as viagens dos homens se fazem em último caso sobre um corpo de mulher, de muitas mulheres.*
> *Ulisses conhece outras mulheres, inclusive Circe e as sereias, mas volta para a primeira, a que ficou em casa, tecendo a história de ambos. Penélope tecia em Ítaca o regresso de Ulisses.*[381]

A cidade que era cotejada com a grega Atenas:

> Dos *Cadernos de Londres*:
>
> *Procurei na Grécia o Mediterrâneo, o que tínhamos em comum com aquele país que como nós ficava sempre na cauda da Europa, [...] Lisboa é uma cidade atlântica, mas de configuração mediterrânica: numa enseada que se lhe oferece um abrigo natural e junto a uma colina, como em Atenas a acrópole*[382].

A cidade que abrigava o mito das éguas do vento:

> Dos *Cadernos de Estocolmo*:
> *"No monte Tagro, onde fica a cidade de Lisboa, as éguas ficam prenhes só pelo vento";*

---

[380] GERSÃO, 2011a, p. 186.

[381] *Ibidem*, p. 194.

[382] *Ibidem*, p. 194-195.

DESVELAR O OLHAR QUE (RE)CRIA: O MITO E A CIDADE

"Nos seus pastos as éguas reproduzem-se com admirável fecundidade, porquanto só de aspirar as auras concebem do vento, e depois sequiosas têm coito com os cavalos. [...]"[383]

Por fim, a obra que seria a última peça da exposição[384], *Nostos,*: em formato de instalação, trazia "o globo terrestre, em equilíbrio instável, sobre a jangada de Ulisses"[385].

Composta por elementos heterogêneos e de configuração final apenas sugerida, com base no relato do artista-narrador, a obra parece combinar efeitos de luzes e de imagens — "a Terra muda muito lentamente de cor, do azul ao negro, ao vermelho e cor de fogo"; "a jangada é frágil e a cada passo naufraga, submersa por ondas gigantescas"[386] —, além de atuar no nível simbólico mais profundo e evidente por conta da escolha, para nomeá-la, da própria palavra grega *Nostos* (que tem o significado de regresso à casa).

Tais elementos acabam por contribuir efetivamente para que a instalação remeta e faça associação imediata, uma vez mais, a evento que compõe o conjunto de narrativas que fazem parte da *Odisseia*, de Homero, até devido também à presença inequívoca da jangada de Ulisses: Ulisses em Lisboa, a cidade de Ulisses.

Desse modo, o caráter de hibridismo que é o traço marcante das produções artísticas concebidas por Cecília Branco e, de alguma forma também, pelo próprio Paulo Vaz, serviu-se de diferentes modalidades de arte postas em interrelação, com o intuito de gerar efeitos inesperados e de criar ou recriar espaços de uma cidade múltipla. O que se tem, afinal, é a cidade de Lisboa sendo (re)criada pela força do olhar do artista.

---

[383] GERSÃO, 2011a, p. 195.

[384] Na Nota Inicial de *A Cidade de Ulisses*, Teolinda Gersão dedica agradecimento especial a José Barrias, artista plástico português (Lisboa, 1944-2020) de quem afirma ter reutilizado livremente no Capítulo III da obra, elementos da exposição *José Barrias etc.*, que foi apresentada no CAM (Centro de Arte Moderna da Gulbenkian) entre 7 de março e 12 de maio de 1996. Dentre esses elementos, os da instalação *Nostos*.

[385] *Ibidem*, p. 203.

[386] *Ibidem*, p. 203.

OLHARES EM CONFLUÊNCIA: CONCLUSÕES

A abordagem da especificidade de um dos olhares dispensados a Lisboa, ao olhar que se desvela da combinação com os aspectos ligados ao mito e que se buscou explicitar por meio das análises desenvolvidas tendo por base o romance *A Cidade de Ulisses*, de Teolinda Gersão, foi o objetivo central deste trabalho, anunciado desde o seu capítulo introdutório.

No entanto, mais do que apresentar uma dentre tantas e inúmeras das leituras possíveis dedicadas a um espaço urbano que se mostra, desde sempre, plural e aberto, buscou-se identificar também de que forma o olhar e o mito seriam justamente os responsáveis pelo trabalho de (re)criação da cidade de Lisboa.

O olhar potente, o olhar que (re)cria, em nossa visão, é o olhar do artista, para o qual voltamos nossa atenção e buscamos desvelá-lo a partir de uma análise interpretativa-conceitual, elegendo como *corpus* específico e delimitado o romance de 2011 de Teolinda Gersão, *A Cidade de Ulisses*. É a essa obra da autora portuguesa contemporânea que dedicamos as análises mais cerradas deste livro, considerando que é apenas na sua diegese que mais claramente se pode vislumbrar o olhar que (re)cria.

Para alcançar tal categoria de olhar, recorremos, conforme mais de uma vez já anunciamos, à análise tangencial de dois outros autores portugueses que também se dedicaram a dispensar seu olhar ao espaço urbano de Lisboa: Fernando Pessoa e José Saramago.

E aqui cumpre, novamente, tentar esclarecer com mais profundidade o que denominamos de análise tangencial a partir, respectivamente, das obras *Livro do Desassossego* e *História do cerco de Lisboa*.

Dos apontamentos fragmentados do *Livro do Desassossego*, assim como a maioria das obras de Fernando Pessoa, publicada postumamente, nos debruçamos prioritariamente naqueles que mais de perto se mostravam em sintonia com as impressões de Pessoa e de seu semi-heterônimo Bernardo Soares lançadas à cidade de Lisboa.

Operamos, dessa forma, a um minucioso trabalho de seleção de trechos que pudessem ser analisados à luz dessa temática, seja por conta do chamado *olhar contemplativo*, sob a *perspectiva do alto*, que é aquele a caracterizar mais fortemente a presença do espaço urbano lisboeta na obra, seja por conta das divagações levadas a efeito por Pessoa/Soares a darem conta das relações e do diálogo entre os fragmentos e as artes, sobretudo a pintura e a literatura, sempre, é bom lembrar, mediados pela visão da cidade.

Do romance *História do cerco de Lisboa*, de José Saramago, normalmente associado àquilo que se convencionou denominar como metaficção historiográfica, no contexto ampliado do chamado pós-modernismo, embora tenhamos aberto espaço para breves e relevantes discussões que abarcaram conceitos como os da autorreferencialidade, da evocação da história e do caráter reflexivo no trato da própria situação histórica, não percamos de vista que nele o recorte analítico efetivado teve por objetivo maior trazer à tona uma nova categoria de olhar.

O foco agora era o de analisar o que denominamos como o *olhar desdobrado*, na *perspectiva do paralelo*, responsável pela exemplificação de uma nova visada ao espaço urbano de Lisboa, detectável por meio da seleção de certos aspectos presentes na diegese saramaguiana.

Com isso, tanto em Pessoa quanto em Saramago, convocados para este trabalho por meio das obras eleitas, procedeu-se a uma análise que qualificamos como tangencial, apenas com o intuito de permitir que as abordagens mais alentadas pudessem estar reservadas para a obra de Gersão, justamente pelo fato de ser ela a única que traria, mais claramente, sob o nosso ponto de vista, a presença do olhar potente, do único olhar que, de fato, teria a força de criar e recriar o espaço urbano de Lisboa: o *olhar do artista*, o *olhar de origem* sob a *perspectiva do mito*.

Cabe agora, a título de retomada e de ampliação, destacar o percurso dos olhares neste livro.

Retomada e ampliação, por meio da breve explicitação dos pontos de análise desenvolvidos a partir das obras *Livro do Desassossego*, *História do cerco de Lisboa* e *A Cidade de Ulisses*, de modo a caracterizar, sumariamente, os principais tópicos analíticos e teóricos utilizados, para que possamos, na sequência, empreender o trabalho de destacar pontos de contato, as convergências possíveis entre eles — os olhares em confluência.

No capítulo dedicado a Fernando Pessoa e ao seu *Livro do Desassossego*, o ponto de partida — "A inquietude do Desassossego" — foi a constatação de que a tônica predominante de toda a obra era a coleção caótica de impressões e devaneios, aparentemente desprovidos de qualquer relação entre si e absolutamente faltos de continuidade. No entanto, como a comprovar a própria denominação da obra — um verdadeiro *não-livro*, de acordo com

DESVELAR O OLHAR QUE (RE)CRIA: O MITO E A CIDADE

o rótulo a ela aproximado —, o aspecto da inquietação é recorrente por meio do surgimento de uma voz narrativa solitária e angustiada, ainda que autossuficiente.

Em "A cidade vista do alto: Lisboa como uma tela", após uma breve abordagem de questões a envolver o espaço enquanto categoria narrativa com protagonismo menor em relação às demais, retomando considerações que já haviam sido feitas na parte introdutória, observamos que o espaço urbano lisboeta poderia ser lembrado em combinação com o espaço literário, com o fato de a cidade ser vista como o cenário privilegiado da literatura moderna, ou da cidade como personagem.

Nesse ponto, as primeiras manifestações do *olhar contemplativo*, sob a *perspectiva do alto* (no caso, do alto da janela), que estávamos buscando associar a Pessoa e ao *Livro do Desassossego* são destacadas por meio da análise de fragmento que mostra a passagem do sujeito ao estado de objeto, logo, à reificação, que é instaurada por força do olhar que não vê.

Também a partir dessa análise, foi possível chegar à questão da auto-contemplação, pois o olhar do alto enxergava a cidade como contraponto e como estímulo para que o eu narrativo do *Livro* se voltasse a si mesmo, deixando a cidade em segundo plano.

Com isso, o *olhar contemplativo*, desenvolvido a partir da *perspectiva do alto*, provoca o rebatimento da rua (externo) para o quarto/janela (interno) e Lisboa estaria limitada, assim, à dimensão de uma tela.

Com o segmento 1.3, voltado à abordagem dos possíveis diálogos de fragmentos do *Livro* com a pintura — "Fragmentos de diálogos com as artes: a pintura" —, buscamos demonstrar que, em meio à alta carga de negatividade que se desprende, invariavelmente, de fragmentos dispersos, era possível proceder à recolha de exemplos singelos de criação de finas aquarelas, motivadas, justamente, pelo efeito da visão das elevações topográficas de Lisboa.

Os acidentes naturais da cidade e a própria posição do eu-narrador que a tudo contempla do alto possibilitava a metamorfose do homem em pintura, registrando-se o evento, a princípio, em chave grandiosa, quase épica.

Em linha com a tônica predominante no *Livro*, entretanto, revela-se igualmente a concepção de um registro pictórico, por força do *olhar contemplativo*, afastado agora da grandeza, do épico e da conotação positiva anteriores. Epicidade e queda prestariam-se, pois, a refletir a condição de instabilidade da própria subjetividade do eu-narrador.

175

Os altos e os baixos, o épico e o rebaixado, a positividade e a negatividade concebidos pelo procedimento estético e por efeito da visada contemplativa ao relevo urbano, operariam no sentido de promover a fusão do eu com a cidade.

Em "Fragmentos de diálogos com as artes: a literatura" procuramos, inicialmente, lembrar que o trabalho de escrita levado a efeito pelo homem moderno na cidade tem lugar, preferencialmente, nos pequenos espaços internos, na intimidade e no silêncio reservados à mansarda.

Aqui, foi possível avaliar também que o estado de espírito de Bernardo Soares, ajudante de guarda-livros e presumido autor dos fragmentos do *Livro do Desassossego*, revela proximidade com o estado de espírito da figura do *dândi*, nos termos de Baudelaire, quando o enfoque se dá a partir dos signos da melancolia e da desilusão.

Também para a concretização do ato de escrever, assim como já se dera no que diz respeito à pintura, Pessoa/Soares nutrem-se dos efeitos da contemplação, situados do alto da janela, da geografia e dos acidentes de relevo do espaço urbano lisboeta como elemento motivador.

Paradoxalmente, no entanto, as elevações vastas e longínquas dos acidentes geográficos da cidade, ainda que se mostrem, a princípio, adequados para os voos de alma que poderiam ser traduzidos em escrita, não se apartam jamais do horizonte e produzem igualmente certa sensação de sufocamento sem tréguas ao eu-narrador, que se volta irremediavelmente aos limites estreitos de sua intimidade, encerrado no seu quarto de dormir.

Destacamos também, nessa altura, a correspondência entre os heterônimos Bernardo Soares e Álvaro de Campos, focalizando, da lavra desse último, segmentos do célebre poema *Tabacaria*, observando, inclusive, a coincidência de localização espacial (o alto) a partir da qual tanto Campos quanto Soares realizam o ato de contemplação da cidade e de autocontemplação de si mesmos.

O movimento de contemplação que conduz, em Pessoa/Soares no *Livro do Desassossego*, ao de autocontemplação é transposto, agora, aos atos associados ao escrever e ao (re)ler no item "A autocontemplação: escrever e (re)ler a si próprio".

Partindo da convocação de outra das *personas* de Pessoa, o mestre de todos os heterônimos, Alberto Caeiro, abordamos de que forma a leitura de um dos versos dele é capaz de produzir tão forte impacto no eu-narrador do *Livro*, a ponto de Soares se ver investido da potência de alçar voo mais amplo e de experimentar a sensação plena da liberdade. E embora tivesse ela

DESVELAR O OLHAR QUE (RE)CRIA: O MITO E A CIDADE

a duração de uma fração de tempo imensurável, ainda assim fora suficiente para livrá-lo das limitações proporcionadas pelo espaço da cidade, por meio da visão do alto da janela do seu quarto de dormir: "Sou do tamanho do que vejo", o verso de Caeiro, atua no eu-narrador com intensidade e força, provocadas pela sua leitura.

Nesse item, investigamos também de que forma as discussões meta-linguísticas do eu-narrador do *Livro do Desassossego*, tomando por base a escrita e a leitura, mediadas ambas pelas impressões e divagações de Soares, permitem a ele o trabalho efetivo da autocontemplação, do ato de escrever e (re)ler a si próprio. Nesse ato de retorno a si os conteúdos postos à mesa pelo eu-narrador do *Livro* se voltam, uma vez mais, à literatura, que será operacionalizada nos fragmentos como instrumento privilegiado para questionar a realidade circundante.

Adicionalmente, a análise de alguns fragmentos do *Livro* permitiu o cotejo entre modalidades artísticas, buscando delimitar as relações da literatura e outras artes com a própria existência.

Pela proximidade de sentidos, trouxemos também, a título de antecipação, alguns aspectos que envolviam já a segunda visada, a que se debruçaria na análise da outra categoria de olhar, do olhar presente na obra *História do cerco de Lisboa*, de José Saramago, objetivando destacar a sintonia de posições entre o eu-narrador do *Livro* e o revisor no romance saramaguiano. Nela, é possível avaliar que tanto Soares (no *Livro do Desassossego*) quanto Raimundo Silva (na *História do cerco de Lisboa*) atestam que a literatura seria como uma espécie de simulação da vida.

Fechando esse item, tratamos, novamente, do dilema que é inerente à poética de Fernando Pessoa: a consciência e a inconsciência, a positividade e a negatividade ou as contradições e tensões dialéticas que ressurgem ao longo da obra do autor português e de seus heterônimos, e que acabam por relativizar todas as possíveis conquistas.

O item que encerra o capítulo dedicado a Fernando Pessoa — "Sobre imperadores e conquistas, sobre viajantes e narrativas" — traz ao centro das discussões aspectos da obra *As Cidades Invisíveis*, considerando que o nosso objetivo era dar conta ainda de algumas considerações a respeito das *conquistas*, aludidas na parte final do item anterior, pelo eu-narrador do *Livro*.

A escolha da talvez mais emblemática obra de Ítalo Calvino, além de propiciar justamente a abordagem associada aos conteúdos que fizeram parte das últimas análises motivadas por fragmentos do *Livro*, permite também que destaquemos, sumariamente, outra das obras de difícil classificação no que se refere ao gênero, aproximando-a, inclusive, no aspecto formal (fragmentário) ao próprio *Livro do Desassossego*.

O que há de comum nessa brevíssima aproximação de *As Cidades Invisíveis* com *O Livro do Desassossego* é uma espécie de correspondência entre os pensamentos de Kublai Khan e Bernardo Soares ao vislumbrarem as suas *conquistas*: valera a pena ou tudo não passara, afinal, de uma ilusão?

Abrimos as considerações pertinentes ao romance de José Saramago, *História do cerco de Lisboa*, trazendo algo da discussão sempre recorrente a envolver aspectos do processo de ficcionalização da história, da apropriação do discurso histórico pela literatura, o que julgamos oportuno enquanto introdução às análises e explicitações que objetivamos empreender a partir da diegese da *História* saramaguiana. Nela, abordamos como segunda visada o *olhar desdobrado*, agora sob a *perspectiva do paralelo*.

O item "Na poeticidade do que é histórico", então, além de trazer à tona o questionamento do conceito de verdade, relativizado pela ficção quando do trabalho de se apropriar da história, discute também de que forma, sob o ponto de vista dos discursos, a Literatura e a História colocam-se em campos opostos, tematizando a questão do próprio fazer literário pela ação do revisor-protagonista de Saramago.

De certa forma, o item seguinte — "O revisor e o almuadem" — vai dar ênfase à questão das verdades relativas, das verdades em potencial, destacando o forte caráter metalinguístico e de autorreferencialidade da obra, passando por breves considerações acerca da instabilidade semântica do conceito de pós-modernismo. E é aqui também que o efeito do *olhar desdobrado* encontra espaço para que se vislumbre sua ilustração, por obra dos paralelos possíveis entre a Lisboa de antes e a Lisboa do presente, entre o almuadem e o revisor.

Em "O *não* que fascina e o *sim* que reclama: ficção ou história?" temos a consolidação daquele que pode ser considerado o episódio fulcral da trama saramaguiana, qual seja, o da ação deliberada do revisor Raimundo Silva no sentido de acrescentar uma palavra inexistente em sentença clara, líquida e certa do texto histórico que está a emendar, subvertendo por completo o factual e alterando irremediavelmente o significado de uma das passagens mais incontestáveis da História de Portugal.

DESVELAR O OLHAR QUE (RE)CRIA: O MITO E A CIDADE

Nesse item, buscamos também exemplificar a espécie de borrão que termina por promover a fusão da Lisboa de agora com a Lisboa de outrora, gerando um forte efeito de ambiguidade no tecido narrativo e que parece não permitir, assim tão facilmente, colocar em polos distintos o presente e o passado.

Ainda na chave da ambiguidade, examinamos em "Verdades e mentiras: uma questão de interpretação" de que forma tanto o discurso literário quanto o discurso histórico apresentam em comum o aspecto da interpretação que, ao ser instaurada, pode vir a permitir o surgimento da ideia de legitimação da transgressão, da subversão dos sentidos, reconhecidamente associada de modo mais direto ao âmbito do ficcional.

O item que finaliza as análises em torno da *História do cerco de Lisboa*, de José Saramago — "De revisor a autor: a história do *não*" — propôs-se a tratar, com prioridade, dos aspectos que dão conta da concepção da (sub) versão da história, daquela que adquire possibilidade de existência por graça e obra da indevida transgressão que sofrera o texto original, contaminado pela inclusão de um *não*, que o ressignificaria por completo.

Acompanhamos, a essa altura, os esforços e as dificuldades do revisor saramaguiano em busca do objetivo de dar forma e conteúdo à sua versão particular do cerco de Lisboa, observando sua hesitação e os movimentos que o levariam a transitar da posição de revisor, à de historiador e, por fim, à de autor.

Uma vez mais, são problematizadas questões ligadas à suspeição do valor da verdade, da existência da verdade absoluta que seria o resultado esperado do discurso científico, do discurso da História.

Explicitamos ainda, por meio da diegese da *História* de Saramago, o próprio processo de criação da *História* subvertida do revisor, situando novamente em primeiro plano o forte caráter metalinguístico do romance.

Lembramos também nesse item que, a rigor, seguindo o percurso que vimos trilhando desde o início, não se dá na trama saramaguiana, assim como também não se dera nos fragmentos do *Desassossego* de Pessoa, a criação ou a recriação do espaço urbano, pois em *História do cerco de Lisboa* a presença do *olhar desdobrado* não se presta a revelar uma cidade distinta. A cidade de outrora está apenas em paralelo com a cidade de agora, e com ela mantém uma relação especular.

As análises mais alentadas deste trabalho investigativo, como já antecipamos anteriormente, foram reservadas para o exame cerrado, após os olhares *contemplativo* e *desdobrado*, respectivamente, da lavra de Fernando

179

Pessoa e José Saramago, daquele que denominamos como o *olhar que (re) cria*, o *olhar de origem*, sob a perspectiva, agora, do mito. Se estivemos em um percurso certeiro, é apenas por meio do olhar que se vislumbra na diegese de *A Cidade de Ulisses*, de Teolinda Gersão, que temos, de fato, um olhar que se configura como potente a ponto de (re)criar o espaço urbano de Lisboa.

Nosso ponto de partida foi o item denominado "O mundo é aquilo que nós percebemos", no qual empreendemos uma espécie de continuidade às considerações finais tecidas a envolver as três dimensões da visão, explicitadas ainda pelo protagonista do romance de Saramago, o revisor Raimundo Silva, que reconhece como o verdadeiro conhecimento aquele gerado pela percepção.

Com Merleau-Ponty, então, foi possível examinar sumariamente as questões ligadas ao valor da experiência individual, da percepção sem amarras, numa tentativa de aproximação de tais postulados com a condição de Lisboa enquanto espaço gerador de diferentes percepções e diferentes olhares. Ou a cidade de Lisboa como um tema inesgotável, nos termos da diegese de *A Cidade de Ulisses*.

Para um trabalho no qual se elegeu uma obra específica como *corpus* privilegiado de análise, parecia natural e necessário que se examinasse brevemente a trajetória literária de sua autora, a título de introdução, ainda antes de nos determos nas especificidades do *olhar de origem*, sob a *perspectiva do mito*.

Dessa forma, o item "Teolinda Gersão: o percurso até *A Cidade de Ulisses*" examina o contexto de surgimento de Teolinda, buscando identificar as linhas-mestras de sua produção literária, culminando com o lançamento da obra de 2011 que foi o objeto de análise ao qual dedicamos as considerações mais aprofundadas, dentro do escopo definido para este livro.

Em "Uma cidade, infinitas leituras: Lisboa", destaca-se, uma vez mais, a capacidade de um espaço urbano carregado de ancestralidade ter provocado e continuar a provocar inúmeras leituras e interpretações, como a própria Teolinda reconhece na abertura de *A Cidade de Ulisses*, ao mesmo tempo que demonstra certo sentimento de gratidão por tantos que antes dela já tinham se debruçado sobre Lisboa.

É também nesse ponto que se recordou da crítica inicial a ter por objeto a obra de 2011, anunciando que se tratava de uma homenagem à cidade, além de apresentar na trama o diálogo *inter-artes*, de fundamental importância para segmentos específicos desse capítulo dedicado a Gersão.

DESVELAR O OLHAR QUE (RE)CRIA: O MITO E A CIDADE

Trouxemos como elemento de cotejo com *A Cidade de Ulisses* passagens de obra híbrida e de difícil classificação da lavra de importante autor da literatura portuguesa no século 20: José Cardoso Pires.

Com isso, foi possível identificar a convergência de olhares presentes na visão do nauta-narrador de Pires e na do artista-narrador de Teolinda, tendo, respectivamente, como mecanismos acionados para a possibilidade de encontro efetivo do viajante com a cidade, a memória e a imaginação.

Pela primeira vez em uma obra de Gersão, encontra-se um posicionamento construído a partir de perspectiva masculina, uma vez que a voz narrativa de *A Cidade de Ulisses* está sob a responsabilidade de um artista plástico, Paulo Vaz.

Destacamos que o artista-narrador da obra de 2011 é caracterizado pela própria Teolinda como voz narrativa que parece ter atrás de si uma outra voz, carregada de onisciência e que se põe o tempo todo a vasculhar e a revelar os seus pensamentos e impressões mais profundos, o que confere à matéria narrada o aspecto de uma história que se está a contar para si mesmo.

O item "A viagem que nunca termina: o herói e o artista" lembra ainda que a trama de *A Cidade de Ulisses* problematiza, pela voz narrativa de Paulo Vaz, a história de amor vivida por ele e a igualmente artista Cecília Branco, em uma espécie de longo e tocante diálogo que reconstrói o caso amoroso e o entretece com passagens da infância dos amantes e com fatos que se deram em Portugal desde tempos muito afastados, o que acaba, afinal, trazendo à tona questões a envolver o mito de origem da cidade de Lisboa.

Com isso, as aproximações da capital lisboeta com o herói de Homero, anunciadas já pelo título da obra de Gersão, forçosamente seriam objeto de análise neste trabalho.

Em paralelo, pois, com a narrativa em forma de recolha, de recuperação de lembranças de uma história amorosa que tivera como cenário a cidade, temos também a abordagem dedicada a explorar as marcas da presença de Ulisses em Lisboa, emprestando a ela um estatuto de fabulosa, por conta de o seu mito de origem se mostrar associado a uma personagem literária: Ulisses, na chave do mito, fora o fundador da cidade.

Os pontos de contato entre Paulo Vaz e Ulisses foram identificados por obra de uma hábil construção desenvolvida pela autora, que termina por baralhar, pela força da narrativa, os limites entre as duas figuras, das quais, sua mais profunda correspondência pode ser reconhecida pelo caráter de errância e pelo desejo irrefreável de permanecer em deslocamento, em uma viagem que nunca tem fim.

No item "Do mito, da verdade, da mentira" o formato mais aproximado ao do gênero ensaio é o que conduziu, inicialmente, as análises que foram desenvolvidas, quando fica patente o trabalho aprofundado de pesquisa empreendido pela autora de *A Cidade de Ulisses*, elencando os aspectos factuais ligados à história dos povos que estiveram a circular pelo território que hoje compõe a cidade de Lisboa.

É importante observar que, entremeada às informações cuja fonte inequívoca seria o discurso da História, percebe-se também a presença marcante do discurso mitológico, o que exerce na diegese um efeito de hesitação entre os polos da verdade e da mentira, postos em confronto o tempo todo.

Nesse contexto, buscou-se ancoragem nos estudos de Mircea Eliade, que corroboraram a percepção geral de instabilidade recorrente na definição de mito, da alta mobilidade de sentidos a aproximar o fenômeno ora da verdade, ora do ilusório.

Sem a pretensão de examinar as questões ligadas ao ponto de partida mais adequado para os estudos associados ao mito, considerando que o próprio Eliade ressalvara que a mitologia grega não o seria, destacamos também os postulados de Malta, Torrano e Lafer Neves como contrapontos e ao mesmo tempo como contribuições para a ampliação das discussões a envolver a verdade e o ilusório, analisando adicionalmente a Homero o também importante poeta da antiguidade grega Hesíodo.

Desde o princípio concebida como um trabalho de reconstrução e recolha de lembranças por parte do artista Paulo Vaz, a narrativa de Gersão que o leitor se põe a acompanhar por meio da condução tortuosa das memorações dele para si mesmo encontra espaço para considerações que podem vir a iluminar a condição de opostos absolutos atribuídos a Paulo Vaz e a Cecília Branco.

No segmento identificado como "Portugal e Moçambique: a sombra e a luz", analisamos as incompatibilidades de visões de mundo que podiam ser extraídas a partir do que se vislumbra das lembranças do artista plástico,

DESVELAR O OLHAR QUE (RE)CRIA: O MITO E A CIDADE

o que os posiciona claramente em campos opostos: Paulo Vaz associa-se à sombra e Cecília Branco associa-se à luz.

No centro dessa oposição, examinamos de que maneira a própria origem dos amantes poderia ser utilizada como ilustração para explicar o território africano da Moçambique natal de Cecília Branco como espaço primitivo (no sentido de espaço primordial) no qual a presença do mito encontrasse terreno fértil para se instaurar.

Nesse ponto, trouxemos novamente postulados de Mircea Eliade que davam conta de que uma das marcas mais evidentes da cultura ocidental era o desejo de se apropriar de todo o conhecimento que envolve a origem das coisas, em sentido amplo, nela incluída o próprio universo e o homem. E ao buscar pela origem do homem, inevitável seria chegar também à análise do chamado primordial humano: os tempos da primeira infância.

Com isso, seria viável avaliar, tendo como pensamento de base aspectos da psicanálise desenvolvida no século 20, que a criança teria vivido em um período mítico, paradisíaco, o que nos permitiu aproximar tal avaliação à infância da própria Cecília Branco em tempos de Moçambique.

"Nas sombras da infância" possibilitou que buscássemos analisar, nos termos do artista-narrador de *A Cidade de Ulisses*, os eventos que tiveram lugar no seu período de infância e de convivência com os pais, desde logo explicitado por Paulo Vaz como passagens às quais não se mostrava interessado na retomada, preferindo, isso sim, relembrar as histórias de Cecília Branco. Na sua avaliação, a infância da mulher constituíra-se de momentos bem mais carregados de cores e de interesse.

Examinamos também nesse item os retratos compostos do pai e da mãe, por obra da marcha narrativa executada pelo artista, reservando ao dela, sem quaisquer dúvidas, a construção por meio de tintas bem mais favoráveis, a ponto de Paulo Vaz revelar que assinava com o nome dela (Vaz) e não com o do pai (Ramos).

Importa ainda destacar que as análises desenvolvidas por aqui colocaram em primeiro plano a questão do poder de criação que é próprio da atividade artística em sentido amplo, poder esse que deve ser interpretado como a capacidade de apenas a arte tornar possível o ato potente de criar ou (re)criar.

Partindo da distinção que julgamos relevante a ser destacada no que diz respeito ao ver e ao olhar, em "Lisboa, Lisboas. O olhar, os olhares", aprofundamos a questão do olhar que enxerga as coisas na sua plenitude, utilizando ainda como elemento de correspondência eventos ligados à trajetória de Luísa Vaz, a mãe do artista-narrador de *A Cidade de Ulisses*, sua principal influência para que enveredasse pelos caminhos das artes plásticas.

Avaliou-se também nesse item que o ato de ver poderia ser associado à passividade, enquanto o ato de olhar à atividade, e que com o objetivo de apreender na totalidade o espaço urbano lisboeta e dar conta de sua alta complexidade, apenas a visada panorâmica proporcionada pelo ver não se mostraria suficiente, pois *ver o que lá estava e o que lá não estava*, afinal, poderia ser interpretado como a passagem do ver ao olhar.

Anuncia-se já por aqui que uma cidade múltipla e fragmentada como Lisboa, apenas por obra do olhar do artista, do olhar potente que é capaz de criar e (re)criar, apenas por obra desse olhar específico, reiteremos, é que a fragmentação extrema do espaço urbano lisboeta (re)adquire sua totalidade. Uma nova totalidade, posto que produto final de uma (re)criação.

O item que encerra o capítulo dedicado a Teolinda Gersão — "O olhar que (re)cria: o olhar do artista" — é aberto com a retomada do paratexto (a *Nota Inicial*) que é parte integrante de *A Cidade de Ulisses*, segmento da obra que já fora objeto de algumas considerações em outro item, no início do capítulo em referência.

Nesse paratexto, a autora revela sua gratidão a tantos que antes dela já tinham se debruçado sobre Lisboa de alguma forma, o que nos levou a observar também que idêntica atitude tiveram, já no corpo da diegese, o artista-narrador Paulo Vaz e Cecília Branco.

Ocorre que era nosso interesse enfatizar um outro aspecto que é explicitado também por Teolinda no paratexto, qual seja, o de afirmar que *A Cidade de Ulisses* era uma obra que dialogava propositalmente com as artes plásticas.

Quase como que uma ratificação dessa ideia, temos na diegese de *A Cidade de Ulisses*, por exemplo, reflexões da lavra do artista-narrador Paulo Vaz a dar conta de problematizações acerca das artes em geral e do diálogo interartes em particular, ou ainda se seria possível avaliar que existiria uma certa hierarquia entre as formas de expressão artística.

Julgou-se oportuno, por aqui, convocar uma vez mais postulados do filósofo Merleau-Ponty, agora referentes a um artigo dedicado especialmente à pintura e ao pintor Paul Cézanne, o que nos permitiu associá-los ao pensamento exposto pelo artista-narrador Paulo Vaz, em *A Cidade de Ulisses*, buscando pontos de contato e de distanciamento.

DESVELAR O OLHAR QUE (RE)CRIA: O MITO E A CIDADE

Destacamos ainda a possibilidade de analisar questões que apontavam para a revelação do processo criativo de Paulo Vaz e de suas concepções bastante claras a respeito do papel do produtor de arte. Por meio dessas análises, foi possível colocar em primeiro plano a constatação de que o ato criativo é uma prática de poder, conceito dos mais relevantes e que vai ao encontro do objetivo central deste livro, qual seja, o de considerar o olhar do artista como o único olhar apto a (re)criar um espaço urbano como o de Lisboa.

Por fim, ao franquear para o seu leitor todo o processo de estruturação e arranjo das inúmeras peças artísticas que fariam parte da exposição "A Cidade de Ulisses", dedicada a Lisboa e concebida por força e obra dos antigos amantes, a voz narrativa da obra de Teolinda Gersão parece ter alcançado o equilíbrio buscado desde o início por Paulo Vaz em direção ao acerto de contas consigo mesmo e com a ausência de Cecília Branco.

Dos olhares em confluência.

Fechando, agora, nossa jornada por um espaço tão pleno de ancestralidade e tão multifacetado a ponto de quase não nos permitir sua reconfiguração em totalidade, um espaço fragmentado a tal ponto que se mostra em estado de eterna abertura e disponibilidade àquele que se proponha a esquadrinhá-lo e a adivinhar suas ruas e atalhos, busquemos, por aqui, tão somente apontar, muito sumariamente, algumas das marcas dos *olhares em confluência*, dos possíveis pontos de contato, a partir das discussões propostas, calcadas nos três diferentes olhares lançados ao espaço urbano lisboeta.

Com Fernando Pessoa e seu semi-heterônimo Bernardo Soares, tratamos da primeira visada a dar conta do *olhar contemplativo, sob a perspectiva do alto*, o olhar inicial também com base na cronologia, considerando que o autor e seu outro podem ser posicionados nas três primeiras décadas do século 20, ainda que o *Livro do Desassossego* (ao menos nas configurações mais encorpadas das quais tivemos notícia), assim como quase tudo produzido por Pessoa, tenha tido publicação póstuma.

A certa altura, debruçamo-nos a fragmentos do *Livro* nos quais era possível vislumbrar certas marcas — ainda que em grande parte das ocorrências, de forma implícita e encoberta — de diálogos travados com as artes, primeiro com a pintura.

Com isso, foi possível identificar, num primeiro momento, um fragmento que fora concebido em tom grandioso, de exaltação e de invocação à topografia de Lisboa, desvelando entre o conjunto formado pelos acidentes naturais da cidade e a condição da voz narrativa do *Livro* um tanto de identificação. Tal procedimento fora o responsável por uma espécie de metamorfose do homem em tela, em pintura, concebida em chave elevada.

Nesse ponto, o *olhar contemplativo* do narrador-personagem pessoano apresenta características que podem associá-lo, de alguma forma, ao olhar do artista-narrador de *A Cidade de Ulisses*, considerando-se que a tela-pintura resultante, gerada pelo olhar do alto dedicado à geografia de Lisboa, fora a responsável pela concepção de uma imagem carregada quase que com as tintas da epicidade. E é justamente essa a característica que nos permite avaliar que o *homem-navio que cruza com outro navio* (estamos a tratar do fragmento 94 do *Livro*, p. 124) associa-se a uma imagem pictórica plena de potência, ou nos termos aos quais tantas vezes nos referimos ao olhar do artista-narrador de Teolinda Gersão: o olhar do artista é potente a tal ponto que se mostra capaz de conceber a (re)criação de alguma coisa.

Cabe ressaltar, no entanto, que como contraponto e em chave bem menos elevada, há exemplos no *Livro do Desassossego* de fragmentos que concebem outras telas por força ainda do *olhar contemplativo*, esvaziado, entretanto, das marcas de epicidade que foram as que tornaram possível a criação da imagem pictórica de potência.

Com isso, fica patente, uma vez mais, a presença da forte instabilidade da própria subjetividade da voz narrativa do *Livro*, incapaz de se manter por muito tempo num registro elevado: os altos e baixos, a positividade e a negatividade, a epicidade e a queda, em suma, o que se tem no *Livro do Desassossego* é o tom disfórico predominante que se espalha em meio às divagações do ajudante de guarda-livros.

Também no que se refere à escrita, ou por extensão à literatura, analisamos até que ponto alguns fragmentos do *Livro* poderiam ser exemplos viáveis de diálogo interartes, o que nos permitiria igualmente aproximá-los a certos aspectos presentes nas análises que foram desenvolvidas a partir do *corpus* privilegiado deste trabalho, a obra *A Cidade de Ulisses*, de Teolinda Gersão.

A partir disso, importa lembrar que a *perspectiva do alto*, associada ao narrador-personagem pessoano, deve ser interpretada no contexto maior da modernidade do olhar de Baudelaire, que situa o homem ou o poeta que produz escrita como aquele que o faz afastado do bulício das cidades, encravado em quartos e em mansardas, entregue à solidão e à melancolia de sua extremada subjetividade.

DESVELAR O OLHAR QUE (RE)CRIA: O MITO E A CIDADE

Assim como fora possível destacar no caso da pintura, também para a escrita a voz narrativa impregna-se das visões da geografia urbana, contemplada do alto, o que resulta na produção de impressões acerca da cidade a darem conta de uma Lisboa dos montes altos e longínquos e dos ruídos presentes das ruas e dos tipos que por elas circulam, tudo isso a impressionar a sensibilidade do ajudante de guarda-livros que se mostra empenhado, de início, em (re)produzir ou em (re)pintar o espaço urbano com as tintas da escrita.

De alguma forma, também por aqui é lícito avaliar que a escrita da cidade a que se entrega o narrador-personagem do *Livro* guarda semelhanças com a escrita que (re)cria, na exposição "A Cidade de Ulisses", na obra de Gersão, a Lisboa sob o olhar dos artistas Paulo Vaz e Cecília Branco, é evidente, a escrita ou a literatura em combinação estreita com as demais formas de expressão artística que compõem a exposição na diegese.

Uma vez mais, entretanto, cumpre observar que a escrita, aparentemente a responsável pela (re)produção das imagens urbanas nos fragmentos pessoanos, de modo similar ao que se destacou em relação à pintura, é envolvida igualmente pela atmosfera disfórica tão recorrente no *Livro do Desassossego*.

E como resultante desse estado de coisas, o que se tem expressado em outras divagações espalhadas pelos fragmentos são as marcas inequívocas que traduzem o imenso descaso e a ausência de compromisso com qualquer coisa, típicas das impressões do narrador-personagem pessoano, direcionadas, inclusive, para o próprio ato de escrever.

Com José Saramago e a *História do cerco de Lisboa*, buscou-se a Lisboa que imaginamos ainda não se tratar da cidade que poderia ser (re)criada, por força do olhar, visto estarmos a considerar agora os efeitos do chamado *olhar desdobrado, sob a perspectiva do paralelo*, a visada que predomina na diegese saramaguiana.

Liberto, pois, dos efeitos do *olhar contemplativo* pessoano que, a rigor, transmuta-se em autocontemplação, o *olhar desdobrado* que se observa agora, ainda assim conflui com o anterior.

A poética descrição daquilo que se assemelhava a uma típica cena lisboeta situada em período que não se identifica claramente em *História do cerco de Lisboa* (estamos retomando aqui o que já fora abordado no item 3.1 do capítulo dedicado a José Saramago), tem o poder de transmitir ao leitor atento a nítida percepção de que o seu autor fora legítima testemunha dos pontos que se punha a descrever, devido principalmente à riqueza de detalhes e aos pormenores com que revestira aqueles parágrafos. Ao menos, em tese.

Ocorre que a expectativa é quebrada no momento em que a voz narrativa saramaguiana chega a admitir que os conteúdos veiculados na descrição seriam facilmente aplicáveis a qualquer espaço e não exclusivamente à cidade de Lisboa. E que a profusão de detalhes presente no trecho, seria por obra da utilização como fonte de documentos aos quais o autor pudesse ter tido acesso, e não por força de sua presença enquanto testemunha.

Como arremate de todo esse trabalho de desconstrução textual, a voz narrativa explicitará que, embora o trecho descritivo parecesse ter sido produzido em forma de escrita, não passava, afinal, de meros pensamentos vagos da lavra da cabeça do revisor, às voltas com o ato de emendar um texto histórico.

O evento apresentado tematiza, dentre outras, a questão do posicionamento em campos opostos dos discursos da literatura e da história, bem como a do próprio fazer literário que se vislumbra pela influência e ação, por exemplo, de uma imagem.

Em outros termos, a descrição imaginativa e carregada de poeticidade chega a provocar no revisor certo processo de heteronomização, ao transmutá-lo em outro e recuperando, por conta disso, muito da atmosfera pessoana que se encontra nos fragmentos do *Livro do Desassossego*.

É assim também que se observa um movimento de aproximação entre o ajudante de guarda-livros pessoano e o revisor saramaguiano, na altura em que o primeiro desenvolve um breve trabalho reflexivo de cotejo entre modalidades artísticas, chegando a concluir, sem muita convicção — como é a tônica no *Livro do Desassossego* —, que a literatura seria a responsável por promover um afastamento desejável em relação à vida.

Antes de tudo, lembremos que já destacamos e analisamos tal identificação, quando do desenvolvimento do item 1.5 do capítulo dedicado a Fernando Pessoa. No entanto, parece-nos relevante retomá-la também, já que estamos a reunir por aqui os possíveis pontos de contato entre os olhares.

Na obra de Saramago, o revisor Raimundo Silva, nas páginas iniciais da narrativa, está a travar um animado diálogo com um historiador, tendo por fio condutor o próprio ofício de revisar, quando a conversa toma o rumo das diferenças entre literatura e história. A opinião de Raimundo Silva é firme nesse sentido, ao considerar que tudo quanto não fosse vida, não fosse realidade, seria literatura. Implícita nessa opinião, é claro, o reconhecimento também da existência de uma forte hierarquia entre as artes.

A partir da reflexão de Bernardo Soares acerca da literatura, que poderia, sem prejuízos, ser interpretada, afinal, como uma espécie de *simulação da vida*, teríamos assim uma perfeita sintonia dela com a opinião convicta do revisor de Saramago, o que os aproximaria.

A afastá-los, a questão da hierarquia entre as artes. Ao radicalizar no entendimento de que a pintura e a música estariam subordinadas à literatura, o protagonista de Saramago e o ajudante de guarda-livros se afastam, ainda que o movimento possa nos permitir, agora, identificar outra confluência.

Destacamos em *A Cidade de Ulisses* a ideia expressa pela própria Teolinda Gersão no paratexto da obra, a dar conta de que a narrativa empreendia um diálogo proposital com as artes plásticas. Já no corpo da diegese, a informação dessa *Nota Inicial* bem cedo se confirmaria, observando-se o momento em que o artista-narrador passa a discorrer e a problematizar acerca das artes em geral e ao seu ofício de artista plástico, em particular.

Nesse trabalho de reconstrução e recolha de lembranças a partir da convivência pretérita dos amantes, Paulo Vaz propõe-se, em um deles, a discutir com Cecília Branco aspectos ligados ao diálogo entre as artes e, ainda mais, se seria possível dar como certa a existência de uma hierarquia entre as expressões artísticas. Sem uma resposta definitiva para a dúvida ou considerando que, em última instância, não era relevante ter uma resposta a tal questionamento dada a sua alta complexidade, o artista admite, assim, que era viável considerar a possibilidade de uma forma de arte interferir em outra.

Ou ainda, empreender um trabalho de tradução de uma arte por outra, proporcionando, nesse caso, até uma relevância maior da forma tradutora em relação à traduzida, o que resultaria, por fim, na geração de um efeito positivo associado à ampliação de horizontes e ao posicionamento da expressão artística em patamares diferenciados.

Do *olhar contemplativo*, passando pelo *olhar desdobrado* e chegando ao *olhar que (re)cria*, fechamos aqui o percurso que se propôs a reconfigurar em totalidade o corpo fragmentado de um espaço urbano.

Lisboa, Ofiusa, Ulisseia, Olisipo, Lisboas: cidade múltipla.

Afinal: quantos olhares e quais impressões as paisagens urbanas de Lisboa são capazes de provocar?

REFERÊNCIAS

ADORNO, Theodor W. Posição do narrador no romance contemporâneo. *In*: ADORNO, Theodor W. *Notas de literatura I*. Tradução e apresentação de Jorge M. B. de Almeida. São Paulo: Duas Cidades-34, 2003. p. 55-63.

AGUIAR, Cristhiano. *Narrativas e espaços ficcionais*: uma introdução. São Paulo: Editora Mackenzie, 2017.

AMORIM, Marília. Cronotopo e Exotopia. *In*: BRAIT, Beth (org.). *Bakhtin*: outros conceitos-chave. São Paulo: Contexto, 2008. p. 95-114.

AUGÉ, Marc. *Não-lugares*: introdução a uma antropologia da supermodernidade. Campinas, SP: Papirus, 1994.

AZEVEDO, Francisco Ferreira dos Santos. *Dicionário analógico da língua portuguesa*: ideias afins / thesaurus. 2. ed. atual. e revista. Rio de Janeiro: Lexicon, 2010.

BACHELARD, Gaston. A poética do espaço. *In*: *Os Pensadores*. Tradução de Antonio da Costa Leal e Lídia do Valle Santos Leal. São Paulo: Abril Cultural, 1978. p. 181-354.

BAKHTIN, Mikhail. O tempo e o espaço nas obras de Goethe. *In*: BAKHTIN, Mikhail. *Estética da Criação Verbal*. 5. ed. São Paulo: WMF Martins Fontes, 2010. p. 225-258.

BAKHTIN, Mikhail. *Teoria do romance II*: as formas do tempo e do cronotopo. Tradução de Paulo Bezerra. São Paulo: Editora 34, 2018.

BAUDELAIRE, Charles. O pintor da vida moderna. *In:* BAUDELAIRE, Charles. *Poesia e prosa*. Rio de Janeiro: Nova Aguilar, 2006. p. 851-881.

BENJAMIN, Walter. O narrador – Considerações sobre a obra de Nikolai Leskov. *In*: BENJAMIN, Walter. *Magia e técnica, arte e política*. São Paulo: Editora Brasiliense, 1994. p. 197-221.

BITENCOURT, Amauri Carboni. Merleau-Ponty leitor de Cézanne: aprendendo a perceber e a expressar a natureza primordial. *PERI* – Revista de Filosofia, v. 8, n. 1, p. 242-260, 2016. Disponível em: http://www.nexos.ufsc.br/index.php/peri/article/view/1070. Acesso em: 27 abr. 2020.

BLANCHOT, Maurice. *O espaço literário*. Rio de Janeiro: Rocco, 2011.

BORGES FILHO, Ozíris; BARBOSA, Sidney (org.). *Poéticas do espaço literário*. São Carlos, SP: Editora Claraluz, 2009.

BOSI, Alfredo. Fenomenologia do olhar. *In*: NOVAES, Adauto (org.). *O olhar*. São Paulo: Companhia das Letras, 1993. p. 65-87.

BRANDÃO, Luís Alberto. *Teorias do espaço literário*. São Paulo: Perspectiva; Belo Horizonte: Fapemig, 2013.

BUTOR, Michel. *Repertório*. São Paulo: Perspectiva, 1974.

CALVINO, Ítalo. A combinatória e o mito na arte da narrativa. *In*: LUCCIONI, G. *et al. Atualidade do mito*. São Paulo: Duas Cidades, 1977. p. 75-80.

CALVINO, Ítalo. *As Cidades Invisíveis*. Tradução de Diogo Mainardi. São Paulo: Companhia das Letras, 1990a.

CALVINO, Ítalo. *Seis propostas para o próximo milênio*. São Paulo: Companhia das Letras, 1990b.

CALVINO, Ítalo. As odisséias na Odisséia. *In*: CALVINO, Ítalo. *Por que ler os clássicos*. São Paulo: Companhia das Letras, 1993. p. 17-24.

CANDIDO, Antonio. A personagem do romance. *In*: CANDIDO, Antonio *et al. A personagem de ficção*. 4. ed. São Paulo: Perspectiva, 1974. p. 51-80.

CANDIDO, Antonio. *O discurso e a cidade*. Rio de Janeiro: Ouro sobre azul, 2010.

CARDOSO, Sérgio. O olhar viajante (do etnólogo). *In*: NOVAES, Adauto (org.). *O olhar*. São Paulo: Companhia das Letras, 1988. p. 347-360.

CARETTI, Ana Carolina da Silva; GOBBI, Márcia Valéria Zamboni. Um passeio com mito e história n'A Cidade de Ulisses, de Teolinda Gersão. *Miscelânea*, Assis, v. 13, p. 39-54, jan.-jun. 2013.

CERBONE, David R. *Fenomenologia*. Tradução de Caesar Souza. 3. ed. Petrópolis, RJ: Vozes, 2014.

CHAUÍ, Marilena. Janela da alma, espelho do mundo. *In*: NOVAES, Adauto (org.). *O olhar*. São Paulo: Companhia das Letras, 1993. p. 31-63.

CHRISTAL, Wendel Cássio. *O ensaio no romance de Saramago*: a experiência humana sob o crivo da palavra. 2017. 173 f. Tese (Doutorado em Letras) – Universidade Presbiteriana Mackenzie, São Paulo, 2017.

DESVELAR O OLHAR QUE (RE)CRIA: O MITO E A CIDADE

CINTRA, Elaine Cristina. *A "estética do silêncio" no Livro do desassossego*: um estudo da escritura em Fernando Pessoa. 2005. 174 f. Tese (Doutorado em Letras) – Universidade Estadual Paulista, São José do Rio Preto, 2005.

DAL FARRA, Maria Lúcia. "Orelha". *In*: PESSOA, Fernando. *Livro do Desassossego*: composto por Bernardo Soares, ajudante de guarda-livros na cidade de Lisboa. São Paulo: Companhia das Letras, 1999.

DIMAS, Antonio. *Espaço e romance*. 3. ed. São Paulo: Ática, 1994.

ECO, Umberto. *Seis passeios pelos bosques da ficção*. São Paulo: Companhia das Letras, 2006.

ELIADE, Mircea. *Mito e realidade*. Tradução de Pola Civelli. 6. ed. São Paulo: Perspectiva, 2007.

ESTEVES, Antonio Roberto. Literatura e história: interfaces. *Miscelânea*, v. 13, p. 7-16, 2013. Disponível em: http://hdl.handle.net/11449/127202. Acesso em: 4 mar. 2020.

FARIA, Ângela Beatriz de Carvalho. A sedução da escrita em *A cidade de Ulisses*, de Teolinda Gersão, ou "um corpo" (de uma mulher, de uma cidade e de um livro) "com que se faz amor". *Revista Diadorim* – Revista de Estudos Linguísticos e Literários do Programa de Pós-Graduação em Letras Vernáculas da Universidade Federal do Rio de Janeiro, v. 9, jul. 2011.

Disponível em: https://revistas.ufrj.br/index.php/diadorim/article/view/3927. Acesso em: 12 abr. 2020.

FREITAS, Zilda de Oliveira. O Mito de Ulisses em Mensagem, de Fernando Pessoa. *Revista Entrelinhas*, v. 10, n. 2, jul./dez. 2016. Disponível em: http://revistas.unisinos.br/index.php/entrelinhas/article/view/11857. Acesso em: 4 abr. 2020.

GAGLIARDI, Caio. De uma mansarda rente ao infinito: a outra cidade no livro do desassossego. *Veredas* – Revista da Associação Internacional de Lusitanistas, n. 17, p. 19-40, 1 jun. 2012.

GERARD, Genette. *Figuras*. Tradução de Ivonne Floripes Mantoanelli. São Paulo: Perspectiva, 1972.

GERSÃO, Teolinda. *Os guarda-chuvas cintilantes*. Lisboa: O Jornal, 1984.

GERSÃO, Teolinda. *O cavalo de sol*. Lisboa: Publicações Dom Quixote, 1989.

GERSÃO, Teolinda. *O silêncio*. 4. ed. Lisboa: Publicações Dom Quixote, 1995.

GERSÃO, Teolinda. *A Casa da Cabeça de Cavalo*. Lisboa: Publicações Dom Quixote, 1995.

GERSÃO, Teolinda. *Paisagem com mulher e mar ao fundo*. 4. ed. Lisboa: Publicações Dom Quixote, 1996.

GERSÃO, Telinda. *Os teclados*. Lisboa: Publicações Dom Quixote, 1999.

GERSÃO, Teolinda. *Os anjos*. Lisboa: Publicações Dom Quixote, 2000.

GERSÃO, Teolinda. *A árvore das palavras*. São Paulo: Editora Planeta, 2004.

GERSÃO, Teolinda. *A Cidade de Ulisses*. 2. ed. Porto: Sextante Editora, 2011a.

GERSÃO, Teolinda. Conversa sobre o livro A Cidade de Ulisses. Entrevista cedida a Paula Moura Pinheiro. *Câmara Clara da TV RTP2*, Lisboa, 29 maio 2011b.

GERSÃO, Teolinda. *As águas livres* – Cadernos II. Porto: Sextante Editora, 2013.

GIROLA, Maristela Kirst de Lima. As Lisboas da História de um cerco: cidade, memória e literatura em Saramago. *Revista Desassossego*, v. 4, n. 8, p. 53-63, dez. 2012.

GOBBI, Márcia Valéria Zamboni. *De fato, ficção* – um exame da ironia como mediadora das relações entre História e Literatura em romances de José Saramago e Almeida Faria. 1997. Tese (Doutorado em Letras) – Faculdade de Filosofia, Letras e Ciências Humanas da Universidade de São Paulo, São Paulo, 1997.

GOBBI, Márcia Valéria Zamboni. *A ficcionalização da História* – mito e paródia na narrativa portuguesa contemporânea. São Paulo: Editora Unesp, 2011.

GROSSEGESSE, Orlando. Cidades que em nós se fazem: Lisboa – Livro de Bordo (1997) José Cardoso Pires como "entre-lugar". *Revista Fronteira Z*, São Paulo, n. 9, p. 105-117, dez. 2012.

GUSDORF, Georges. *Mito e metafísica*. Tradução de Hugo Di Primio. São Paulo: Editora Convívio, 1980.

HOMERO. *Odisséia*. Tradução direta do grego, introdução e notas por Jaime Bruna. São Paulo: Cultrix, 2006.

HOMERO. *Odisséia*. Tradução, posfácio e notas de Trajano Vieira. São Paulo: Editora 34, 2013.

HUTCHEON, Linda. *Poética do Pós-Modernismo*: história, teoria, ficção. Rio de Janeiro: Imago, 1991.

KAFKA, Franz. O silêncio das sereias. *In*: HOMERO. *Odisseia*. São Paulo: Editora 34, 2013. p. 501-503.

KAUFMAN, Helena. A metaficção historiográfica de José Saramago. *Revista Colóquio/Letras*. Fund. Calouste Gulbenkian. Ensaio, n. 120, p. 124-136, abr. 1991.

KAVÁFIS, Konstantino. *Ìtaca*. Disponível em: https://itaca.uff.br/poema-itaca/. Acesso em: 23 fev. 2020.

KUNTZ, M. (2002) A metaficção historiográfica em História do Cerco de Lisboa. *Revista do Centro de Estudos Portugueses* (CESP), on-line, p. 1-15. Disponível em: http://www.letras.ufmg.br/cesp/textos/(2002)07-A%20metaficcao.pdf. Acesso em: 29 fev. 2020.

LAFER NEVES, Mary de Camargo. Introdução. *In*: *Os trabalhos e os dias*, Hesíodo. Introdução, tradução e comentários de Mary de Camargo Neves Lafer. São Paulo: Iluminuras, 1991. p. 13-19.

LE GOFF, Jacques. *Por amor às cidades*: conversações com Jean Lebrun. Tradução de Reginaldo Carmello Corrêa de Moraes. São Paulo: Fundação Editora da Unesp, 1998.

LÉVI-STRAUSS, Claude. *Mito e significado*. Tradução de António Marques Bessa. Lisboa: Edições 70, 2020.

LINS, Osman. *Guerra sem testemunhas* – o escritor, sua condição e a realidade social. São Paulo: Ática, 1974.

LINS, Osman. *Lima Barreto e o espaço romanesco*. São Paulo: Ática, 1976.

MALTA, André. *Homero múltiplo* – ensaios sobre a épica grega. São Paulo: Edusp – Editora da Universidade de São Paulo, 2012.

MARTINS, Fernando Cabral (coord.). *Dicionário de Fernando Pessoa e do modernismo português*. São Paulo: Leya, 2010.

MARTINS, Lourdes Câncio; CARVALHO, Célia; SANTOS, Paula Pires; SILVA, Helena. *Reler José Saramago*: Paradigmas ficcionais. Chamusca: Cosmos, 2005.

MATOS, Lícia Rebelo de Oliveira. *A Cidade de Ulisses*: resquícios da Odisseia em Lisboa. 2013. Dissertação (Mestrado em Letras) – Programa de Pós-Graduação em Letras Vernáculas da Universidade Federal do Rio de Janeiro, Rio de Janeiro, 2013.

MERLEAU-PONTY, Maurice. O olho e o espírito. *In*: MERLEAU-PONTY, Maurice. *Textos escolhidos*. Tradução de Marilena de Souza Chauí *et al.* 2. ed. São Paulo: Abril Cultural, 1984. p. 85-111. (Coleção Os Pensadores).

MERLEAU-PONTY, Maurice. A dúvida de Cézanne. *In*: MERLEAU-PONTY, Maurice. *Textos escolhidos*. Tradução de Marilena de Souza Chauí *et al.* 2. ed. São Paulo: Abril Cultural, 1984. p. 113-126. (Coleção Os Pensadores).

MERLEAU-PONTY, Maurice. *Fenomenologia da percepção*. Tradução de Carlos Alberto Ribeiro de Moura. 5. ed. São Paulo: WMF Martins Fontes, 2018.

MOISÉS, Massaud. *A literatura portuguesa*. 37. ed. São Paulo: Cultrix, 2008.

MOISÉS, Carlos Filipe. *O Poema e as máscaras*. Coimbra: Livraria Almedina, 1981.

NEITZEL, Adair de Aguiar. Espaços moventes: a dinamicidade de As Cidades Invisíveis. *Revista da ANPOLL*, v. 1, n. 26, p. 147-170, 2009. Disponível em: https://revistadaanpoll.emnuvens.com.br/revista/article/download/134/142. Acesso em: 28 abr. 2019.

NOVAES, Adauto. De olhos vendados. *In*: NOVAES, Adauto (org.). *O olhar*. São Paulo: Companhia das Letras, 1993. p. 9-20.

OLIVEIRA, Isaura de. Lisboa segundo Saramago: a História, os mitos e a ficção. *Revista Colóquio/Letras*. Ensaio, n. 151/152, p. 357-378, jan. 1999.

OLIVEIRA, Wanderley C. Cézanne e a arte como resposta à existência – um estudo de A dúvida de Cézanne de M. Merleau-Ponty. *Existência e Arte* – Revista Eletrônica do Grupo PET – Ciências Humanas, Estética e Arte da Universidade Federal de São João Del-Rei, ano I, n. 1, jan.-dez. 2005. Disponível em: https://ufsj.edu.br/portal- repositorio/File/existenciaearte/Arquivos/CEZANNE.pdf. Acesso em: 17 abr. 2020.

OSTROWER, Fayga. A construção do olhar. *In*: NOVAES, Adauto (org.). *O olhar*. São Paulo: Companhia das Letras, 1993. p. 167-182.

PAIS, Amélia Pinto. *Para compreender Fernando Pessoa*: uma aproximação a Fernando Pessoa e seus heterônimos. São Paulo: Claro Enigma, 2012.

PARQUE Nacional da Gorongosa. Disponível em: https://www.aeroportos.co.mz/parque-nacional-da-gorongosa/. Acesso em: 11 nov. 2023.

PAUL CÉZANNE. Coordenação e organização Folha de S. Paulo. Tradução de Martín Ernesto Russo. Barueri, SP: Editorial Sol 90, 2007. (Coleção Folha Grandes Mestres da Pintura; 2).

PERRONE-MOISÉS, Leyla. *Fernando Pessoa*: aquém do eu, além do outro. 3. ed. São Paulo: Martins Fontes, 2001.

PERRONE-MOISÉS, Leyla. Pensar é estar doente dos olhos. *In*: NOVAES, Adauto (org.). *O olhar*. São Paulo: Companhia das Letras, 1993. p. 327-346.

PESSOA, Fernando. *Obras em prosa*. Rio de Janeiro: Nova Aguilar, 1986.

PESSOA, Fernando. *Livro do Desassossego*: composto por Bernardo Soares, ajudante de guarda-livros na cidade de Lisboa. São Paulo: Companhia das Letras, 1999.

PESSOA, Fernando. *Mensagem*. 2. ed. São Paulo: Martin Claret, 2008.

PESSOA, Fernando. *Poesias de Álvaro de Campos e dos seus heterônimos Bernardo Soares e C. Pacheco*. Introdução, organização e biobibliografia de António Quadros. [*S. l.*: *s. n.*], Publicações Europa-América, [1985?].

PIRES, José Cardoso. *Lisboa* – Livro de Bordo: vozes, olhares, memorações. 3. ed. Lisboa: Publicações Dom Quixote, 1998.

PUGA, Rogério Miguel. A Cidade de Ulisses, de Teolinda Gersão [Recensão crítica a]. *Revista Colóquio/Letras*. Fund. Calouste Gulbenkian. Recensões Críticas, n. 178, p. 223-225, set. 2011.

REIS, Carlos; LOPES, Ana Cristina M. *Dicionário de teoria da narrativa*. São Paulo: Ática, 1988.

ROSENFELD, Anatol. Literatura e personagem. *In*: CANDIDO, Antonio *et al*. *A personagem de ficção*. 4. ed. São Paulo: Perspectiva, 1974. p. 9-49.

SANTOS, Jane Rodrigues; OLIVEIRA, Maria Lúcia Wiltshire. Uma viagem à cidade de Ulisses. Resenha de GERSÃO, Teolinda. *A cidade de Ulisses*. Romance. Porto: Sextante Editora, 2011. 206 p. *RCL – Revista Convergência Lusíada*, n. 26, p. 181-184, jul.-dez. 2011.

SANTOS, Luís Alberto Brandão; OLIVEIRA, Silvana Pessôa de. *Sujeito, tempo e espaço ficcionais*. São Paulo: Martins Fontes, 2001.

SARAIVA, José Hermano. *História concisa de Portugal*. Lisboa: Publicações Europa-América, 1987.

SARAMAGO, José. *Memorial do convento*. 7. ed. Rio de Janeiro: Bertrand Brasil, 1989.

SARAMAGO, José. *O evangelho segundo Jesus Cristo*. São Paulo: Companhia das Letras, 1991.

SARAMAGO, José. *O ano da morte de Ricardo Reis*. São Paulo: Planeta De Agostini, 2003.

SARAMAGO, José. *A jangada de pedra*. São Paulo: Companhia das Letras, 2006.

SARAMAGO, José. *História do cerco de Lisboa*. São Paulo: Companhia das Letras, 2011.

SARAMAGO, José. Do canto ao romance, do romance ao canto. *Saramago Apontamentos*, 16.09.2009. Disponível em: https://desaramago.blogspot.com/2016/11/jose-saramago-do-canto-ao-romance-do.html?m=1. Acesso em: 29 fev. 2020.

SARLO, Beatriz. *A cidade vista*: mercadorias e cultura urbana. Tradução de Monica Stahel. São Paulo: WMF Martins Fontes, 2014.

SEIXO, Maria Alzira. Dez anos de literatura portuguesa (1974-1984): ficção. *Colóquio/Letras*, Lisboa, n. 78, p. 30-42, mar. 1984.

SEIXO, Maria Alzira. História do cerco de Lisboa ou a respiração da sombra. *Colóquio/Letras*, Lisboa, n. 109, p. 33-40, maio 1989.

SEIXO, Maria Alzira. O regresso de Teolinda. *Jornal de Letras*, Lisboa, p. 23, 21. mar. 2012.

SELIGMANN-SILVA, Márcio. Ulisses ou a astúcia na arte de trocar presentes. *In*: SELIGMANN-SILVA, Márcio. *O local da diferença*. São Paulo: Editora 34, 2005. p. 237-251.

SENNET, Richard. *Carne e pedra*: o corpo e a cidade na civilização ocidental. Tradução de Marcos Aarão Reis. Rio de Janeiro: BestBolso, 2008.

SILVA, Ana Carina Oliveira. *Para uma cartografia imaginária*: desfragmentação de "As Cidades Invisíveis" de Ítalo Calvino. 2013. Tese (Mestrado em Arquitectura) – Escola de Arquitectura da Universidade do Minho, Minho, 2013.

SILVA, Orivaldo Rocha da. *Isto e aquilo*: o jogo das histórias em A casa da cabeça de cavalo, de Teolinda Gersão. 2015. 148 p. Dissertação (Mestrado em Literatura Portuguesa) – Faculdade de Filosofia, Letras e Ciências Humanas, Universidade de São Paulo, São Paulo, 2015.

TODOROV, Tzvetan. *As estruturas narrativas*. São Paulo: Perspectiva, 1979.

TORRANO, Jaa. Musas e ser. *In*: *Teogonia, a origem dos deuses*, Hesíodo. Estudo e tradução de Jaa Torrano. São Paulo: Roswitha Kempf/Editores, 1986. p. 21-30.

TRESOLDI, Tiago. O Ulisses dos muitos retornos: por uma história do clássico. *Nuntius Antiquus*, Belo Horizonte, v. 13, n. 1, p. 227-251, 2017.

ZENITH, Richard. Introdução. *In*: PESSOA, Fernando. *Livro do Desassossego*: composto por Bernardo Soares, ajudante de guarda-livros na cidade de Lisboa. São Paulo: Companhia das Letras, 1999. p. 9-36.